戸籍と無戸籍

「日本人」の輪郭

Masataka Endo
遠藤正敬

人文書院

戸籍と無戸籍――「日本人」の輪郭　目次

戸籍と無戸籍——「日本人」の輪郭

凡例

・引用部については、読みやすさを優先し、漢字については旧字を新字に改めるとともに、適宜ルビおよび読点を補った。

・年月日を記述する時の西暦と和暦の用法については、日本において旧暦が新暦へと改められる明治五年一二月三日（一八七三年一月一日）より以前の時代は「和暦（西暦）年」と表記し、それ以後は西暦のみとした。

序章　「無戸籍」とは何か
――戸籍がない「日本人」とは

人は「動物」なり

人はかなうならば、できる限り自由でありたいと願うものである。自由に各所を往来し、自由に仕事にいそしみ、自由に他者と交流し、自由に居住地を選びたい。しかしながら、現実においては、人ははからずも国家のなかで、また社会のなかで、さまざまな仕方で管理される。国家のなかで生きるということは、そうした管理への服従を迫られるということである。

その一方、人は一定の国家に帰属することにより、福利を供与され、市民としての生活を保障される、というのが国家の支配を成り立たせる大義名分であった。このことは、つとに古代ギリシャの哲学者アリストテレスがその著『政治学』冒頭に述べた、人間はポリス的動物である、という有名な言葉が示す通りである。

国家のなかで人は家、ムラ、都市、民族、教会、学校、会社、政府……と何らかの集団への帰属意識を有することで社会の構成員としての定位置を確保する。それが国家による統合の重大な契機となる。よって、帰属する社会集団をもたずに浮遊する人間ほど国家にとって危険なものはない。国家は社会の秩序を維持し、紛争を防止するためには、個人の身分や地位が流動化することを好まず、ひとたび設定したカテゴリーから個人が逸脱することを抑制しようとする。

だが、人は文字通り「動物」である。だれもが一定の場所に定住し、同一の生活空間に所属して一生を過ごすわけではない。自分がいそしむ生産活動を幅広く展開するために、あるいは異なる領域との交流を拡大するために、大なり小なり境界を越えた移動を欲するのが習性である。歴史を顧みれば、狩猟、採集、漁撈に始まり、宗教、行商、職工、芸能など、いずれも移動を条件として発展した産業であり文化であることは多言を要すまい。

そこで国家は統治を円滑に行う上で、領土の住民を実態的に把握するために、その名前、生年月日、住所、性別、国籍、家族関係などを登録する必要がある。登録した個人情報を基に、国家は人口を調査し、個人を徴兵、徴税、徴用などの対象とするとともに、必要な保護やサービスを与え、治安維持や犯罪取締りに努めてきた。個人の側でも、困窮した時の生活保障や非常時における外交保護を国家に求めるようになった。その意味で、人類の歴史は、国家権力による管理に抗う一方、管理されることを通じておのれの利益の保障や救済を望むという二面性をもってきたといえる。

戸籍がなければ「国民」ではないのか

国家の治める領域内に定住する者を「国民」として登録する制度のひとつが戸籍である。戸籍はその名の通り、「戸」を単位として編製されるところに特徴がある。欧米には存在せず、中国、朝鮮、そして日本という東アジア固有の伝統的な身分登録制度である（だが、韓国は二〇〇八年に戸籍制度を廃止している)。「戸」の意味は共通ではなく、日本では戸籍法上の「家族」を意味し、現実に共同生活を営む「家族」のことではない。現行戸籍法では「氏を同じくする夫婦とその子」をひとつの「戸」として戸籍の編製単位としている。

日本における戸籍は、すべての国民を登録するものであり、したがって「日本人」の公式な証明である。法務官僚や市区町村の戸籍事務担当者による説明をみると、戸籍の意義のひとつとしてそのような趣旨が述べられることがしばしばある。

だが、戸籍に登録されて初めて「日本人」としての存在が公認されるのであれば、「日本人」の子として生まれながら、何らかの理由によって戸籍に記載されていない者は「日本人」ではないということになるのであろうか。

ここ数年来、戸籍をもたない「日本人」の存在がマスメディアでしばしば取り上げられるようになり、人々の関心を集めるところとなった。その正確な人数を把握することはいかんせん困難である。法務省の調査によれば、二〇一六年九月時点で全国に六八九人の無戸籍者が確認されているが、無戸籍者への支援活動を続けている井戸まさえによれば、二〇一五年現在で無戸籍者は全国で一万人に及ぶものとみられる(1)。

戸籍をもたない「日本人」は、後述のように戸籍法の定める手続きを経れば、戸籍を創設することが認められる。現在も、無戸籍を解消するために煩瑣な司法手続きを踏んで戸籍を取得しようと尽力している人々がある。

筆者が注意を引かれたのは、無戸籍者として生まれ育った人が戸籍を取得できるものとなった時にみせた反応である。二〇一四年九月、埼玉県で母親が出生届を出さなかったことが原因で無戸籍のまま生きてきた三二歳の女性が、神戸家庭裁判所の許可を得て新しく自分の戸籍を作ることがかなった。この女性は、母親が夫の暴力から逃れて別の男性との間にもうけた子であった。だが、民法第七七二条には婚姻中に懐胎した子は夫の子と推定するという規定がある。これに従うならば、娘を夫との間の子として届け出て夫の戸籍に入れることになるが、それに我慢できない母親は出生届を出さず、その三年後に協議離婚した。成長した女性は、母親の元夫と親子関係にないことの確認を求める訴訟を起こし、この訴えを認める判決を得て、出生届を出せば母親の戸籍に入れる運びとなったのである。判決後、女性は記者会見で「三二年間長かった。やっと国民になれた。堂々と生きていきたい」と涙を拭いながら話した(『日本経済新聞』二〇一四年九月一九日付)。

あたかも、無戸籍のために「国民」として承認されなかったこれまでの人生が、不名誉であったかのように受け取れる言葉である。このような戸籍に対する価値意識が今日も(しかも若い世代において)なお息づいていることに、筆者は違和感を覚えるものである。戸籍がないおかげで「日本人」として国家から、そして社会から承認してもらえないという精神的苦痛を数十年間、負い続けねばならないのはなぜであろう。あるいは、単純に自分の存在を公式に承認してほしいという欲求をそこに見出すこともできる。だが、仮にそうした承認欲求があるにしても、それは現在の日本社会にあって戸籍を介することでしか充足できないものなのであろうか。

我々は〝戸籍上の存在〟を獲得しない限り、〝社会上の存在〟を認められないということなのか。日本人は戸籍に管理されなければ健全な社会生活を保障されないのであろうか。やはり問い直さなければばならないのは、日本において戸籍をもたないということは一体、どういう意味をもつのか、ということである。

戸籍への無理解・無関心

巷間では、日本人であれば戸籍をもつのが至極当然のように考えられている。なぜなら、大抵の日本人はこの世に生を受けた時から、好むと好まざるとにかかわらず戸籍に登録されているからである。では、戸籍は何のためにあるのか？　あらためて正面きってそう問われた時、きっちり即答できる人はどれほどいるであろうか。日本人は自分が戸籍というものを能動的に獲得したという意識がないから、空気と同様、それを喪失してみなければその存在意義というのも容易に理解することはできないのである。よって、大半の日本人は、戸籍がなぜ必要なのかを考える機会のないまま生きているといって過言ではあるまい。

例えば無戸籍問題についての報道記事などをみると、目に留まることがある。それは、無戸籍者本人をはじめ、その親族や関係者までが、戸籍がなくては参政権や旅券発給など「国民」としての権利をことごとく奪われ、就学や就職、さらには結婚もできないのだ、といった具合に実際の法制度を確認することもないまま観念してしまう例が実に多いことである。こうした心理的反応は、ひとえに戸籍というものに対する日本人の理解の底の浅さを如実に物語っている。

何より戸籍法の条文をみると、そうした一般社会の戸籍に対する無関心ないし無理解を裏付けるものがある。一般に法律というのは、第一条に立法の目的や精神を述べて、国民の理解を求めるのが基本である。しかるに、現行戸籍法（一九四七年法律第二二四号）の第一条は、「戸籍に関する事務は、市町村長がこれを管掌する」と規定し、単に戸籍事務の取扱い機関を示しているにすぎない。すなわち、戸籍とは何かについての定義はおろか、戸籍法の目的とするところすら法文上のどこにも記されていないのである。日本人と不離一体の関係にあるはずの戸籍をめぐる、こうした法律上の不透明さに対して国民の側でもまた疑問や不審を抱くことはない。

むべなるかな、日常を眺め直してみると、我々が自分の戸籍謄本を本籍地役場から取り寄せ、これと真剣に向き合う場面はそうあるものではないことに気づくであろう。あるとしても相続の手続きの時くらいのものではないか。人によっては、一度も自分の戸籍を手に取って凝視することなく一生を終える場合もあろう。やはり日常生活において、戸籍がないことによっていかなる不利益がわが身にふりかかるのか、と思考をめぐらす機会など無に等しいのもまた現実である。

戸籍は〝道徳律〟か

制度というのは、革命や民主化のような政治変動による場合を除き、民衆にとっては基本的に権力から「与えられた」ものである。民衆が制度への自発的服従を示す契機は、その制度が「我々国民に便益を供するものである」という共同利害が存在することである。しかしながら、制度は必ずしも福利や快楽をもたらすものとは限らない。あるいは、当初は人々に便益を供する目的であったものの、時代の推移や環境の変化、さらには時の権力者の意図によって、個人の福利や快楽を制限し、ひいては自由を抑圧するものへと変化する場合もある。

ゆえに、あらゆる制度はそれへの承認や協調を民衆から不断に引き出すような「原理」に支えられなければ有効性をもって存立しえない。制度の埒外に生きる人間に対しては、そうした制度の原理が「同調」を求める圧力としてはたらき、制度の支配下に組み込んでいくのである。

では、戸籍制度を支える原理とは何なのであろうか。これを摑み取らねば、「日本人」でありながら無戸籍であることが「恥辱」「不名誉」とされてきたことの意味が理解できない。

もとをただせば、戸籍は国民のためにではなく国家のために利益をもたらす制度なのである。古代国家の時代より、戸籍は軍事や課役の目的から国民を動員すべき資源として把握するための手段であった。明治時代になって、戸籍は「日本国民」の登録として装いを新たにした。それが一八七二年に全国統一の戸籍法として成立した「壬申戸籍」である。この壬申戸籍以来、戸籍は今日まで一四〇年余りにわたって「日本人」の公証資料として生き続けている。外国人は徹頭徹尾、戸籍法の適用外に置かれ、その代わりに外国人登録（二〇一二年からは「在留カード」）によって管理されてきた。

日本人と戸籍の関係がかくも長い歴史に及んだことの帰結として、「日本人」であるならば戸籍をもっているのが当たり前である、という集合意識ができあがった。こうした戸籍をめぐる日本人の法的・文化的な意識は、かつて法学者の山主政幸は「戸籍意識」と呼んだ[2]一方、戸籍行政をつかさどる法務官僚の言によれば、「私たち日本人の帰属意識や思考の型を示すもの」として「戸籍文化[3]」と呼びうるものである。

「国民であること＝国籍をもつこと＝戸籍をもつこと」という図式が日本社会に定着していくと、戸籍は「日本人」の証明という精神的・道徳的な規範としての位置をも占めるようになり、戸籍をもつ者こそが「正しき日本人」という社会通念が作り出されてきた。されば、「日本人」でありながら戸籍をもたない者は「まともな日本人ではない」という烙印を押され、彼らに浴びせられる衆人の視線は差別や偏見の色を濃くする。無戸籍の身となった経緯に対して、叩けば埃《ほこり》が出るだろうといった無慮な詮索や臆測が飛び交い、それが重圧となって無戸籍者の生活環境を陰鬱な影で覆うことになる。そのような闇の中で無戸籍者が、「国民」として認められない自分とは何なのかという自責の念に苛《さいな》まれる姿は悲哀に満ちている。

だが、戸籍それ自体にいかなる価値があるのかと問われれば、多くの人が沈黙をもって答えるであろう。価値をもつとされるのは戸籍そのものよりも、戸籍が象徴する理想や徳義であり、それらが人々の精神を拘束する力となるのである。戸籍法が単なる手続的な身分登録法にとどまるものであれば、これほど長きにわたって「日本人」の精神構造を律するものであり続けたであろうか。「戸籍法ハ倫理ノ大分ナリ」(4)とは一四〇年近く前の一政治家の言葉であるが、今日も戸籍は〝道徳律〟として日本社会に生きているのではないか。

政治学者大山郁夫曰く「国家が道徳律に支配されねばならぬものであるといふ如き考《かんがえ》は西洋の政治学史を辿《たど》れば昔から存してゐること」(5)である。古来、国家はその存立の基盤をより安定的に維持するために、個人の価値観を服属させるための道徳律を実現しようとしてきた。

では、道徳律を成立させる契機とは何であろうか。社会学者デュルケームによれば、ひとたび社会において一定の集団が形成されると道徳的生活が生まれ、人々が「規則正しい関係」の連合を築くことによって「全体の感情」が生まれる。「この全体に執着し、全体の利害に関心を向け、自らの行為について全体を顧慮せずにいることはできない」という感情、すなわち個人の利害を「それを超越する何者か」に従属させようという感情が明確化され、「最も日常的な最も重要な諸事情に適用されて確定した公式に表される」とき、それは一体の「道徳律」となる(6)。

かかるデュルケームの説に即してみるならば、まさしく日本人は戸籍に記載された者こそが「正しき日本人」であり、「正しき家族」であるという「公式」に従属しているようにみえる。例えば、子が生まれたら出生届を、結婚するのなら婚姻届を役所に出す。それらの行為に付随する「非嫡出子」の記載や「氏」の夫婦統一など、法が定める記載事項にたとえ抵抗を覚えても、国民「全体」がそうしているのだからと法に忍従して届出を果たす。かくして戸籍による国民管理が着実に整備されていく。このような、おのれの自由意思を封じて戸籍制度に服従する態度、「日本人」として大勢に同調しようとする心理、ここに日本社会における戸籍の〝道徳律〟としての定着を見て取れるではないか。

法務官僚の一人にいわせると「我が国の戸籍制度が、現在のように世界にも全く類例を見ない立派な身分公証制度として発展し、整然と完備するに至るまで」には、「戸籍制度に対する国民の深い理解と協力(7)」があったとのことである。だが現実には、その「世界にも全く類例を見ない立派な」はずの戸籍制度から漏れ落ち、国家からその存在を認識されていない人間たちが、一万人とも知れず生きている。国家の論理からすれば、彼らは戸籍制度に対する「理解と協力」の欠如した〝非国民〟として訓戒されるべきなのであろうか。

あらためて問う。一体、戸籍のない「日本人」とは何者なのだろうか。

本書の視角――戸籍がなければ生きられないのか

以上のような問題意識に立ち、本書では、日本の国家および社会において、戸籍をもたないことの意味を歴史的に問い直してみたい。筆者は前著『戸籍と国籍の近現代史』（二〇一三年）において、「民族」「国籍」「血統」という概念が戸籍制度といかに結びついて操作されてきたかという視角に立ち、日本の近代国家としての出立から植民地支配を経て現代に至るまで、戸籍が「日本人」なるものを観念と実態の両面においていかに創出してきたのかを歴史的に検討した。(8) 今度は、「無戸籍とは何か」という問いかけを通して「日本人」なるものと戸籍をめぐる歴史を考察することが視座にある。

ここ数年来、無戸籍問題を「当事者」の視点で追った井戸まさえをはじめとする問題提起的な著書が社会の関心を高め、かつ支援活動の輪を広げるものとなっている。(9) ただ、そこで中心に扱われているのは、出生届の未提出（特に民法第七七二条に関わるもの）に起因する無戸籍の問題である。やはり現実の無戸籍問題を理解する上で、歴史をさかのぼって無戸籍問題の根源をさぐり、それがいかに現在に帰着しているのかを検証しなければならないと考える。そうした研究作業は本来ならアカデミズムの担うべき役割である。だが、先行研究として学者が日本の無戸籍問題を主題として論じたものは、管見の限り見当たらない。このことは、戸籍という「日本」および「日本人」をめぐる政治、法律、社会、文化、思想など多方面に結節点をもつ題材に対して、各専門分野における研究者の問題関心がさほど向けられてこなかったことを雄弁に物語っている。

本書で問うべき大きな課題は、以下の四つである。

第一に、戸籍は我々の社会生活においていかなる必要性があるのかを検討する。基本的人権として憲法に規定されている諸権利や行政サービスの給付が保障される上で、戸籍は不可欠なものであるのか。国籍はあっても戸籍がなければ「国民」としての権利を行使できないのか。こうした疑問について、参政権、住民登録、婚姻、就学などの主要な論点に絞って検証したい。この第一の課題は、戸籍を有することは実利的な観点よりも道徳的な観点から「日本人」に要請されてきたのではないか、という疑問に拠って立つものである。

第二に、無戸籍の「日本人」がいかなる原因によって生まれるのかを検討する。「日本人」すべてを登録することを本領とする戸籍から、なぜ漏れ落ちる人々が出てくるのか。その原因について、国民の側の責任によるもの、行政の側の責任によるもの、どちらにもよらない不可抗力に基づくものと区分して考える必要がある。そして、国内だけでなく、海外に移住した日本人における無戸籍問題についても焦点を当て、国境を越えて移動する国民に対する戸籍の管理機能について検証する。

第三に、「日本人」として戸籍をもたないことは政治的・社会的にいかなる意味をもってきたのかを歴史的に考察する。とりわけ力点を置くのは、明治以降、近代国家建設と国民統合が進められてきた日本において、無戸籍という問題が統治上、いかに位置づけられてきたのかという点である。それは、戸籍が日本の国家思想のなかでどのような〝道徳律〟としての役割を担ってきたのかという点にもつながるものである。

第四に、第二および第三の課題に付随して、日本国家は国内外における無戸籍者をどのように処遇してきたのかを検討する。いかなる方法をもって戸籍に登録しようとし、「国民」として統合しようとするのか。そこでは戸籍への登録と国籍の取得がどのように結びついてきたのか。すなわち、政治が無戸籍の人間にどのようなまなざしを向け、どのような論理と方法をもって戸籍という法制度の管理に収めようと尽力してきたのかを考察する。

これらの問題を検証する上で、筆者が資料として重点的に利用したのが、戸籍行政をあずかる中央官庁による「先例」である。後述するように、戸籍行政というのは複雑で流動的な家族問題や国籍問題を幅広く扱うことが必須となるので、市区町村長も戸籍事務の取扱いについて疑義が生じたら監督官庁（現在は法務省）の指示を仰ぐ。時には外務省など他省庁からの戸籍事務に関する照会も監督官庁に寄せられる。そこで監督官庁は「通達」、「訓令」、「回答」という形式で、実務上の取扱基準を指示する。これが「先例」と総称されるものである。いうなれば先例は、各市区町村長や他の行政官庁による個別的観点からの照会に対する監督官庁の国家的観点からの指示である。戸籍をめぐる行政上の解釈がいかなる変遷をたどってきたのかを検証することを通して、家族、職業、移民、福祉といった人間の営為をめぐる、時代や地域に基づく価値観の相克を確認することができる。

とにかく、戸籍と個人の関わり方はひと通りではない。意図せずして不可抗力的に戸籍を失い、その回復を「権利」として求める者がある一方で、生来、戸籍と没交渉のまま自由に生きていく者や、戸籍を桎梏とみなして私心の赴くままにこれを放棄した者もある。無戸籍という問題を歴史的に観察してみることは、日本という国民国家のなかの底辺や周縁にも目を配り、「国民」としての生き方の多様性をとらえることにも帰着するものと考える。

個人の求める自由や幸福との間で戸籍制度がいかなる矛盾や衝突を生じ、国家はこれにどのように対応してきたのか。つまり無戸籍問題に対する政治の認識と実践の変遷を描き出すことで、日本における戸籍の存在意義とは何かを浮き彫りにできるのではないか。そして、これらの作業は「日本人」とは何かという本質的課題への答えを導くものとなるはずである。

第一章　戸籍の役割とは何か
――届出によってつくられる「身分」

1　戸籍とは何を登録するものか

国家による登録制度の種類

古今東西、国家がその領域内にあるすべての人間を何らかの方法によって登録し、その記録を保存しておくことは、統治における定石とされてきた。ここでは国家による登録制度について、その目的別に、①身分関係登録、②住民登録、③国民登録、④個人情報登録、⑤カテゴリー別登録、の五通りに分類し、それぞれどのような特色があるかを整理しておきたい。

①　身分関係登録

身分関係登録は、親が誰、配偶者が誰、など個人の家族関係の把握に重点を置くものである。これは個人単位によるものと、家族単位によるものとに分かれる。戸籍は家族単位による身分登録である。

ただし、家族単位といっても、既述のように日本の戸籍は、氏を同じくする夫婦と非婚の子をひとつの「家族」＝「戸」として記載する形式である。

ヨーロッパや米国などでは、日本と対照的に、個人の出生、死亡、婚姻、離婚などを事件別に登録して出生簿、死亡簿、婚姻簿といった形で諸種の登録簿を作成している。米国では各州で収集したこれらの記録を基礎資料として国家の人口統計（Vital Statistics）が作成されている。

なお、ナチス・ドイツにおいては、一九三八年に夫婦を基礎単位として家族関係、身分の変動、さらに国籍、種族、宗教などを登録する「家族簿」が創設された。これは人種主義的優生政策の観点から導入されたものであった。現在もドイツで「家族簿」は趣旨を変えて実施されているが、あくまで諸種ある身分関係登録簿のひとつである。

② 住民登録

個人の居住状況を把握するものであり、国によっては人口調査（センサス）の役割を兼ねることもある。住民登録を管轄するのは基本的に州や県、市区町村といった自治体である。住民登録を受けた者は、住所地において居住証明書（日本でいえば住民票）が作成され、これを発給してもらうことができる。「住民」として把握されることにより、当該自治体から居住に基づいたさまざまなサービスが保障される。

日本では、一九五二年から住民登録制度が実施されている。だが、世界を見渡してみると、住民登録制度を整備している国は存外少ない。二〇一五年現在、住民登録を実施している国は日本、韓国、スウェーデン、フィンランド、ドイツのベルリン州くらいであり、米国、イギリス、フランスといった代表的な先進国に住民登録制度はない。

住民登録は、住所に居住している「世帯」(「単身世帯」を含む)を単位として登録する形式が一般的なので、①の身分関係登録と結合している場合もみられる。中国、台湾の場合がそうである。

中国では、一九五八年以来「戸口登記」という制度が実施されている。これを中国政府がしばしば「戸籍」と言い換えるため、中国のマスメディアでも便宜的に「戸籍」と表現することが多い。このため日本の報道では「中国の戸籍」と呼称されるのが一般的となっており、日本の戸籍と同様の制度であると誤解されがちである。だが、中国の戸口登記は実質的に居住登録であり、都市戸口と農村戸口という居住地を基にした二元的な登録を行うものであるから、日本の戸籍とは別物である。

なお近年、日本では戸籍に記載され、住民登録も受けているものの、住民票に記載されている住所地に居住の事実がないため、市区町村でもその所在を把握できない、いわゆる所在不明の子ども(十八歳未満)が増えている。二〇一四年一〇月に厚生労働省が初めて実施した調査によれば、その数は全国で一四一人に達することがわかった。現代の〝無縁社会〟の進行を食いとめる上で、もはや住所の把握という段階を越えて、所在の把握という高度な行政的要請が課題となっている。

③　国民登録

自国の国籍を有する「国民」のみを対象として登録するものであり、その結果として国籍証明の機能をもつ。近代国家は成立の要件として一定の「領土」と「国民」を有し、それらを統括することで

「主権」が実体化するものであった。特にそこでは、同一の国籍をもち、民族、言語、宗教などにおいて均質的な「国民」によって形成される「国民国家」が共通の指標とされた。これは、近代社会が自由な移動と生産活動にいそしむ開放的環境を個人にもたらし、国境や国籍などさまざまな境界線を往来する人間が増大したことが前提にあった。だからこそ、「国民」の線引きが政治の課題となったのである。

そこで近代国家における身分登録では、領域内にある人間について、誰が「国民」で誰が「外国人」かを識別する目的も主要なものとなった。

日本の戸籍は日本国籍を有する者のみを登録するものであり、外国人を登録対象から除外してきた。これは、戸籍が国民登録であることを明治以来、その本質として貫いているからである。日本では戸籍に登録されていることをもって、日本国籍者であることの公証となる。よって、戸籍に記載されている者でも日本国籍を喪失したら戸籍から抹消される。なぜ外国人は戸籍に記載されないのかという点については、第九章で詳述する。

だが、国際的な国籍証明として万国共通の価値をもつのは、旅券である。日本の戸籍は国内的には「日本国民の証明」として通用するが、国際的には公的な国籍証明としての有効性は乏しい。このため、あくまで行政上の実務としてであるが、法務省民事局は一九六九年以来、外国における会社設立や留学などの際に必要があれば「国籍証明書」を発行している。これの申請には、日本国籍の参考資料として戸籍謄本の提出が必要とされている。

④　個人情報登録

これは、一定の目的において必要な個人情報を登録するものである。国籍、民族、出身地（国）、職業、宗教、学歴、所属政党、銀行口座など、①よりも政治的・社会的な分野にわたる個人情報を網羅しようとする。したがって、それは収集する情報の範囲を拡大すれば、前記①、②、③を統合した多面的登録制度となり、内外人を問わず、国家の領域内に居住する人間すべてを対象とした、国家による個人管理の究極に向かうものとなる。

日本で二〇一五年一〇月から運用が開始された「マイナンバー（共通番号）制度」は、そうした無差別的な個人情報管理を目指している。その仕組みを簡単にいうと、まず日本人、外国人を問わず、国内に住民票を有するすべての者に十二ケタからなる唯一無二のマイナンバー（個人番号）を付す。これを基に個人の所得や社会保障受給状況を把握することにより、納税の確保、社会保障給付の公正化などを可能とし、国家による新たな徴税体制の確立をねらうものである。マイナンバーは住民基本台帳に収められている個人記録を基盤としているが、政府はこれを戸籍事務にも導入してその利用範囲を拡大する目算である。

このマイナンバー制度の実施は、個人単位による効率的な管理システムを目指すものであり、裏を返せば、日本において伝統的な国民管理システムであった戸籍がとうに実効的機能を失っているという政府の認識を反映したものといえよう。

⑤ カテゴリー別登録

国家がその領域内に住む人々のうち、一定のカテゴリーに属する者を限定的に登録するものである。その代表としては外国人登録がある。国籍以外のカテゴリー区分による登録制度としては、国家の領域内にあるマイノリティを対象とした事例が多い。有名なのは、イギリスがインドを植民地として支配していた時代、「大英帝国」の自治州であった南アフリカのトランスバールで、自治州政府が一九〇七年に在留インド人を登録する「アジア人登録法」を制定したケースであろう。同法による登録には指紋押捺が含まれ、ガンジーがこれへの反対運動を指導し、廃止に追い込んだことで知られる。

だが、何といってもカテゴリー別登録を駆使した国は日本であろう。日本が植民地を領有していた「大日本帝国」の時代、朝鮮、台湾、樺太の出身者について戸籍法を適用せず地域ごとに個別の戸籍制度による管理を行っていた。日本政府はそれらを「朝鮮戸籍」「台湾戸籍」と呼称していたものの、それらは便宜上の用語にすぎず、日本の戸籍法とはまったく別個のものであった。戸籍に登録された者は、その本籍のある地域に民族的にも帰属する者とみなされ、どの戸籍に登録されているかが「民族」のカテゴリーの公示となった。例えば、日本人の母から生まれた者でも朝鮮人と婚姻して朝鮮戸籍に入籍すれば「朝鮮人」が公式の身分とされた。

さらに、植民地の各地域のなかでも民族別に登録制度を区分していた。台湾では、台湾戸籍と称された「戸口調査簿」には漢族（「本島人」と呼ばれた）を登録したのに対し、漢族以外の原住民（アミ、タイヤルなど）については「蕃社台帳」などによって管理した。樺太でも、アイヌに対しては一九三三年から日本の戸籍法を適用したが、それ以外の原住民（ニブヒ、ウィルタなど）については「樺太土人戸口簿」によって管理した[1]。

これらは同じ「帝国臣民」の枠内で被支配民族を重層的に差別するものであり、他にあまり類例をみない登録体制であった（日本の植民地における戸籍制度については第八章でもまた触れる）。

また、日本が〝独立国〟として一九三二年三月に樹立した満洲国では、山東省・河北省から移動してくる中国人労働者（「苦力（クーリー）」と呼ばれた）に対し、その移動防止と身許把握の目的から労働者登録を実施した。ことに一九三八年制定の労働統制法においては、中国人労働者に指紋の登録を義務づけていた。また、満州国内で抗日運動を展開する「匪賊」に対する治安粛正工作では、一九三七年二月に「帰順匪賊処理要綱」を制定し、同要綱に沿って各省では帰順した「匪賊」に入れ墨を施し、指紋及び写真を採取した上で「帰順者名簿」を作成することが義務とされた[2]。

こうした特定の人種や民族を対象とする登録制度は、国家による差別を合理化する政治的目的が強く、人権意識が発達した現代では人種差別として内外からの批判を浴びるものとなる。

出生登録を受ける権利

人がこの世に生を受けて初めて公的に登録される機会といえば出生登録である。国家はその領土内に生活する人間を余さず把握するには、出生時に登録するのが最も確実である。

日本では、子が生まれたらその出生届を戸籍法の定める届出義務者が提出し、これが受理されて戸籍に記載されることをもって出生登録の完了となる。

米国では、出生登録（birth certification）については日本のように父か母の届出を義務づけるのではなく、出産した病院が出生の届出を行う仕組みになっている。これは、あくまで人口登録として個人の出生を把握しようとする国家の方針からである。

これに対して、日本の場合は、個人の出生を家族関係のなかに位置づけて把握しようとするところに特徴がある。とりわけ出生届に父母との「続柄」(すなわち「嫡出子」「非嫡出子」の別)を記載させる点にそれが明らかであろう。

戦後世界では、出生登録を受けることは国家が保障すべき基本的人権として考えられるようになった。一九六六年に採択され、一九七六年に発効した「市民的及び政治的権利に関する国際規約」(国際人権規約B規約)の第二四条第二項に「すべての児童は、出生の後直ちに登録され、かつ、氏名(name)を有する」と規定した。ここに、子が出生登録を受ける権利とともに名前を得る権利を同時に保障されることが国際的原則とされた。さらに一九八九年に採択された「児童の権利条約」は第七条第一項において「児童は出生の後直ちに登録される。児童は、出生の時から氏名(name)を有する権利及び国籍を取得する権利を有するもの」であるとして、子が出生登録を受け、かつ氏名と国籍を取得することを国家が保障すべき権利としてさらに明確にしている。

出生登録を受けていない人間は、生みの親、生年月日、出生地などを証明する資料をもたないため、記録上では初めからこの世に存在していないものとなる。特に乳幼児や児童の場合は、出生証明がないと現在年齢も確定されないため、対象年齢を指定している健康診査や普通教育などの公的サービスを享受するのが困難となる。あまつさえ、幼児婚、労働搾取、人身売買、性犯罪といった違法行為による被害を受けても社会から不問に付されるおそれがある。

こうした形で児童にふりかかる人権侵害を抑止するために、一九四六年に設立された国連児童基金（UNICEF＝ユニセフ）は世界諸国に適正な出生登録制度の整備を訴え、その支援に取り組んでいる。ユニセフによれば、とりわけ発展途上国では法制度の不備や内政の混乱などさまざまな理由で出生登録を受けていない児童が増大しており、五歳以下の子どもたちの数は二〇一四年現在、世界で二億三〇〇〇万人に達するといわれる。

その背景として、冷戦終結後、世界各国で頻発する地域紛争や政治的迫害により、大量の難民が発生しているのは周知の通りである。難民は亡命者であり、移動に移動を重ね、定住先を見つけても「難民」として法的に保護されるようになるまで、不安定な生活環境のなかで生きざるを得ない。そのような環境で生まれた新生児が適正な出生登録を受けるのが困難であることは察知できよう。

二〇一六年四月現在、欧州警察機構が発表した推計によると、中東などから欧州に入った難民・移民のうち、少なくとも一万人の未成年が行方不明になっている。欧州連合（EU）においては、二〇一五年に保護者なしで域内に入り、難民認定申請をした未成年は八万八二四五人あったという（『毎日新聞』二〇一六年五月二九日付）。これを考えると、祖国を脱出してから移動中に保護者と離別した子、難民申請中に現住国で生まれた子、国境を移動する間に生まれた子などが適正に出生登録を受けている可能性は低く、「一万人」という行方不明者数は、実際にはもっと膨らむのではないか。

また、中国では前述の通り、戸口登記制度を一九五八年から実施しているが、出生時に登録から漏れた子は無戸籍児を意味する「黒孩子（ヘイハイズ）」と呼ばれる。特に一九七九年から人口抑制のために導入された「一人っ子政策」の下では、二人以上出産したら年収を越えるほどの多大な罰金を科するという圧制があり、罰金が払えないために子の出生登録を行わない親が続出し、「黒孩子」が大量に発生した。その数は二〇一一年に中国政府が発表したところでは一三〇〇万人に上るという。人権問題としての批判を国内外から受け、中国政府は二〇一五年一〇月に「一人っ子政策」を「二人っ子政策」に変更すると発表し、同年一二月の中国共産党の重要会議で、「黒孩子」の解消に向けてその戸籍（戸口）登録を徹底する意見を承認した。だが、人口が集中する北京や上海などの都市部では、戸籍登録に非協力的な姿勢であるようだ。また、三人以上の出産については罰金制度が存続しており、「黒孩子」を生み出す構造は温存されている（『毎日新聞』二〇一六年三月二〇日付）。中国では戸籍登録地が事実上の居住地となるので、人口流入を抑止したい都市部ではこれ以上の戸籍登録に消極的となっており、中国における出生登録の権利は人口政策のひずみによって侵害を被り続けている。

日本は一九九〇年に児童の権利条約に署名し、一九九四年にこれを批准しているが、生来の無戸籍児は同条約が締約国に義務づけている出生登録を受けられていないことになる。

生まれた子が無権利の状態に置かれることを防止するためには、子の出生登録が迅速かつ的確に行われることが最善であるのは論を俟たない。

前述のように、日本においては出生届という戸籍法上の手続きを踏むことによって出生登録がなされる。出生届による戸籍登録を経ることが日本国籍の取得となり、そして住民登録につながる。この過程における無戸籍児の発生は、中東やアフリカの国々にみられる如く内戦や革命といった政治的環境の悪化や混乱によるものとは異なり、民法および戸籍法が迅速な出生届出を阻むような現実との矛盾を抱えているという、立法政策の不備によるところが大きい。日本の出生登録はそのような戸籍法の規定する出生届の方法によってしか認められないため、すべての国民が安心して子の出生を届け出られるような環境が築けないでいる。現在の国際規範に照らしてみても、日本における無戸籍児の発生は、国家が義務づけられている出生登録の権利保障から疎外されているという点で、人権の問題ととらえるべきであろう。

2　日本の戸籍制度の特色——国民と行政の距離

戸籍が証明する「身分」とは

無戸籍とは何かを説明するにあたり、まず日本の戸籍制度のもつ原則と仕組みの大要について確認しておく必要がある。

人は自分が何者かを説明するために、何らかの公的な身分証明が必要である。戸籍は「日本国民」であることを証明する公文書であるとされてきた。だが、戸籍はどのような情報を記録するものなのかについて、日本人はどこまで把握しているのであろうか。

まず、はじめに理解しておくべきは、戸籍は個人個人の記録ではなく、あくまで個人の身分関係を記録した文書であるということである。このことは、戸籍の主要な役割として、多くの解説書によって説かれてきた。例えば、一八九八年に上梓された板垣不二男、岡村司著『戸籍法釈義』という解説書をみると、「戸籍法ノ実用」として第一に「人ノ身分ヲ公証スルコト」[3]が挙げられている。

「身分」という言葉については、一般の通用語としても、法律用語あるいは学術用語としても、その意味・内容は一定ではない。昔から日本には「身分違い」「身分をわきまえよ」といった言葉があるが、これらの場合の「身分」とは、封建時代における「士農工商」や、主君と家臣、師匠と弟子といった出自や上下関係に基づいて差別的に固定された地位である。日本国憲法では、第一四条に「すべて国民は、法の下に平等であって、人種、信条、性別、社会的身分又は門地により、政治的、経済的又は社会的関係において、差別されない」（傍点、筆者）と規定しているが、ここで用いられている「社会的身分」とは、そうした生来的な序列や階層区分を指しているといえよう。

これに対して戸籍法にいう「身分」とは、もう少し意味の広がりをもっている。前出の『戸籍法釈義』によれば、「身分トハ法律ニ依リテ認メラレタル人ノ社会上ノ地位ヲ謂《い》フ。即チ戸主、家族、夫婦、親子、後見人、隠居者、相続人、日本臣民ノ類《たぐい》是ナリ(4)」と説明されている。このように戸籍法の扱う「身分」というのは、「自分が何者か」を社会的に説明しうる情報を示しており、「身分証」という場合の「身分」もこの意味である。すなわち、戸籍は国民の一生における公的・私的な法的地位――親族関係、法的能力関係、国籍関係など――の変動を国家が登録し、これを公証するのがその役割である。まさに「ゆりかごから墓場まで」の身分関係の変遷を克明に記録しようというものである。

そうした法律上の身分関係（時には「法的地位」とも言い換えられる）は、民法の規定するものである。その点でいえば、本来、戸籍法は民法の手続法的付属法としての性格をもっている。しかるに、実際としては、民法上の身分関係は戸籍への記載によって成立するものとなっている。父、母、夫、妻、子、日本人……といった人の「身分」は、戸籍への記載を経なければ法的に有効なものとはならない。長

表１　現行戸籍法における戸籍の記載事項（電算化後）
——夫婦および非婚の子の場合

記載事項		
本籍	番地まで表記	
戸籍に記録されている者	戸籍筆頭者	氏名、生年月日、父母の氏名、父母との続柄
	配偶者	氏名、生年月日、戸籍筆頭者との続柄、父母の氏名
	子（非婚）	氏名、生年月日、戸籍筆頭者との続柄 養子の場合は実親の氏名も
身分事項	出生	出生地、出生年月日、届出日、届出人
	婚姻	届出日、配偶者の従前入っていた戸籍の本籍と筆頭者
戸籍事項	戸籍が編製された年月日 戸籍が改製された年月日	

男、二男といった家族内の序列も然りである。したがって、戸籍への届出を通じて成立するのは「事実上の身分」ではなく、あくまで「戸籍上の身分」である。

戸籍の記載事項としては、出生、婚姻、離婚、死亡といった身分事項、いわば親族関係が基本である。ただし、明治初年に誕生した壬申戸籍には、族称（平民、士族など）、職業、檀那寺、氏神、前科など、親族関係とはかけ離れた情報が記載されていた。これは当時の戸籍の主たる目的が警察的な身許調査にあったためである。

コンピューター管理によって戸籍の様式が電算化されている現在、夫婦と非婚の子を単位とする戸籍の記載事項は、表１の通りである。人によってはさらに養子縁組、認知、氏の変更、転籍、分籍といった事柄が記載事項に加わるので、戸籍には現在までの法律上の「身分」の変動をめぐる広範な内容が記載されるものとなる。

戸籍に登録された者はそれと同時に本籍を設定する。本籍とは戸籍の所在地であり、必ずしも住所や出生地と同一である必要はない。むしろ、本籍は出生や居住とは無関係な場所に任意に設定してよいのであり、さらに次々と自由に移転する（転籍する）こともできる。

古くから祖霊崇拝の信仰が根強かった日本社会では、戸籍の所在地を祖先の生地あるいは墳墓のある土地に定めておくことで、家の由緒や旧縁への愛情を温めたいという精神が生きてきたのも確かである。だが、その結果として、本籍が日常生活とは疎遠な、茫漠とした符号的観念と化し、ひいては戸籍そのものと庶民との距離を広げるに至っている（本籍については第二章第二節も参照）。

戸籍事務と先例

歴史をさかのぼると、明治前期まで戸籍行政は司法省の所管ではなかった。一八七二年に編製された壬申戸籍は、翌年から実施される地租改正や徴兵令に象徴される「富国強兵」の国策において、人的資源を把握するための基本資料と目されていた。そのため、当初は大蔵省が戸籍行政の主管官庁であったが、一八七三年一一月に「国内安寧人民保護の事務を管理する所」（内務省職制）として創設された内務省が新たに戸籍行政の主管官庁となり、省内には戸籍寮（一八九六年四月に「戸籍局」となる）が設置された。戸籍事務は「日本人」(5)の身分に関わる行政分野として、警察・地方行政・神道などとともに内務省が掌中に置いたのである。また、警察行政の主管である内務省が戸籍行政を扱ったということは、この時期の戸籍制度は浮浪人の取締りや身許調査など警察的観点からの管理と統制に主眼を置いていたという意味を示している。

大きな変革が訪れるのは、一八九六年四月二七日、民法親族相続編（一八九六年法律第八九号、以下、「明治民法」）が公布され、一八九八年七月一六日に施行された時である。この明治民法により、いわゆる家制度が確立された。明治民法施行と同じ日に戸籍法（一八九八年法律第一二号、以下「明治三一年戸籍法」）が施行され、家制度の成立を機に戸籍行政の主管官庁は内務省から司法省に交替し、戸籍吏に対する監督事務もそれまでの府県庁から区裁判所へと移管された。

ここに戸籍は〝家の登録簿〟という役割を鮮明にし、個人が家（戸）においていかなる身分にあるかを記録することが重要な役割となった。戸籍法において従来の警察的事務は副次的なものとなり、個人の出生や婚姻といった身分関係の公証という司法的事務にその役割の重点が移行したのである。

現行戸籍法では前述の第一条第一項に規定されているように、戸籍事務は市区町村長が管掌するものとなっている。これは今日の戸籍行政の性格を明確にしたものといってよい。というのは、戸籍事務は官制上、法務省が所掌する事務であり（法務省設置法［一九九九年法律第九十三号］第四条）、つまり国の遂行すべき行政事務のひとつであって、これを自治体の機関である市区町村長に委任した「法定受託事務」（かつては「機関委任事務」と呼ばれた）とされている。よって、市区町村長の執行する戸籍事務を監督するのは、法務省の所管にある法務局または地方法務局になる。すなわち、市区町村長は戸籍事務の処理について国の任務を代行しているにすぎず、市区町村長は戸籍事務について条例を制定したり、監査を行う権限はない(6)。

戸籍行政は常時大多数の人間を相手とするだけでなく、時代を追うごとに複雑化・流動化していく家族問題を扱わなくてはならない。市区町村の戸籍事務担当者は、これを迅速かつ円滑に処理していく上で、現行法の条規に即するだけでは到底、対応しきれなくなる。そこで、中央官庁による通達や回答という形式によって実務上の取扱基準が定められる。これが「先例」と呼ばれるものである。この先例こそが、戸籍事務の管掌者である市区町村長にとって戸籍行政の事務処理上、準拠すべき指針となる。のみならず、先例は市区町村長の下級監督者（法務局長および地方法務局長）をも拘束し、その後の取扱いはこれによって決定され、統一されるものとなる。[7]

例えば、市区町村長が届出の受理の当否について疑問が生じたら、その市区町村を管轄する法務局長または地方法務局（あるいはその支局）に問い合わせる。市区町村長に対する監督官庁として、法務局長または地方法務局長はしかるべき処理方針について指示や勧告を与えるが、法務局長等においても疑義のある時は法務省民事局長に照会し、その回答を受けて市区町村長に指示する、という流れになる。

もとより法令の最終的な解釈は、司法の最高機関である最高裁判所によってなされるのが筋であるが、いまだ判例のない事案については先例がその取扱いを支配するものとなる。また、たとえ判例に抵触するところがあっても、先例は戸籍事務の統一を確保するために実務上、法の行政解釈として優先的な地位を占めるのである。

日常生活と縁遠い戸籍行政

現実として、市区町村で執り行われる戸籍の行政事務は、効率よく国民に便益を供するように整備されているとは必ずしもいえない。

まず、全国で戸籍事務の処理方針が必ずしも統一されていないことである。というのも、中央官庁が発する先例が全国の市区町村にくまなく達し、戸籍事務に携わる人間すべてに周知徹底されるとは限らないからである。市区町村長を監督する立場にある法務局・地方法務局でも、重要な先例をことごとく熟知しているわけではない。また、先例が累積していくと、市区町村長にしても各法務局にしても、いずれの先例を戸籍事務処理の根本基準とすべきなのかについて混乱することがあり、同様の案件をめぐって市区町村によって解釈や対応が異なる場合も生まれることになる。

もし届出の不受理や申請の却下などの市区町村長による処分を届出人が不服とする時は、家事審判法（一九四七年法律第一五二号）に基づいて家庭裁判所に不服申し立てを行うことができる（現行戸籍法第一二一条）。しかしながら、戸籍をめぐる行政処分について一般に国民が異議を申し立てることは能力や時間の関係からいって容易なことではない。市井の感覚からすれば、非日常的な「官庁用語」が日常的にひしめき、難解な法律用語と玉虫色の法律解釈とがおりなす戸籍行政の領域においては、下された処分に対する服従を拒みたくても、素人が不慣れな法律上の文言を操ってその意思を「官」に対して理路整然と主張するのは、技術面でも精神面でも負担の大きい難業である。そこで芽生えた諦念が国民に主体性を放棄させ、戸籍行政は市井との隔絶を深めていく。かくて国民による監視が緩んでいくと国民の利便を軽視した恣意的な行政を増幅させるという悪循環を生むことにもなる。

その一方でまた、市区町村行政の現場における戸籍事務の位置づけは、決して高いものとはいえないようである。ここで紹介するのは、雑誌『戸籍』一九五三年八月号に懸賞論文入選作として掲載された、島根県簸川郡佐香村で戸籍事務の主事を務める職員が執筆した「戸籍の民衆化とその具体策」という短い論文である。この論文は、地方の戸籍行政の現場からみて、戸籍制度の抱えている矛盾をあぶり出してその根本的改革を忌憚なく訴えるものである。例えば、戸籍の編製単位は日本人の日常生活に即して「夫婦とその子」から「世帯」に改めるように提言するなど、当時としては斬新な内容であったといえる。さらに同論文が耳目を引くところは、地方役場での戸籍事務の現状について「戸籍が如何に零落し、民衆の関心から見放され、そして日常生活とは凡そ縁遠い存在として取扱われているか」という事務担当者の悲観と絶望が吐露されている点である。

とりわけ次の一文は、都市部とはまた異なった事情を抱えるであろう地方役場で日陰に追いやられた戸籍事務の有り様を歯に衣着せずに物語っている。

最も戸籍とは切り離すことのできない戸籍事務の管掌者である市町村長の諸氏でも、本当に戸籍事務を理解して、戸籍の整善に心から打ち込む人が何人あるであろうか。口では誠に立派な話をしながら、いざ職員の配置となると、先《ま》ず経済方面や土木方面といつた華かな活動のできる部門へ第一順位の配当があり、所謂《いわゆる》第二流乃至《ないし》第三流的人物を戸籍係に当嵌《あては》めるのが殆《ほと》んど定石になつている。そして、戸籍事務は戸籍係に一任して置けばよい。乃《すなわ》ち出生と死亡の届の受理さえできる者なら、消極的な事務である戸籍事務は何も苦痛はないという考え方からである。こうして、戸籍事務は既にその管掌事務者にまで見切りをつけられたのである。(8)

ここに赤裸々に述べられているのは、約六〇年前の市町村戸籍事務のひとつの実態であるが、はしなくも全国の行政現場に通底する戸籍事務の性格を言い当てているのではないか。国民の日常生活に重大な影響をもつとされる戸籍事務を非生産的、惰性的な作業であるかのように漫然と取り扱う市区町村長の意識が、時代を経て現在、どれほど変化したのであろうか。後述するように、戸籍の紛失や届出書の未着といった、無戸籍者を生み出す要因となる行政側の重大な過失は、こうした戸籍事務担当者における責任意識の未成熟に起因するのかもしれない。

3　戸籍法の届出主義――〝自発的な届出〟の難しさ

日本における届出主義の重要性

近代国家は個人を「国民」として把握するために、その身分関係を登録することを国家事業とした。だが、これを細大もらさず徹底しようとすれば、突き当たらざるを得ないジレンマを抱えていた。近代国家の支柱となる政治思想においては、ジョン・ロックが『統治二論』（一六九〇年）で説いたように、生まれながらに「理性」をもつ自律的な個人を国家建設の主体として想定している。この思想に拠って立つならば、国家がたえず暴力をもって制度への服従を確保しようとすることは、市民の理性を等閑視するものとして権力への不信と反抗を招く恐れがある。したがって、近代国家における身分登録制度は、権力による露骨な強制よりも個人の自発的な届出にその成果が委ねられるものとなる。

日本の戸籍法も明治以来、届出主義を採用している。すなわち出生、死亡、婚姻、養子縁組、離婚、認知といった身分の変動について、これを市区町村の役所に届け出させるのである。

本人または関係人からの届出事項を逐次、戸籍に記入することによって、各人の戸籍が作成または更新される。ただし、より厳密にいうならば、届出が本籍地の市区町村長の審査を経て受理され、戸籍に記載されることによって初めてそれらの身分変動が法的に有効な「事実」として証明されるのである。もっとも、ここでいう「事実」とは、端的にいえば「戸籍上の事実」のことである。例えば、ある人が死亡しているのは明白であるにもかかわらず、医師のしたためた死亡診断書を添えて死亡届を役所に提出し、戸籍に「死亡」と記載されない限り、その人はすでに死屍でありながら戸籍上は「生きている」ものであり続ける。

一方、欧米では、出生、婚姻、死亡などについて、届出があるたびにこれを事件別に次々とファイルして保存し、婚姻証明、出生証明など個人の証明資料として必要時に閲覧するというのが一般的な形となっている。

日本の戸籍が統治者の側からみて世界でも類まれな優秀な制度であるとしばしば賛美されてきた所以は、戸籍が人の身分に関する情報を縦横に追跡できるという索引的機能を有するところにある。この機能を戸籍が発揮し得るのは「除籍簿」の存在が大きい。

除籍簿とは、〝閉鎖〟となった戸籍をまとめた簿冊のことである。戸籍は、そこに記載されていた者が死亡したり、婚姻等により他の戸籍に移ったりした結果、誰も記載される者がいなくなると、その戸籍はお役御免となって戸籍簿（市区町村内の戸籍をひとまとめに綴った簿冊）から外され、除籍簿に移される。すべての者が戸籍から除籍された後の戸籍（これを「除籍」とも称する）は、また相続の手続きなどで必要となる。先祖の載っている戸籍は、除籍簿に移されているのが通常である。除籍の写しを役所に交付してもらったものが「除籍謄本」と呼ばれるものである。

これらの新旧の戸籍は相互に検索できるように連携している。つまり、古い戸籍には新たな戸籍（現在の本籍など）が表示され、新たな戸籍には古い戸籍（過去の本籍など）が表示される仕組みになっている。除籍簿は二〇一〇年五月の法務省通達により、保存期間が一五〇年に延長された（それまでは八〇年）。また、戸籍法の改正などによって戸籍の様式が改製されると、改製前の戸籍は「改製原《はら》戸籍《こせき》」と呼ばれてこれも保存される。したがって、戸籍、除籍、改製原戸籍の三位一体でつむぎ出される索引的機能を駆使すれば、現在の戸籍から明治時代の親族関係までたどることができる（ただし、壬申戸籍は差別的な記載が残っているため一九六八年から閲覧禁止となった）。これにより相続人が容易に確定でき、また家系図の作成にも便利である。

もっとも、戸籍の索引的機能にしても、歴代の戸籍における記載内容が確固たる事実であることを前提として実効性をもつのはいうまでもない。すなわち、何よりも当事者による戸籍への届出が迅速かつ正確に実行されることが不可欠である、という議論に回帰するのである。

しかしながら、戸籍事務の実際は一筋縄ではいかない。いったん市区町村長が届出を受理し、これを戸籍に記載したら、戸籍における記載事項が「真実」として当事者を拘束するのみならず、行政機関もこれを尊重しなくてはならない。戸籍の記載事項は「特別の事情のない限り真実と合致するものと推定される」のである（一九三二年六月二九日大審院判決(9)）。

ここで注意すべきは、必ずしも戸籍が「真実」を記載するものなのではなく、戸籍に記載されている事柄が「真実」として推定されるということである。ひとたび適法な届出として役所で受理されたら、それを基礎として届出人をめぐる法律関係が形成されていくのである。戸籍に違法や虚偽の記載が発見されたとしても、市区町村長はみだりに訂正することは許されず、基本は届出人等の訂正申請を待ち、それが望めない場合に限り、管轄法務局長・地方法務局長の許可を経て初めて戸籍の訂正ができるというのが原則である（現行戸籍法第二四条第二項）。この市区町村長の職権による戸籍訂正の制度は、一九一四年に改正された戸籍法（一九一四年法律第二六号）において新たに規定されたものである。それまでは、たとえ戸籍上の記載に明白な違法、錯誤、遺漏などがあった場合でも、関係人の申し出がなければ放置するほかなかった。そのため、明治から大正にかけての戸籍には錯誤が増加していったので、これに対処するべく生まれたのが戸籍訂正制度というわけである。[10] したがって戸籍における記載は、法律関係において公証力（公的な証拠力）を有するが、それが事実と異なる時は反証によって覆すことができるものではある。

現実をみれば、虚偽や錯誤を含んだ届出は絶えることがない。ただし、市区町村長が戸籍届出の受理・不受理の処分をなすための審査権がどこまで認められるかについては、戸籍法をはじめ、その他の法令においても何ら直接の規定はない。[11] 市区町村長が戸籍届出の審査を厳格にかつ詳細に行おうとすれば、戸籍を限りなく真実に合致させるものとなり、戸籍に対する国民の信頼を得る道につながる。その反面、届出に関する多くの証拠資料の提出を求めることなどによって、届出人の負担や不便を増大させる結果となるし、届出が容易にまたは頻繁に不受理となることによって、届出人とその関係人の人権を侵害するおそれが伴うのである。

届出の種類——報告と創設

戸籍法は、個人の身分に変動をもたらす一定の行為について届け出ることを義務づけている。現在、戸籍法の定める届出は多岐にわたるが、その性質によって次の二つに大別される。

A—既成の事実を報告的に届け出るもの（報告的届出）

出生や死亡のように、すでに客観的に事実と認められる事件を報告的に届け出る行為である。また、氏名の変更、帰化、国籍の取得および喪失、裁判による離婚・認知、特別養子縁組、失踪、就籍など、行政機関または司法機関による許可ないし確定を得た事項も、これを報告して戸籍に記載させるという意味で報告的届出にあたる。

一九四七年まで施行されていた旧戸籍法においては、家督相続、一家創立、爵位の授与または継承、族称の喪失など戦後の法制上、廃止された事項もこれに含まれていた。

また、戸籍法には属地的効力があり、日本国内に居住する外国人も出生、死亡等の報告的届出について、戸籍法の手続きに従って届出を行わなければならない。外国人が届け出た事実は現在、外国人住民台帳（二〇一二年以前は外国人登録）に反映される。

B—届出によって初めて法律上の効果を生じるもの（創設的届出）

事実上の身分関係が生じていても、戸籍法に基づく届出が受理されない限り法的に有効とみなされないものをいう。換言すれば、戸籍上の「身分」を創設するための届出である。婚姻、協議上の離婚、

表2　現行戸籍法における主な届出の種類

	報告的届出	創設的届出
届出事項	出生、死亡、氏名の変更、就籍、帰化、国籍の取得、国籍の喪失、裁判による離婚、裁判による認知、特別養子縁組、失踪、など	婚姻、協議による離婚、養子縁組、離縁、任意による認知、入籍、転籍、分籍、など
届出期間	あり（届出期間を過ぎたら過料）	なし

養子縁組、離縁、任意による認知、入籍、転籍、分籍などである。日本における外国人同士の婚姻や養子縁組についても届出を行うことはできる。

以上を整理すると表2のようになる。

あらためて触れておかねばならないのは、戸籍行政のひとつの核心というべき、届出に対する行政機関の「受理」という行為である。「受理」とは、届出や申請を行政機関が適法な行為と認めた上で受け取ることであり、物理的な書類の受付（受領）とは区別される。[12] 市区町村長は、毎年「受付帳」を調製し、その年度内に受け付けた届書や申請書について、受付の順序に従って件名、届出事件の本人の氏名及び本籍、受付の番号及び年月日などを記載することが義務づけられている（戸籍法施行規則［一九四七年司法省令第九四号］第二一条）。受け付けた届書が審査を経て受理されると戸籍に記載されるわけであるが、その効力は受付の日時にさかのぼるので、[13] 受付の記録は重要な意味をもち、受付帳も戸籍に関する有効な証明資料となる。

戸籍上の身分を自由意思に基づいて変動させる行為、例えば婚姻、養子縁組、離婚、離縁などを「身分行為」という。この身分行為は、事実上は成立しているのが明白であっても、戸籍法の定める届出（つまり創設的届出）を履行し、それが本籍地の市区町村長に受理されない限り、法律上は成立したものとはならない。その結果、国民の生活に多大な支障や混乱が生じる。例えば、婚姻は何回でもできることになるし、血のつながった実の親子でありながら財産の相続ができなくなったりする。したがって、戸籍への届出を適正に行わなければ法秩序が壊れ、公序良俗が乱れ、健全かつ安定した生活を営むことが困難になる。国家はこのような論理をもって、戸籍法上の届出を怠らぬよう国民を説得してきた。

だが、戸籍が不断に真実と合致するものであるためには、そうした説得だけでは不十分であり、国民が届出を遅滞なく実行するように何らかの強制力をはたらかせる必要が出てくる。

戸籍法が報告的届出について届出期間を定めているのはその典型である。現行戸籍法では例えば、出生届——出生から一四日以内。国外での出生は三ヶ月以内、死亡届——死亡の事実を知った日から七日以内。国外での死亡は三ヶ月以内、国籍取得届——国籍取得の日から一ヶ月以内。海外に在住している場合は三ヶ月以内、帰化届——帰化許可の告示日から一ヶ月以内、といった具合である。

この報告的届出の義務を届出期間内に履行しなかった時には、過料（刑罰ではなく行政罰）という制裁を科することをもって、戸籍法は届出義務の履行を担保する手段としている。現行戸籍法においては、正当な理由がなく戸籍法の定める期間内に届出をなさなかった者は、第一三五条に基づき五万円以下の過料を科される。そして、市区町村長は届出を怠った者に対しては、一定の期間内に届出をするよう催告することが義務づけられ（第四四条）、この催告期間内においても正当な理由なしに届出をなさなかった場合は一〇万円以下の過料に処されることとなる（第一三六条）。

ただし、海外定住者の場合、遠隔地から総領事館などに届書を郵送しても、交通の不便などにより届出期間内に到着しないことが多分にあった。そのような事情がある場合は届出期間を過ぎても制裁の対象としない扱いとすることが、一九〇三年一二月に司法省から外務省に回答されている[14]。何より海外に生活の本拠を置いた日本人は、いきおい戸籍への関心が低下するものであった。現在も海外定住者が届出の義務を履行しなかった場合においては、過料は科されていないのが実情のようである[15]。

いずれにせよ、届出義務の不履行に対する罰則を設けることによって、政府は戸籍への迅速かつ適正なる届出を強制し、戸籍の正確性と信頼性を確保しようとするのである。

もっとも、届出期間が過ぎてしまったら届出は決して受理されないということではない。現行戸籍法においても、届出期間が経過した後の届出でも市区町村長はこれを受理しなければならないことになっている（第四六条）。つまり届出者の義務は、法定の届出期間が過ぎても消滅することはない。かくして政府は日本人の身分関係を正確に把握するために極力、戸籍への届出の完遂を求めるのである。かといって、届出期間を長年経過し、子が相当な年齢に達した時に出された出生届などについては、市区町村長は法務局・地方法務局への照会を経た慎重な審査の上で受理を判断すべきものとされている。日本国籍でない者が子を「日本人」と偽って出した出生届の疑いがあるからである（第八章に詳述）。

無戸籍者および本籍不明者でも、報告的届出ならびに創設的届出をなすことは認められている。ただし、この届出を受けた市区町村長は、法務局・地方法務局に受理について照会するよう法務省から指示されている[16]。届出を受理するものとなっても、これを記載すべき戸籍がないので、受理した市区町村で届出書をそのまま保存し、届出人が戸籍創設や本籍判明に至った時には、それから十日以内に届出を受理した市区町村長にその旨を届け出るべきものとなっている（戸籍法第二六条）。つまり、届出が受理されれば、それを戸籍に記載するために無戸籍者は戸籍を創設する努力が求められるのである。

政府による届出励行の術策

そもそも、国民からの戸籍届出が常に確実に履行されていれば、無戸籍の人間が世に生まれようはずがない。戸籍法は、さきに述べたように届出主義が貫徹することを期して国民に対する強制力をも備えている。だが、やはり国家権力が最後手段として強制力をはたらかせる以前に、戸籍制度への自発的服従を引き出す誘因を創り出しておく方が効率的である。例えば、戸籍への届出を従順に履行することが自分たちに利益をもたらすのだという、戸籍に立脚した受益者意識を国民に植えつけることである。

その一例として、終戦後に日本政府は出生届に関連して次のような措置を行っている。

一九三九年に第二次世界大戦が勃発して以降、日本ではさまざまな形による経済統制が進み、生活必需品が配給制に変わっていった。コメをはじめ麦、豆類、イモ類などの主要食糧について安定的な確保と配給機構の一元化の目的から一九四二年より食糧管理法（一九四二年法律第四〇号）が施行され、米穀の流通は国家管理の下に置かれた。配給の統制を確実にするために食糧管理法施行規則（一九四二年農林・司法省令第二号）に基づき、世帯ごとに交付されたのが、いわゆる米穀配給通帳である。国民が食糧の配給にあずかるためには、農林大臣または都道府県知事の発給する米穀通帳の提示が必要とされた。

戦時経済の要請から実施された食糧管理体制は、敗戦後も食糧供給状況の逼迫のため継続せざるを得なかった。配給統制政策における懸案は、庶民による食糧の不正受配をいかに防止するかであった。餓死と隣り合わせの苦境に置かれた人間がエゴイズムの悪魔に魂を売り、法秩序に背を向けて糧にありつかんとするのは不可避の現象であろう。配給統制の抜け道から入手する「ヤミ米」が多くの庶民に歓迎されたのは、その証左である。

加えて、次章で述べるように、空襲や戦災により全国の都市では大規模な戸籍焼失が発生して戸籍行政は麻痺しており、役場での本人確認も正確を期し得なかった。これに乗じて、米穀通帳の申請における虚偽登録や二重登録、あるいは米穀通帳の偽装工作といった手段による食糧の不正受配が横行し、戸籍の信頼性は大きく低下した。

他方、戦禍に伴う父母の死亡や家族の離散によって子の出生届が適正に行われなかったために、東京、大阪をはじめとして全国的に無戸籍児が発生したといわれる。そして、周知のように敗戦後は、食糧不足のために栄養失調による死亡者が増大し、とりわけ乳幼児の死亡率が高かった。厚生省の『人口動態統計』によれば、一九四七年には乳児（一歳未満）の死亡数は二〇万五三六〇人が確認されている。そのなかには、出生届を出されぬまま餓死し、この世にその「存在」を記録されずに終わった子も数知れないであろう。

こうした状勢の下、日本政府において出生児をめぐる戸籍事務の混乱をただそうという要望は、緊迫した食糧事情への対処という目的と結びついた。司法省はこの件について食糧管理局と打ち合わせた結果、一九四七年六月一一日、「出生児に対する主要食糧の配給取扱について」と題した食糧管理局長官からの通達が各知事宛てに出された。すなわち、それまでは医師や産婆などによる出生証明に基づいて食糧配給を行っていたが、「出生届を的確に励行せしむると共に出生による受配人口の異動を確実に把握するため」という目的から、同年七月一日以降に出生した者に対しては出生届を完了したという戸籍の証明がなければ配給しないように指示するものであった(17)。

しかるに、日本政府は出生届の提出を励行する一方で、その受理に関しては慎重な扱いへと方針を改めた。一九四七年一二月に制定された新戸籍法により、出生届には医師または出産に立ち会った者が作成する出生証明書を添付することが義務づけられた（現行戸籍法では第四九条第二項）。それ以前は出生届の提出だけで事足りたのであるが、出生の年月日・場所について虚偽または錯誤による戸籍記載がなされたり、他人の子を自分の子と偽って届出をするケースがしばしばあったため、こうした事件を防止する目的から出生証明書の制度が創設されたのである(18)。

それから二年を経た一九四九年一二月二〇日に法務府民事局長通達が発せられ、前出の食糧管理局長官通達は廃止となり、出生児に対する主要食糧の配給については、母子手帳における出生地届出済証明の記載があれば配給を行うものとする方針に変わった。本通達のなかでこの方針変更の理由は述べられていないが、戦災で戸籍が焼失した市区町村が全国的にあったことから、戸籍の再製が不完全な状況のなかで出生届が適正に処理される見通しが立たなかったのであろう。本通達の指示する措置の目的については、同年一一月一日および二四日の食糧庁長官の各知事宛通達において「不正受配防止のため」と明記されていた。ここから、戸籍への出生届の履行を食糧配給の受給要件とする措置を打ち出したものの、その主眼は無戸籍児の増加を解消する目的よりも、全国的に逼迫していた食糧事情に鑑みて食糧配給の不正受給を防止する目的にあったことが察せられる。

民衆の秩序意識が低下し、少しでも物質的満足を得ようとする自然的エゴイズムが蔓延する敗戦後の混乱状況にあって、戸籍行政の命脈となる届出主義への自発的協力を確保することは困難であった。壊滅した戸籍行政を修復するための主要な一歩である出生届の適正化が、食糧の不正受配防止という経済的要請との利害の一致を見出して講じられたことは注目に値する。これを裏面からみれば、終戦から続く非常時のさなかにあって、法治国家における戸籍の重要性についての理性的説得に努めるよりも、食糧配給という物質的な反対給付を提示する方が出生届の励行に効果的であると考えられたのであろう。

第二章　「無戸籍」という意味
――「日本人」の証明なき「日本人」

1　無戸籍はこうして生まれる

前章でみたように、厳格な届出主義を原則としている日本の戸籍制度であるが、それにもかかわらず戸籍のない「日本人」は恒常的に生み出されてきた。ただし、ひと口に「無戸籍」といっても、その内容および原因は多様を極める。

ここでは、まず「無戸籍」とはどのような状態を指すのかを整理し、それぞれの発生する原因と背景について確認しておきたい。

「無戸籍」は厳密にいえば、次の四通りに分類できる。

①　記載されるべき戸籍に記載されていない

②　もともと記載されるべき戸籍がない

③　はじめは戸籍に記載されていたが、戸籍から抹消された

④　記載されていた戸籍が消失した

①　記載されるべき戸籍に記載されていない

これは無戸籍の最も一般的なパターンであろう。自分が記載されるべき戸籍は存在するにもかかわらず、その戸籍に記載されるための届出がなされなかった場合を指す。つまりは親の戸籍に子が記載されていない状態である。

その主たる原因は、親が子の出生届を出さなかったためである。この出生届の未提出には、A―過失による未提出、B―故意による未提出、の二通りがある。

Aは、主として出生届の期日を過ぎてしまった場合である。さきに述べた通り、現行戸籍法は第四九条第一項において「出生届は、十四日以内（国外で出生があったときは、三箇月以内）にこれをしなければならない」と義務づけている。これは日本に住む外国人にも適用されるので、外国人夫婦が日本で子を生んだ時は居住する市区町村に出生届を出さなければならない。

もっとも、前述のように戸籍の届出は法定の届出期間が経過した後でも、提出すれば受理されるべきものとなっている。むしろ、たとえ届出期間を過ぎようとも届出の義務を果たすことが国民は求められる。これについては、一八九八年七月に施行された明治三一年戸籍法に関して、同年九月に司法省が次のような先例を出していることから明らかである。すなわち、出生届の届出期間経過後の年数にかかわらず届出義務者は届出をなすべきであり、届出義務者がいない場合、あるいは所在不明である場合、戸籍から漏れ落ちた本人が欲するならば就籍（家庭裁判所の許可を得て戸籍を創設すること。第

八章で詳述）の手続きをなすべきである。(1)

ただし、生まれてから一〇年以上経っていたりなど、過度に届出期間が経過して出された出生届については、虚偽の届出の疑いがあるので、その受理については慎重な審査を要するものとされている（第八章第三節参照）。

一方のBは、民法規定のもつ現実との矛盾に根ざした問題に他ならない。民法第七七二条には、夫婦の離婚成立後三〇〇日以内に生まれた子は、前夫の子と推定されるという規定がある。「嫡出推定」といわれるものである。その場合、子は前夫の戸籍に入ることになる。だが、離婚した女性が諸事情により（前夫の暴力が酷かった場合が多い）、わが子が前夫の戸籍に入ることを厭うあまり、いっそ出生届を提出しない方がよいと想到し、結果として子は無戸籍となるに至ったのである。これが巷では「三〇〇日問題」などと呼ばれるケースである。

また、Bのカテゴリーに当てはまるものとして、戸籍法の出生届規定に起因するケースがある。現行戸籍法の第四九条第一項には、出生届に「子の男女の別及び嫡出子又は嫡出でない子の別」を記載することが義務づけられている。「嫡出」とは、正式な婚姻関係にある夫婦から生まれたことを意味する。これは、明治民法に基づく家制度が続いていた時代に普及した概念であり、家督を継ぐ者は「嫡出子」を第一順位とするという明治民法の規定の精神の下、戸籍上に「嫡出」であるか否かを区別する必要があったことによる。まさに現代法における家制度の遺物の典型である。

婚姻届を出していない事実婚の夫婦に子が生まれた場合、その子は出生届に「嫡出でない子」と記載すべきものとされ、母の戸籍に入ることになる。しかし、わが子に対して公文書上に「嫡出」「非嫡出」の境界線を引くという戸籍の差別主義に抵抗を覚える親は当然あろう。その極みとして、出生届の当該欄を未記載にして役所に提出したところ、出生届が不受理となり、その結果として子が母の戸籍に記載されず無戸籍となったケースも少なくない。

さらに①においては、行政側の責任による出生届の未着という原因があることを見逃してはならない。これは、届出人が非本籍地の市区町村に提出した出生届が、本籍地の市区町村へと送付されるべきところ、何らかの原因により本籍地市区町村に未着となって戸籍に記載されないままとなったものである。

届書送付の未着という事件が発生する原因としては、非本籍地から本籍地への発送を怠った場合、発送はしたものの郵送の過程で紛失した場合、本籍地で受領したものの戸籍への記載前に紛失した場合、などがある。(2) 実例としては、非本籍地の区役所に提出した出生届が本籍地の区役所に到着せず、そのまま六年間戸籍に記載されなかった事件があった。無戸籍となってしまったことで精神的苦痛を受けたとして、本人とその父母が本籍地の区と国を相手に慰謝料を請求するという訴訟が起こり、最高裁まで争いながら原告の敗訴に終わっている(一九八四年九月六日判決)。

出生届は生まれた子に「国民」としての地位を保障するものである。そして、総じて戸籍届書は重要な個人情報を含んでおり、プライバシーの保護の観点からしても、行政機関は戸籍届書が本籍地に安全に到着し、届出事項が確実に戸籍に記載されたか否かまでを確認する慎重な配慮と注意が求められるのはいうまでもない。だが、行政側の過失にせよ、子が戸籍に未記載のままであったことを親など届出義務者が知るのは子が学齢に達する時であることが多く、逆にいえば子がその年齢に至るまで無戸籍による実質的な不利益は生じていなかったということもできる。

② 元来、記載されるべき戸籍がない

親が無戸籍のままで子を生んだ場合、あるいは父母ともに不明である場合などがこれにあたる。例えば、無戸籍の女性が成長して子を出生した時、その子は入るべき戸籍がないので母と同様、無戸籍となる。その子もまた無戸籍のままで成長して子を生めば、無戸籍の母→子→孫へという具合に無戸籍の連鎖が生まれることとなる。

実例を挙げておこう。一九一五年七月に静岡区裁判所監督判事から司法省への照会があった。これによると、父母の氏名や父母との続柄は知っているものの、父母の本籍の所在を知らない無戸籍者があり、「無籍者ハ一私生子アリ及其私生子ノ私生子（孫）アリ、共ニ無籍ニシテ現住所ニ一家ヲ為《な》シ居レリ」という〝三代無戸籍〟の一家があるが、これらの者を就籍させるにはどのように扱ったらよいかという照会であった。これに対して司法省法務局長は同年九月に、現住所を本籍とし、無戸籍者を戸主として就籍することができると回答していた(3)。これは、家制度の時代であり、個人への救済としてて戸籍を作成するというよりは、「日本人」は必ず家に帰属させるという目的からであったといえる（第五章参照）。

一方、父母が不明で出生届が出されていないと推定される「棄児」の場合は、第八章で詳述するように、発見されたら届出を受けた市区町村長が〝親代わり〟となって戸籍を創設し、無戸籍かつ無国籍となる境遇を解消する配慮がなされている。

③　はじめは戸籍に記載されていたが、戸籍から抹消された

これは、生存しているにもかかわらず「死亡」したものとして、職権により戸籍から消除された場合である。つまり錯誤による戸籍抹消である。例えば、他人が本人の氏名を詐称したまま死亡したり、同氏同名の他人が死亡した時に、生存している本人の戸籍に死亡と記載されて除籍となるような場合である。だが、やはり原因として目立つのは、失踪宣告または死亡報告によるものである。

まず、死亡報告というのは何か。現行戸籍法第八九条には、「水難、火災その他の事変によって死亡した者がある場合、その取調をした官庁又は公署は、死亡地の市町村長に死亡の報告をしなければならない。但し、外国又は法務省令で定める地域で死亡があつたときは、死亡者の本籍地の市町村長に死亡の報告をしなければならない」（傍点、筆者）と規定している。これは、災害に遭遇した者で死体こそ発見されないものの、事故当時の状況から死亡している蓋然性が高い場合、取調べを行った官公署から死亡報告を出し、これを基に家族など届出義務者に死亡届を行わせ、死亡認定した者を戸籍から抹消するという仕組みである。「みなし死亡」と呼びうる点で、失踪宣告と近い。「水難、火災その他の事変」の範囲は幅広く、戦乱、空襲、震災、津波、飛行機事故、炭坑爆発事故なども含まれる。

この死亡報告制度は、一九一四年戸籍法において創設されたものである。右のような大規模な災害によって死亡したと推認される場合、一般の届出義務者に死亡届の提出を期待するのは困難である上、取扱い官公署から直接調査して報告させた方が正確かつ迅速が期せられるという理由で設けられた(4)。

問題は、誤った死亡報告によって戸籍が抹消されるおそれがあることである。特に戦災関係ではそうした例が多く、戦争中あるいは終戦直後、出征した兵士が実は生存しているにもかかわらず死亡認

定により除籍され、復員してから何とか戸籍を回復した話はしばしば耳にするところであろう。死亡報告がなされた者が生存していることが判明した時は、関係人が家庭裁判所の許可を得て戸籍訂正を申請し、「死亡」の記載を戸籍から消除すれば戸籍が回復される。例えば、一九七四年にフィリピン・ルバング島から帰還した元日本兵小野田寛郎さんは、終戦後に戦死公報が出されたことによって除籍され、一九五〇年に生存が確認されると戸籍が回復された。だが、未発見のまま一九五九年に死亡報告により再び除籍され、一九七四年の生還によって再び戸籍回復となった。いわば三たび戸籍上に〝生を受ける〟という数奇な運命をたどったわけである。

平時では、失踪宣告に基づく戸籍抹消によって戸籍を失ったケースが多い。

第四章でも述べるが、法律上、失踪宣告の制度が創設されたのは明治民法においてである。同法の第三〇条第一項により、従来の住所および居所を去って生死不明のまま七年を経過した者に対して、家庭裁判所は利害関係人の請求によって失踪の宣告を行うことが認められた。加えて、「戦地に臨んだ者、沈没した船舶の中に在った者」など死亡する蓋然性が高い危難に遭遇した者については、「危難が去った時」（戦闘行為が全般的に終了した時など。死亡報告は基本的に〝危難の最中〟が前提である）から三年を過ぎて生死不明となっている者についても失踪宣告が認められるようになった（一九六二年民法改正により三年から一年に短縮された）。

失踪宣告制度が設けられた理由は、音信もなく生死を確かめるすべのない不在者を「死亡」とみなすことで、残された配偶者の再婚や相続人の相続が可能となり、社会的にも公益をもたらすものとなるからである。

失踪と認定された者は〝この世に存在しない者〟として戸籍から抹消される。失踪宣告により除籍された者が実は生存していることが確認された時は、失踪宣告の取消しを家庭裁判所に申し立て、これが認められれば戸籍訂正の手続きによって「生存者」として戸籍が回復される。

これに関連して重大なのは、「中国帰国者」問題である。これは「日本人」の戸籍回復をめぐる問題であると言い直してもよい。日本が一九三二年に建国した満洲国に国策移民として約二七万人が送り込まれた日本人開拓民であったが、一九四五年八月九日から始まるソ連軍の侵攻にさらされ、関東軍からは置き去りにされた。戦禍のなかで親と死別し、または家族と生き別れになった子たちは現地の中国人に養育され、日中間の国交が正常化しない状況のなかで帰国できないまま時間が経過した。

日本政府は中国で生死不明となっている元開拓民の調査を続けていたが、一九五九年に政策を転換し、「未帰還者に関する特別措置法」（一九五九年法律第七号）を制定した。同法では、民法の失踪宣告制度を準用し、未帰還者を厚生大臣が「死亡者」とみなして家庭裁判所に宣告を申し立て、戸籍を抹消する「戦時死亡宣告」の制度が採用された。いわば国家の責任の下に未帰還者の最終的な戸籍処理を行うもので、これにより留守家族を〝遺族〟として相当の援護をなすべきであるという趣旨からであった。この戦時死亡宣告を受けて、約一万四〇〇〇人の元開拓民が「死亡者」と認定されて戸籍から抹消され、帰国事業も打ち切られた。

「日本人」たる証明を喪失した元開拓民は、一九七二年の日中国交正常化以降、肉親捜しのために一時帰国を果たし、「日本人」としての承認を求める訴えを起こした。帰国者は家庭裁判所に戦時死亡宣告の取消しを申し立て、裁判所が身元を確認して申し立てを認めれば、戸籍の訂正によって戸籍を回復できた。だが、その過程には多大な労苦が伴った（第八章第三節参照）。

逆に、「江戸時代生まれ」などのように客観的にみて死亡している蓋然性が高い「高齢者」が、家族が死亡届を提出しなかったことにより、戸籍上はまだ〝生きている〟ケースも多い。戦災で一家全員死亡し、死亡届を出す者がいなかった場合、高齢者が徘徊して行方不明となっている場合、遺族が年金を受給し続けるために故意に死亡届を出さない場合などが原因としてある。二〇一〇年八月には、長崎県で「二〇〇歳」という日本史上最高齢の男性が戸籍上〝生存している〟ことが判明した。このような「幽霊戸籍」をどう扱うべきかは昔日から戸籍行政の抱える難題のひとつであった。

対応策として法務省民事局は、二〇一〇年九月六日付で、戸籍の附票（戸籍に記載された者の住所の異動を記録したもの）に住所の記載がない一二〇歳以上の高齢者について、戸籍上「死亡」と扱って職権により戸籍から消除してよいことを通知した。これは「高齢者消除」と呼ばれ、相続を円滑にするため、あるいは年金の不正受給を防止するための行政上の便宜的措置である。対象となる者の戸籍には「高齢者につき死亡と認定」と記載される。

この「幽霊戸籍」の問題は、戸籍がそこに記載されている者の所在までを追跡することはできないという泣き所をさらしたものである。

④　記載されていた戸籍が滅失した

マックス＝ウェーバーが近代官僚制の特性のひとつとして指摘したのが文書主義であり、まさしく役所の仕事は文書を基礎として成り立っている。戸籍もそうした文書の一環をなし、もしこれが一枚でも紛失したら事務処理に支障をきたすのはもちろんのこと、どれほど多数の人間に累が及ぶかは想像しがたい。

戸籍の滅失という事態は、A—戦災・火災・自然災害のような不可抗力によって焼失・紛失した場合、B—役所において過失により紛失または破損した場合、C—原簿は存在するものの長年の使用により紙が摩滅して判読不能となった場合、などがある。現行戸籍法では、戸籍は本籍地市区町村に正本を、当該市区町村を管轄する法務局または地方法務局に副本をそれぞれ保管し（第八条第二項）、正本が滅失したら副本を基に再製が行えるように備えている。

だが、Aの場合、正副本ともに焼失・紛失する可能性が極めて高い。一九二三年九月一日の関東大震災における火災では、東京の京橋、日本橋、本所の三区役所で戸籍簿・除籍簿ともに全焼するなど、[5]おびただしい数の戸籍が焼失した。そして第二次世界大戦では、空襲により東京、大阪をはじめ数多くの都市が焦土と化し、市町村役場および監督区裁判所に保管されていた大多数の戸籍が灰燼に帰した。国内唯一の地上戦が行われた沖縄では、ほぼすべての戸籍が焼失や散逸をみた。終戦時において、確認されるだけで国内の戸籍は三五万七〇八一件、簿冊一一二二冊、除籍は一一万七八六五件、簿冊二八一一冊が滅失した。[6]

このように戸籍の正副本、さらに届書や除籍まで滅失し、当事者も戸籍に関する証明書の類が保存されていないような場合、戸籍の再製は、当事者本人の申し立てに基づいて行うしかなかった。終戦直後、東京ではほとんどの戸籍がそのような方法で再製されたという。[7]この混沌に付け込み、他人の戸籍を乗っ取って当人になりすます詐欺事件が多発したことは知られている。例えば、松本清張の小説『砂の器』でも、不遇の生い立ち（ハンセン病患者の父親とともに流浪生活を送った）であった主人公が焼失した他人の戸籍の再製を戦後に申し立て、戸籍上、全くの別人に生まれ変わって社会における上昇を勝ち得ようとする姿が描かれていた。

二〇一一年三月十一日の東日本大震災では、岩手県の陸前高田市と大槌町、宮城県の南三陸町と女川町の四市町で庁舎が津波に襲われ、約三万八〇〇〇件に及ぶ戸籍の正本が流失した。これは膨大な量のプライバシーが流出する危険を生み、災害時における個人データの保護があらためて国家の危機管理上の緊急課題として認識された。こうした戸籍の滅失事故を防止するため、戸籍簿は一九九四年から紙媒体からコンピューターによるデータ管理へ移行しており、戸籍の電算化が完了していない市区町村は、二〇一六年一〇月一日現在、全国一八九六の市区町村のうち一二（〇・六三％）ある。[8]

日常的にはBのような事務処理の過程における、管理上の過失に起因する戸籍滅失の事例が多々ある。役所で誤って戸籍をシュレッダーにかけてしまったり、戸籍をファイルする際に届書とともに紛失してしまうといった事例は近年もしばしば発生している。[9]

Cは、やはり戦争期の特殊事情に起因するケースが多かったようである。例えば、物資の不足のため粗悪な用紙を使用せざるを得なかったために早々に摩滅したり、防空壕等に保管しておいたために簿冊が湿気を帯びたり、消火水をかぶったりなどして劣化し、判読不能となって滅失同然となったものも多い。[10]もともと戦時下の物資事情のせいで貧弱な紙質にならざるを得なかった原本が年月の経過とともに劣化していき、職員がこれをめくるたびに蒲の穂綿のごとくぼろぼろと崩れていく姿は容易に想像がつく。加えて、虫食いやネズミによる被害も滅失の原因となりやすかった。

戸籍滅失またはそのおそれがある場合の対処として、戸籍法第一一条の規定によれば、法務大臣の指示に従って市区町村は戸籍再製の手続きを行い、無戸籍となっている個人を救済すべきものとされている。ただし、第二次世界大戦の際、全国的に戦災による戸籍の焼失だけでなく、戦時および戦後の物資不足の状況下で粗悪な用紙をもって編製された戸籍は摩滅のおそれがあることから、一九五八年九月に法務省民事局長は、法務大臣の許可に関係なく、なるべく早い時期に再製に取り組むようにとの通達を出した(11)。

再製された戸籍には、その戸籍が滅失して再製に至った理由や年月日が記載される。空襲など戦災にまつわる原因の場合は、例えば「〇〇年〇〇月〇〇日戦災により滅失につき」戸籍再製する旨を記載するものとされた(12)。だが、盗難による戸籍の紛失の場合については、一九三二年五月に司法省は「盗難ニ罹リ滅失ニ付キ」とは記載せずに「滅失発見ニ付キ何月何日本戸籍ヲ再製ス」と記載すべきことを指示していた(13)。そうすべき理由については述べられていないが、盗難のように行政側の管理上の不注意と受け止められる原因は明記しておくべきではないという意図からであろう。

戸籍が個人と家族をめぐる重要な情報を蓄えるものであるのはいうまでもない。だが、そもそも戸籍が消失したという事実は本籍地役所の人間でも発見できないことが多い。それというのも、ある戸籍に不測の事態が発生したことを行政側において知る契機となるのは、利害関係人が相続関係等の証明のため、または、旅券発給の申請手続きのために戸籍謄本の交付を請求してきた時くらいしかないからである。したがって、数十年前に戸籍が滅失していながら、その事実が発見されないままとなっている、いわば潜在的な消失戸籍は、かなり存在するものと考えられる。

とりわけ第七章で述べるように、海外定住者の場合は日常生活において戸籍との結びつきが希薄になるので、遠く離れた祖国の本籍地にある戸籍原簿が戦災で焼失していたことを知らない（知らされない）まま戦後を生きてきた人も数多い。

一度失われた戸籍を再製する事務手続きは、利害関係人に戸籍再製に必要な資料の提出を求めるなど諸々において相当の時間を費やし（紙媒体しかなかった時代は平均で半年を要したという[14]）、関係人からすればいわれなき労力を迫られるので、役所では戸籍の保管管理に細心の注意を要するのはいうまでもない。だが、その一方で、自分の戸籍が消失してしまったことを知らぬまま一生を終える人もいるわけであり、裏を返していえば、それくらい日常生活において戸籍は緊要性をもつものではないということでもある。

2　本籍不明の「日本人」

「本籍不明」と「無戸籍」のちがい

以上のような原因によって生まれる無戸籍者とは区別して、自分の本籍がどこに所在するのかが不明である者は、「本籍不明者」と呼ばれてきた。本籍とは、自分の戸籍の所在地として観念的に設定する場所であり、居住地のことでも出生地のことでもない。実際に自分の戸籍が保管されているのは、本籍を管轄している市区町村の役所である。

繰り返しになるが、「無戸籍者」というのは、「日本人」でありながら、何らかの理由により戸籍に記載されていない、すなわち本籍をもたない者のことである。これに対し、「本籍不明者」というのは、自分が記載されるべき戸籍（基本的には親の戸籍）は現存していると推定されるものの、戸籍のありかである本籍が判明しない「日本人」のことである。つまり、本籍はどこかにあって出生届はすでに出されており、いずれかの戸籍に入籍していると推測される者という前提があった上で、出生地や戸籍筆頭者の氏名が不明であるため、関係者の証言など周辺情報をいくら調べても本籍がどこにあるのかが全く判明しない、という状態を指す。

とはいえ、本籍の所在が判明しない以上、自分の記載されている戸籍謄抄本を交付してもらうことができないので身分関係を証明する術がないという点では無戸籍者と変わるところがない。いずれも、「日本人」として生まれた者と推認されるものの、戸籍によって「日本人」たる血統を証明することがかなわない存在であるため、従来、戸籍行政において本籍不明者は無戸籍者と同列に扱われてきた。

次章で述べるように、壬申戸籍においては、現住地に地番を付してそこを本籍として登録したので、初期の段階では住所と本籍が一致する形となっていた。したがって、本籍不明者は「住所不定者」とほぼ同じ意味で認識されるようになった。その点でも戸籍吏において、本籍不明者の扱いは無戸籍者とあまり異なるところがなかった。

むしろ、無戸籍者と本籍不明者とをどのように区別すべきか、往々にして市区町村長も困惑していた。例えば一九四七年八月、札幌市長から司法省に対して問い合わせがあった。そのなかで「戸籍には往々『本籍不明』或は『無籍』なる記載があるが、これは必ずしも戸籍吏員が特に両者の異同を意識して記載したものではなく、或《あるい》は無意識的に或は同一の趣旨で記載したものであるから、其の記載だけでは本籍を有しながら不明なのか全然本籍を有しないのかこれを区別することができないのが一般的である」[15]と述べられている。ここからうかがえるように、市区町村の戸籍事務担当者において「本籍不明」と「無戸籍」の区別は厳密になされているわけではない。

そもそも、本籍というものに対する世間の理解は決して高いとはいえない。本籍の意味するものが何かはいうに及ばず、自分の本籍がどこにあるのかさえも把握していない者が少なくない。この点について、いささか古くなるが、北海道当別町役場の戸籍係が一九六七年に調査した興味深いデータがある。これによると、当別町内では年間一五〇〇件前後の届出があるうち、自分の本籍を知らない者が七六〇件あり、しかもそのなかに本籍とは「生まれたところである」と答えた者が三一一件あったことに「職業別に見て、教員、警察官、公務員の中に案外多いのに驚いた」という[16]。

本籍についてのそうした無理解が「官」の立場にある人間にさえ見受けられるのも、大体において本籍は現実生活と利害関係をもたない場所に設定されているからである。とりわけ、二代も三代も前の親族が定めた場所に本籍を置いたままにしておく例が非常に多い。いきおい、現在の自分の本籍を番地まで明瞭に記憶している人は稀有になる。

無論、本籍は祖先のゆかりのある土地に置く必要があるわけではなく、現住地など自分の生活上の利便に即した場所に置いてよい。あるいは、地番が付されているところであれば、実際に居住していなくても自らの趣向する場所に任意に移動することができる。現在、日本人が本籍を置く場所で最も多いのが皇居（東京都千代田区千代田一番）であり、その他に富士山山頂や大阪城などにも本籍を置く人が多数あるのは知られていよう。そのような現実の利害関係とは無縁な場所に本籍を設定しておいても、とりたてて日常生活に被る不自由はないということである。まさに本籍は大半の国民にとって、記号と化して久しきに及んでいる。

本籍不明者の生まれる理由

無戸籍者と同列に扱われることの多い本籍不明者であるが、本籍不明者が発生するケースは、主に次の二通りがある。第一は、棄児、戦災孤児、引揚孤児などのように、自己責任と無関係な原因によって本籍が不明となっている場合である。これは大体において、出生直後や幼少時に戦争や災害などに直面して父母、それに兄弟や親類との離別あるいは死別により、自分の入るべき本籍がどこにあるのかを知らずに成長したというケースが多い。

第二に、本人の記憶喪失や精神障害に起因するものである。これは、青少年となった後に事故や病気によって自分の来歴をいっさい忘却する状態に陥った場合が多いようである。このような場合、後述のように戸籍を創設する手続きにおいて、「日本人」として生まれたという証拠が必要となる場合も、記憶による断片的な情報さえも頼みにならないので困難が大きくなる。

ここであらためて断りを入れておく。本書では「無戸籍者」という場合、そこには基本的に本籍不明者（本籍を有しないと推定される者も含む）も含まれていると考えて差し支えない。両者の権利義務関係は先例において、基本的に同じ扱いとなっているからである。

例外的に区別されているのは、婚姻または養子縁組の取り扱いである。例えば本籍不明者が婚姻する場合は相手方の戸籍に入るものとなる。現行戸籍法では夫婦の新戸籍が編製されるので、その結果、本籍を有する者となる。だが、その新戸籍の身分事項には「本籍不明者」として婚姻したことが記載される。

婚姻等の届出をなした後に本籍の所在が判明した時には、届出人又は届出事件の本人はその事実を知った日から一〇日以内に、届出を受理した市区町村長に「本籍分明届」を出すことが義務づけられており（戸籍法第二六条）、それに基づいて戸籍に「何年何月何日本籍○○と分明」と記載される。だが、本籍不明であった旨が戸籍に記載されることにより、その出自に対して無戸籍者と同様に社会の差別的視線が放たれ、本人はいうに及ばず、その家族も心理的な苦痛を受ける場合がある。

なお、本籍不明者が婚姻や養子縁組を経て戸籍に入った後、離婚や離縁に至った時は、そこであらためて新戸籍を編製させる扱いになっていた。そうしなければ、もとの本籍不明者に戻ってしまうからである。

ただし、第一〇章で詳述するが、一九五四年の法務省民事局長通達により、無戸籍者または本籍不明者が婚姻しようとする場合は、日本国籍を有すること及び婚姻の要件を具備することを証明しうる資料を提出することが求められるようになった。これは、当時の社会情勢に鑑みた通達であり、一九五二年四月二八日のサンフランシスコ平和条約発効をもって日本国籍を失った朝鮮人、台湾人が無戸籍または本籍不明の「日本人」を装って婚姻届を提出し、戸籍を取得しようとすることを防止する目的から打ち出された、政治的意味の濃い措置である。

要するに、日本国籍者であり、かつ婚姻要件を具備していることの証明として、出生証明書、母子健康手帳、住民票などが用意できれば、本籍不明者も婚姻する上で問題はない。仮にこれらの資料を提出しても本籍が不明であるという理由だけで婚姻届が受理されないとあれば、憲法第二四条が認める婚姻の自由を侵害するものといわねばならない（第一〇章参照）。

3　戸籍を超越した存在――天皇および皇族

戸籍は「臣民簿」

外国人は戸籍に記載されないことはすでに述べたが、外国人以外に、戸籍法の適用を受けない、つまり戸籍をもたないことが当然とされている人々がある。天皇および皇族がそれである。

なぜ天皇および皇族は戸籍に載らないのかといえば、それは日本における戸籍が、天皇からみた「臣民簿」であることを歴史的な本質としているからにほかならない。

これは戸籍と「氏」および「姓」の関係を歴史的に考えれば、理解しうることである。氏は日本人が戸籍に記載される上で必ずもつことが原則となっている。古代国家において、氏は同一血族によって構成される豪族に授けられる称号（蘇我、物部《もののべ》など）であり、姓《かばね》は特定の氏族に官職的に授けられる称号（臣《おみ》、連《むらじ》など）であった。天皇は、あくまで「臣民」に氏および姓を授ける側であった。

日本の「正史」として七二〇年に編纂された『日本書紀』には、崇神帝の治世（三世紀後半〜四世紀前半とみられる）において、人民の戸籍をつくり、課役を命じたとの記述があるが、これが日本における戸籍編製の発祥とみられる。そして允恭帝の即位四年（五世紀？）には氏と姓を正すことを国家の大事と考え、このために戸籍を整備したとされる。豪族たちにとって氏姓は天皇からの賜り物であり、そのご威光にあずかろうと氏姓を捏造する者が絶えなかったのである。『日本書紀』によれば、同じ年に氏姓の真偽を判定するために、「盟神探湯《くがたち》」（熱湯に手を入れさせて火傷を負った者を有罪とする）という神明裁判が行われたほどである。次章で述べるように、七世紀後半に律令制国家が建設されていくなかで戸籍は全国的に編製され、豪族の氏姓は規律化されていった。そして氏姓は「良民」にも与えられるようになり、これが「賤民」である「奴婢《ぬひ》」との区分を示すものとなった。

すなわち、氏および姓は天皇に対する個人の従属と奉仕の証しとして賜るものであり、「天皇の臣民」であることの表象であった。[17]八世紀後半の桓武天皇の治世以降、「賜姓」を受けて「臣籍」に降下させられる皇族が増加し、その顕著な例が「平氏」（桓武天皇の系統）であり、「源氏」（清和天皇の系統）であった。[18]

そのような天皇と戸籍の関係は、明治維新後、日本が近代国家へと歩み出してからも変わるところがなかった。むしろ、「神武創業」の建国神話にその正統性を置いて出立した明治国家では、「日本人」としての国民意識を覚醒させる求心力を天皇に託すべく、「現人神」としてその神格化が強化された。当然ながら、天皇は「下々」を登録する戸籍と別次元の存在であることが法制上に明示された。

明治新政府が全国統一戸籍としての壬申戸籍の制定を命じた一八七一（明治四）年太政官布告第一七〇号は、第一則において日本に居住する「華族士族卒祠官《そっしかん》僧侶平民迄」をすべて「臣民一般」として「其住居ノ地ニ就《つい》テ之ヲ収メ専ラ漏《もら》スナキヲ旨トス」と宣明した。ここにおいて、すべて人民はひとしく戸籍に登録されることで「臣民」として平準化されるものとなり、「一君万民」という形での国民統合が戸籍を根基として観念化された。戸籍はあらためて、天皇にとっての「臣民簿」という意義が明確に付与されたのである。

周知のように一八八九年公布の大日本帝国憲法（以下、「明治憲法」）の第一条に、「大日本帝国ハ万世一系ノ天皇之ヲ統治ス」と規定され、天皇は「神代」以来続く正統な統治者と位置づけられるとともに、「天皇ハ神聖ニシテ侵スヘカラス」（第三条）として絶対不可侵の「現人神」として君臨する存在となった。

そして第五章で述べるように、一八九八年施行の明治民法により、戸籍は「日本人」について必ず一つの氏をもつ一つの家を単位として編製されることが原則となった。家に属するということは「日本人」として「臣民簿」たる戸籍に包摂されることである。いうまでもなく、天皇および皇族は戸籍における「臣民」の表徴である氏をもつことはあり得ない。

天皇および皇族に関する出生、死亡、婚姻等については、「皇統譜」に記録される。皇統譜は、天皇および皇后の身分関係について記載する「大統譜」と、それ以外の皇族の身分関係について記載する「皇族譜」の二つから成り立っている。一九二六年に公布された皇統譜令（一九二六年皇室令第六号）によって皇統譜は法制化された。皇統譜こそは「神代」から連綿と続くとされる「万世一系」の皇統の記録であり、「皇統を明かに権威づける玉牒」[19]として、日本の「国体」における最も重要な系譜とされてきた。

戦後に改正された皇統譜令（一九四七年政令第一号）においても、従前の皇統譜を継承するものとされた。皇統譜の登録は、基本的に宮内庁の所管長官が法務大臣と協議して行うものと定められている（皇統譜令第三条）。

皇族の身分（皇籍）を離脱した者は皇統譜から除籍され、新たに戸籍を編製するものとなる。一八九九年に制定された旧皇室典範の第四四条に「皇族女子ノ臣籍ニ嫁《か》シタル者ハ皇族ノ列ニ在《あ》ラス」とあるように、皇族がその身分を離れて非皇族つまり「臣民」の戸籍に入ることを「臣籍に降下する」（女子の場合は「降嫁する」とも）という。「臣民」の登録簿たる戸籍に属することは、皇族にとって身分の「降下」を意味するのである。華族との婚姻や養子縁組などによってひとたび「臣籍」に降下した元皇族は、たとえ離婚や離縁となっても皇族に「復籍」することはなく、あくまで「臣民」として一家を創立し、新たな戸籍を編製した。[20]この点、明治憲法時代は皇族に対しては民法の適用がなく、[21]皇室は庶民の「家」とは次元を異にする領域なのであった。

変わらぬ天皇家と戸籍の関係

第二次世界大戦での敗戦により、日本の「民主化」とともに皇室も変革を強いられるに至った。一九四六年元旦に昭和天皇の「人間宣言」があり、翌年施行された新憲法により天皇は神格を否定され、「国民統合の象徴」と規定される存在となった。

この押し戻せぬ改革の流れのなかで、皇族の範囲も縮小されることとなった。一九四七年一〇月、伏見宮、久邇宮など一一宮家五一名が皇籍を離脱して皇統譜から外れることが決定したが、これに備えて同年九月に「皇族の身分を離れた者及び皇族となった者の戸籍に関する法律」（一九四七年法律第一一一号）が制定された。同法においても、皇族の身分を離れた者が新たに戸籍を編製するものとなる扱いは従前と変わらない。

まず、一九四七年一月に公布された現行の皇室典範（一九四七年法律第三号）は第一二条において「皇族女子は、天皇及び皇族以外の者と婚姻したときは、皇族の身分を離れる」と定めており、また「皇族以外の女子で親王妃又は王妃となった者」が夫を失った時、離婚した時、やむを得ない事情がある時は、皇族の身分を離れることができる（皇室典範第一二・一三・一四条）。つまり、民間人との婚姻や、皇族との離婚によって皇族の身分を離れるのは女子のみである。

皇族女子が非皇族男子と婚姻して夫の戸籍に入籍した場合、戸籍には「〇〇年〇〇月〇〇日〇〇と婚姻届出皇族の身分を離れ同日入籍」と記載される(22)。一方、非皇族の女子が皇后となり、または皇族男子と婚姻した時は、「臣籍」を離脱して皇統譜に登録され、戸籍をもたない存在となる。

だが、こうして皇族となった者を一般にいう「無戸籍者」と同列にとらえるのは間違いである。「無戸籍者」とは繰り返し述べてきたように、あくまで戸籍に記載されるべきにもかかわらず記載されていない者を指すのであって、皇族はむしろ〝戸籍に記載されるべからざる存在〟なのである。その身分は皇統譜に記録されるのであり、一九四七年に制定された新戸籍法においても、天皇および皇族は適用外とされた。さらに、戸籍法の適用を受けないことをもって住民登録の対象外となるので、天皇および皇族は住民票をもつこともない。住民基本台帳法（一九六七年法律第八一号）第三九条には「政令で定める者については、適用しない」と規定されており、その「政令」にあたる住民基本台帳法施行令（一九六七年政令第二九二号）第三三条には、「政令で定める者」とは「戸籍法の適用を受けない者」とされている。

「日本人」の公式な証明とされる戸籍に決して記載されることのない天皇および皇族を日本国籍をもつ「国民」とみなすべきなのか否かについては、今なお確立した定説をなすには至っていない。

こうした戸籍と天皇・皇族の関係がもつ歴史的本質について、皇族自身の考えるところは知る由もない。いうまでもなく、新憲法体制の下で皇族が公式に政治的な発言をすることは憲法問題となる。しかし、『文藝春秋』一九七六年二月号に掲載された、高松宮宣仁・喜久子夫妻、秩父宮勢津子、三笠宮寛仁の四人による「皇族団欒《だんらん》」と題した座談会において、貴重な皇族の〝肉声〟を聴くことができる。この座談会は、昭和天皇の弟である高松宮宣仁と戦後世代の皇族、三笠宮寛仁を中心に、皇室制度に対する「人間」としての率直な疑問や不平が吐露されており、とりわけ高松宮と三笠宮が繰り広げる〝放談〟の内容が各方面で物議を醸したことで知られる。

なかんずく、この二人の間で次のようなやりとりがあったのは興味深い。

三笠宮　僕なんか住民税まで払わされるわけよ。戸籍がないのに……。札幌でオリンピックの仕事をしていたときに、その当時の市長さんが、「住民登録して下さい」っていうので、得意になって「はい」っていって、うちに連絡したら、「戸籍がないんだから、それはできません」ってわけだ。伯父様よくおっしゃるけど、われわれはある意味で無国籍者なんだな。
高松宮　公民権停止食ったようなもんだ。
三笠宮　我々には基本的人権ってのはあんまりないんじゃない？(23)

天皇および皇族は「日本人」の証しである戸籍をもたず、その結果「住民」としても登録されない。住民票をもたないことにより、参政権のような「国民」固有の権利も有しない（第一〇章参照）。それゆえに、ここで端的に語られたように「無国籍者」意識さえ醸成されるのである。日本における伝統的な戸籍秩序への疑問を皇族自らが投じた稀有な場面であった。

第三章　無戸籍の来歴
——古代から近世まで

本章からは、上述のような無戸籍問題を歴史的に考えるべく、時代を古代にさかのぼって日本における無戸籍の来歴をたどってみたい。

1　古代日本の戸籍の盛衰——浮浪人の出現

無戸籍者の原点——「うかれびと」と古代国家

人類史としてみた時、いかに統一された国家であれ、その支配領域の谷間を浮遊する人間が発生するものである。人間の営む共同体が集結して社会を形成し、日常生活が組織化されていく過程において、村落社会あるいは都市社会の秩序や因習に適応できない者や、重税や賦役のために疲弊して経済的に没落した者は、公共空間から離脱して浮浪民と化していった。

古代から、日本社会において戸籍に載らない者は、一定の住所をもたない浮浪民を意味した。まさに浮浪民は戸籍に基づく管理の外部に身を置くものであり、国家の法に拘束されず、徴兵や徴税も免れる一方、国家による保護を受けず、それどころか発見されれば弾圧の的とされる。

古代世界では、身分階層がまだそれほど分岐しておらず、職業の種類も限りがあった。よって、浮浪民が再び「公民」として〝社会復帰〟する機会は稀有であったと考えられる。祖先以来の浮浪生活を自然のごとく続けるあまり、戸籍に編入される機会を逸したまま子々孫々に及ぶまで浮浪民として生きる人々もあろう。

戸籍をもたず、よるべない身分のまま各地を漂泊する生活を続けていた浮浪民は、「うかれびと」といわれた。この「うかれびと」には、折口信夫が『古代研究　国文学篇』において論じた如く「傀儡子《くぐつ》」のような宗教性を伴った職業集団の存在も含まれるであろう。さらに折口は「うかれびと」を「先住民の落ちこぼれで、生活の基調を異神の信仰に置く」集団であり、「同化せなかつた民族」と規定していた。つまり、大和朝廷の統治に服従した異民族の残党であり、主体としての「ネーション」への同化を拒んだ周辺の民族集団である。その他に類似した集団として、「自ら跳ね出して、無籍者になつた亡命の民」があり、これが「ほかひびと」であると折口はとらえる。

これに関して折口は次のように述べている。

我国の戸籍の歴史の上で、今一度考へ直さねばならぬのは、団体亡命に関する件である。住みよい処を求める旅から、終《しまい》には旅其事《そのこと》に生活の方便が開けて来て、巡遊が一つの生活様式となつて了《しま》ふ。彼等の持つて居る信仰が力を失うても、更に芸能が時代の興味から逸《そ》れない間、彼等の職業が一分化を遂げきる迄の間は、流民として漂《うか》れ歩いたのである(1)。

戸籍を棄て、遊芸などで身を立てながら集団的移動を重ねる「流民」の属性として、信仰、民族、職業をめぐる異質性を見出す折口の浮浪人モデルは、今日もなお示唆に富んでいる。定住せず、巡遊して芸を売ることもまた社会の需要に沿った生活様式の一環であったからこそ、戸籍をもたない集団としての「流民」が再生産されたと考えられる。

律令国家と戸籍の発祥

さて、古代日本国家において、いつ頃から戸籍が作成されていたのかは判然としない。『日本書紀』には、崇神帝一二年（三世紀後半〜四世紀前半？）に戸籍編製の詔勅を下し、人民について長幼の序、課役の前後を定めたという記述や、欽明帝元年（五三九年）に「秦人《はたひと》・漢人《あやひと》」が帰化してこれを国・郡に定住させ、戸籍に編入したという記述がある。いずれもその真偽は定かではないが、少なくとも歴代の政権において暫定的または限定的にであれ、人民の名前、年齢、性別、居住地などの情報を登録し、戸籍に類する記録台帳を作成する意図と機会はあったと考えるのが自然である。そこから脱落した「うかれびと」が大勢あったからこそ、いよいよ国家事業として正式な戸籍を編製する必要が出てきたはずである。

日本における全国統一戸籍の編製は、七世紀後半に律令制発足を契機として始まるというのが通説である。六四五年に始まる「大化の改新」を画期として、ヤマト国家の統治体制は中国の律令制に倣ったものへと大きく変革された。そのなかで豪族が全国に割拠して治めていた土地と領民はすべて天皇の所有物とされ、「公地公民」の原則が確立された。七世紀後半から建設されていった律令国家の財政を支えるのは、人民からの徴税であった。徴税体制の基盤をなしたものとみられるのが、天智九（六七〇）年に全国的に編製された「庚午年籍《こうごねんじゃく》」である。

さらに持統四（六九〇）年から実施された「庚寅年籍《こういんねんじゃく》」においては、戸籍は六年ごとに郡司の責任で編製され（「六年一造」）、戸主名、続柄、氏名または姓名、年齢、疾病の有無などが記載された。戸籍登録を通じて、豪族の間で偽称が横行し、乱れていた氏姓が整理された。かくて戸籍が人民を識別し、これを基にして毎年作成される計帳によって課税の対象者を記録するものとなった。ただし、課役の対象は男子であるから、女子は戸籍に記載されないのが一般的であった。その点でいえば、古代の戸籍は国民登録としての意義も、人口調査としての機能もほとんど持ち合わせていなかった。

古代国家における戸籍の目的は、賦役のための人民把握、氏姓の整理にとどまるものではなかった。『日本書紀』には天智九年二月に「戸籍を造る。盗賊と浮浪を断つ」という庚午年籍についての記述があるように、国内の治安維持も戸籍編製の重要な目的であった。この時代の浮浪民には、最初は戸籍に編入されていたものの、職業の関係から原籍地を離れて移住を重ねるうちに放浪生活になったり、あるいは課役を忌避して逃亡し、浮浪民となったものが多かった。これを再び戸籍の管理下に回収することが国家の抱える課題となった。

養老七（七二三）年公布の班田収授法では、六歳以上の「良民」は朝廷から口分田が付与され、租・

庸《よう》・調など諸税の負担を強いられた。戸籍に記載され、兵役に就いて衛士《えじ》や防人《さきもり》の任務を負い、あるいは宮都の造営に従事するといった国家による賦課の対象となることがすなわち「良民」としての責務であった。だが、班田収授法は過大な税負担を良民に課するものであったため、班田を放棄して逃亡する者が続出していった。挙げ句の果てには、僧侶になれば課税が免除されるという目的で、戸籍を脱して出家に走る者が増える始末であった。これを見かねた朝廷は、仏教界の秩序をただすために戒律をもって僧侶を認定するべく、唐から授戒師を招聘しようと思い立った。その結果、鑑真が五度の失敗という苦難に満ちた渡航の末に授戒師として天平勝宝六（七五三）年に来日を果たしたのである。

朝廷としても課役の負担にあえいで原籍を棄て、流浪する者が増えるのを座視しえず、脱籍、逃亡、浮浪に対して種々の律令により罰則をもって臨んだ。また、天平宝字元（七五七）年に施行された養老令のなかの「考課令」には戸籍・計帳から漏れた者を検出し、逃走した一家を原籍へ復帰させることをもって地方官の功に数えるものとする条文があった(2)。

しかしながら、八世紀半ばになると、農民の逃散による土地の荒廃を防ぐためには開墾した土地の私有を認めざるを得なくなった。さらに一〇世紀以降、免税をねらって、藤原氏などの有力貴族や寺社に土地を寄進する者が相次いだ。かくして律令制の根幹であった公地公民の原則が崩れ、班田収授法も実施されなくなっていくと、「六年一造」による戸籍編製も滞っていった。流亡する人民を把握しきれず、賦役台帳としての国家的意義を失った戸籍は、中世以降、有名無実と化していった。

2　徳川時代の戸籍――不完全な人口調査

人別帳から五人組帳まで

一五世紀後半より続いていた戦国乱世が一六世紀後半、豊臣秀吉の諸国平定によって収束をみせ始めるや、豊臣政権は農民に対する検地と徴税・賦役の徹底、武士の軍事動員、一揆勢力の根絶などを目的として兵農分離政策を進めた。その過程において天正一九（一五九一）年に「人掃令《ひとばらい》」が発せられ、全国的な戸口調査として「人畜家数改」が行われた。

慶長八（一六〇三）年に開かれた徳川幕府は、兵農分離体制を固定して封建的支配を安定させる基礎条件として人民を土地に縛りつける必要があった。その手段として、戸籍の整備に努めるわけである。ただし、厳密にいえば幕藩体制における「戸籍」というのは、「宗門人別帳」（「宗旨人別帳」ともいう）のことであり、単に「人別帳」と称されることも多い。これは、便宜上「戸籍」と言い換えられることが多々あるが、明治以降の戸籍制度とは趣旨を異にするものである。

簡単に人別帳制度の経過を追っておこう。徳川幕府がこれを実施した動機は、「邪宗門」としてのキリスト教の取締りにあった。慶長一八（一六一三）年にキリスト教禁圧令を全国的に発布した幕府は、寛永一五（一六三八）年の島原・天草の乱に衝撃を覚え、治安維持の観点から全国的にキリシタン根絶に乗り出した。とりわけ農民に隠れキリシタンが多かったことから、農村において「寺請《てらうけ》制度」を設け、キリシタンの検出に徹底を期した。これにより、個人はみなひとつの寺の信徒になり、その帰

依する檀那寺《だんなでら》からキリスト教徒でない証明（「寺請証文」）を得ることを義務づけられた。これが「宗門改」であった。(3)

宗門改の基盤となったのが、村ごとに作成された人別帳である。人別帳は、幕府が「人別改」として家屋ごとに居住する人員について名前、性別、年齢、出生地、戸主との身分関係（女房、下女等）、職業などを記録した人口台帳であった。したがって、「邪宗門」の信徒を摘発するための宗教調査を目的とした「宗門改」と、領民に対する年貢・夫役等の賦課のための人口調査を目的とした「人別改」とは、本来の目的を異にするものであった。

禁教政策が一段落した一八世紀前半の享保期以降になると、「宗門改」と「人別改」の両方が結合した「宗門人別帳」が一般的な形として各地で実施されるようになった。(4) 呼称も「人別改」「人別帳」が一般的になり、その主要目的は人口調査に集約されていった。

人別改は身分関係登録としての機能も託されていた。出生、死亡、婚姻、養子縁組、離婚、離縁等による身分の変動、さらには転居や奉公や追放などを原因とする住所の変動、出家などによる職業の変動などが生じたら、届出によって人別帳に加除修正がなされるようになっていた。(5)

さらに農村では、代官所支配地において治安維持、年貢徴収、キリシタン検索を目的とした相互監視による連帯責任制度として、「五人組」が創設された。五人組ごとに、従来の人別帳とは別に「五人組人別帳」（「五人組改帳」などとも呼ばれた）が作成され、組の内部で出入り等の記録が行われていた。まさしく村落における監視社会が形成されたのであり、この五人組帳も徳川幕府における〝戸籍〟の一環をなすものといえた。

江戸の人口規制と戸籍の紊乱

一七世紀前半より「天下泰平」の世が続くなか、全国的に経済産業が発展し、人の移動は身分や職業を問わず活発となっていく。ことに徳川幕府による大名統制政策としての「参勤交代」が寛永一二（一六三五）年に開始されたのを契機に、「将軍のおひざ元」である江戸は、地方から多様な階層の人々が流入するようになり、人口も過密化していった。

享保六（一七二一）年、八代将軍徳川吉宗は江戸の人別帳を作成する必要を考え、幕府による全国の国別人口調査を開始した。ただし、江戸は開発と区画化が進むにつれ、武家と町人の居住区域も峻別されていったため、この人口調査も町奉行支配下の町人（一五歳以上）だけが調査の対象であり、武家や公家は対象外であった。

この人口調査の成果として、歴史学者幸田成友によれば、江戸の人口は享保六（一七二一）年に五〇万一三九四人（町方支配場町人のみの人口）、天保一四（一八四三）年に五八万七四五八人（町方および寺社門前町の町人に出稼人を加えた人口）であることが確認された。(6) しかし、これらの人口には武士や公家といった身分は含まれておらず、調査の範囲も主に町奉行の管轄内にとどまるものであった。武士人口を含めれば、享保年間に江戸の人口は一三〇万人には達していたものと推定される。

江戸前期の儒学者として名を馳せ、政治的にも幕府への指南役を務めた荻生徂徠は、一八世紀前半、将軍徳川吉宗に政治改革の書として『政談』を献上した。このなかで、徂徠は「治の根本は兎角《とかく》人を地に付《つく》る様にする事」であり、「人を地に付る仕形」のひとつとして戸籍を重用すべきことを幕府に提言していた。(7) 戸籍によって人の自由な往来を規制し、「国民」の所在を把握することが世の中の混乱を防ぎ、国家の統治の安定につながるというわけである。

だが、幕藩体制における戸籍は、住民把握の機能としては不完全なものであった。その要因のひとつは、戸籍調査が全国統一の法令によるものではなく、藩ごとの自発的な実施であったためである。当然、地域や時代によって調査方法や調査項目について差異が生じ、遺漏や重複も多かったために統計資料としての信頼性に欠けたのである。

この点は、大阪懐徳堂の学主であった儒学者中井竹山が寛政元（一七八九）年に著した『草茅危言《そうぼうきげん》』のなかでも論じられている。同書は、中井が諸種の改革提言をまとめて老中松平定信に献上したものである。

中井によれば、寺の作成する人別帳においては、故郷から江戸に出てきた者は「既に国の宗旨人別にいり、又都下の宗旨人別につけば是一人両宗両名なり」というような宗旨人別の二重登録が多々みられ、そのような証文を「坊長里長は何の糺《ただ》しもなくそのまゝ戸籍を編《あみ》て官に献ずれば、総計にて萬人ある内にて、二千三千は必《かならず》重複せる虚数なるべし、大切の戸口のことに於て、かく乱雑にはあるまじきことなり(8)」として、「二千三千」もの重複を生じるほどの人別の粗放な調査ぶりを批判していた。中井にいわせれば人別帳は「名ありて人なきもあり、人ありて名なきもあり」という如く杜撰な内容の「妄《みだ》りなる証札」であり、これを改善することは国益になるというのがその建言であった。

3　「無宿」という存在――戸籍から消された「厄介者」

「無宿」の発生――罪なき罪びと

江戸は、元禄期から全国各地からの出稼ぎ人や貧民の流入が顕著になり、さらには貨幣経済の浸透を反映して土地の売り渡しによる農村からの出奔が増え、人口過密の様相を呈していた。加えて一八世紀以降、享保、天明、天保と相次いだ大飢饉が江戸への避難的移動を促すものとなった。かくして「花のお江戸」に都市貧困層が形成されていき、「江戸は諸国の掃き溜め」などといわれる有り様となっていた。

一九世紀はじめには人口一〇〇万人に達する世界屈指の巨大都市となった江戸の治安や風紀をいかに保つかが政治権力における不断の課題となった。

江戸の治安政策においてひときわ注意が向けられたのが、「無宿」の存在である。「無宿」とは、人別帳から除外された者、あるいは最初から記載されていない者を指し、「帳外《ちょうはずれ》」とも呼ばれた。無宿であること自体は犯罪行為というわけではない。のっぴきならぬ事情に突き動かされ、生まれ育った郷里を離れ、あるいは住み慣れた土地を捨て、流浪の生活を送るに至った者であり、百姓もあれば町人もあった。現代でいえば、住所不定者といった方が近い。無宿は江戸以外にも、大坂や長崎といった交通・流通の主要都市に集まっていた。

無宿が発生する原因については諸説あるが、主たるものは、家族から絶縁され、村の人別帳から抹消されるというケースである。徳川幕府の法制においては「勘当」と「久離《きゆうり》」という制度があった。前者は同居している子弟で犯罪癖のある者や放蕩をほしいままにしている者を、後者は失踪して久しい子弟を、家長が親族関係から断絶するものである。この処分をなすには、親をはじめ親類、村役人などが町奉行または代官に「久離願」「勘当願」を申し出て許可を得るという手続きが必要であった。久離ないし勘当を宣告された者は、人別帳から抹消され、「帳外」となる。そして、家督相続権はもちろん、財産相続権や親の扶養を受ける権利も失った上で、家から追放となる。まさに家族、住居、職業、その他生活の糧を一切失うものとなり、いわば家長による制裁であった。久離・勘当に処された者は、無宿の浮浪人へと転落せざるを得なかった。

ただし、久離ないし勘当となった事情が消滅した時は、親兄弟、親類、五人組、村役人などから久離ないし勘当の取消しを願い出れば容易に人別帳に復帰し、剝奪された権利も回復することができた(9)。なお、村役人から「厄介者」として目を付けられた者は、親から勘当願が出されていないにもかかわらず、村役人から無宿と同様の扱いを受けることもあったようである。江戸文化の研究家三田村鳶《えん》魚《ぎょ》によれば、まだ勘当されていないが「帳外」となるべき候補者について、村役人が人別帳に札を付けておいたという。これが「あいつは札付きだ」という言葉の由来だそうである(10)。

かくして生まれた無宿は、定住による職業生活からの落伍者であるという点で、政治権力からすれば二つの理由で取締りの対象となった。

第一は、治安維持の要請からである。身許の証しをもたない無宿は世間から「お尋ね者」と後ろ指を差され、定職に就くのも困難を強いられた。頼るべき身寄りもなく、生活の困窮と社会からの疎外感が高じると、窃盗、刃傷沙汰、放火といった犯罪に手を染める者が出てくる。

第二に、イデオロギー的な観点である。日本社会において流浪の民が増えることは、「幕府の百姓土着の政策を破壊する一端」[11]となり、徳川幕府の封建体制における根本秩序を動揺させるものとなる。徳川幕府のイデオロギーは、儒学を支柱とする階層的な身分秩序を摂理としており、この秩序意識においては各個人が所与の階級と職能をまっとうすることが「分」であり、それが国家の安定と繁栄をもたらすものとされた。定住と「士農工商」の職分に基づいた封建的身分社会は、戸籍による身分の固定を条件として成立するものである。

前述のように、荻生徂徠が『政談』において人民の土地への定着こそが身分秩序を維持し、統治をゆるぎないものとする必須条件であり、それには戸籍の整備が不可欠であると説いたことは、そのような徳川幕府のイデオロギーと合致するものである。

戸籍から外れた身分と職業

江戸時代の戸籍すなわち人別帳制度は、人民把握の機能を十分に果たし得ず、かつ人口調査としても不徹底であった。それは、人別帳が全国のすべての住民人口を網羅するものではなく、調査対象において身分・職業による差別があったためである。

第一に、支配階層である武士は人別改において特例扱いとされた。武家屋敷が置かれていた武家地は町方の立ち入り禁止区域とされたため、人別改についても対象外とされていた。このため、武家屋敷で働く奉公人、使用人も調査の対象から外されていた。ただし、武士は人別帳ではなく、各藩で作成する「分限帳」に住所や禄高などが記録された。

第二に、僧侶も人別改から除外された。これは事務的な理由に基づく結果である。僧侶は、前述した「寺請制度」に基づいて庶民の檀那寺となり、その信徒がキリシタンではないことを保証して「宗門人別帳」に登録する任務を負っていた。つまり、宗門改を主管する寺院の住職として庶民の戸籍を作成する職責にあり、武家とはまた異なる立場で庶民を管理する特権的地位にあった。それゆえ、僧侶は江戸時代を通じて自らを人別改の対象外に置いたのである。

第三に、天皇および皇族、そして公家も適用外であった。人別改は幕府領と藩領を調査対象とするものであり、皇室領および公家領については、基本的に調査に立ち入ることはできなかったと考えられる。よって、天皇・皇族、および公家はもちろん、その領地に住む庶民も戸籍調査から除外されたとみるべきであろう(12)。だが、本質的な問題として、そもそも戸籍は天皇および皇族にとって〝臣籍〟であるから、臣民と同列に戸籍に記載されることはありえないのである。そうした天皇および皇族と戸籍の歴史的関係については第二章第三節で述べたところである。

第四に、職業によっては戸籍調査の範囲から逸脱したものがあった。逸脱したというよりも、追跡できなかったというべきかもしれない。徳川幕府の規定する「士農工商」の身分秩序に当てはまらない職業を営む人々である。琵琶法師、勧進聖、傀儡《くぐつ》、獅子舞、白拍子、猿回し、神職、修験《しゅげん》(山伏)、陰陽師、門付け、神事舞太夫《しんじまいたゆう》などの移動生活を常とする宗教民や芸能民は、定住を基本とする幕藩体制下の封建社会から離脱し、浮遊する人々であった。農民においても、江戸中期になると貨幣経済の農村への流入に伴う出稼ぎ労働者の増加や、飢饉・凶作による没落といった生産環境の変化を受けて階層が分化していき、流亡の果てに無宿となる者もあった。

これらの漂泊の民は、基本的に都市における居住を規制され、町方の人別帳には記載されず、寺社でその人別が取扱われたようである[13]。だが、移動を重ねる生活を常とする以上、一定の寺社によって人別帳に登録される機会が確保されることは難しく、大方は無宿扱いであったと考えられる。

狩られる無宿──「片付《かたづけ》」の対象

農村における従来の生活圏が窮迫すれば、そこを離れた失業者が流浪の果てに都市に流れ込むのは世の常である。糸の切れた凧のごとく各藩領を渡り歩く無宿の所在を把握して的確に取り締まることは困難を免れなかったであろう。だが、江戸に流れてきた挙げ句、放火や窃盗などの犯罪に手を染める無宿が増えるとなると、江戸の治安・風紀をあずかる徳川幕府としては、しかるべき無宿対策を講じる必要があった。

江戸中期から着手された幕府の無宿対策は「片付《かたづけ》」あるいは「狩込《かりこみ》」などと呼ばれた。将軍徳川吉宗が享保二(一七四二)年に編纂させた「公事方御定書」下巻の第八九条には「無宿片付之事」が定められた。大体の方針は、無宿を検束したら、引き取り人があれば引き渡し、正業に就かせることであった。遠国出身者については郷里の領主または親類に引き渡した。郷里で罪を犯したり、勘当されたりして引き取り人がなければ「門前払い」といって釈放処分とした。つまりは、引き渡し先のない無宿は放任同然となるので、「片付」は江戸からの退去という効果は十分ではなかった。

一八世紀中期、老中として「寛政の改革」を実践したことで名高い松平定信は、老中辞職後に著した『宇下人言《うげのひとこと》』（文化一三［一八一六］年頃の完成とみられる）の中で、無宿の増加を当世の社会問題として取り上げていた。前述のように、一八世紀以降、「将軍のおひざ元」江戸では地方からの無宿の流入が盛んになっていたが、天明二（一七八二）年から七年もの間、人々を苦しめた「天明の大飢饉」の影響もあり、窮民の江戸流入はおびただしくなった。

幕府の無宿対策は取り締まる対象が罪人、前科者、無罪のいずれかによって、教育的方法と懲戒的方法とに分かれていた。前科のない無宿については、社会復帰も比較的容易であるとみて、教育的方法に沿って一定の職業に就けるように授産を励行した。一方、罪人や前科者を佐渡などに送り、苦役に就かせたのは懲戒的方法によるものであった。

まず、懲戒的方法について具体的にみてみよう。無宿は火付や盗賊などの犯行に及ぶ者ばかりではないが、現在の境遇に至った経緯から、無宿は潜在的犯罪者として一括りにされがちであった。老中松平定信は、無罪の無宿を膺懲《ようちょう》のために佐渡金山の水替人足として送り込み、改悛した者は江戸に帰してもよいが、現地では手厚く取り扱う必要はなく、失踪や死亡があっても届けるには及ばない(14)という処方を立て、安永七（一七七八）年からこれを実行に移した。佐渡送りは無罪の無宿に対する保安処分に近いものであったが、鉱山坑内の水替えは過酷な労働であり、事実上の労役であった。

さらに天明八（一七八八）年、松平定信は、軽い窃盗などの罪により入墨または敲《たたき》刑の執行が終わった無宿で引き渡し先がない者については、再犯予防のために佐渡送りとした(15)。この天明八年は大飢饉がまだ続いており、無宿となる者がさらに増加した時期であった。江戸からだけでなく、一九世紀はじめには大阪や長崎からも無宿を水替人足として佐渡に送り込んでいた(16)。水替人足に従事する無宿は、普通一〇年以上勤めれば「平人」すなわち放免となり、一〇年未満の者は幕府との交渉により「平人」となることが認可された[17]。無罪でも無宿という科《とが》で佐渡送りの処分としたのは、幕府や大名といった支配権力がいかに無宿という存在を統治上、危険視していたかを物語っている。また、佐渡以外にも、八丈島、伊豆七島などへ無宿が罪人同様に「流人《るにん》」として送り込まれることがあった。

一方、無宿対策の教育的方法として実施されたのが、寛政二（一七九〇）年に幕府が、江戸の石川島に設立した「人足寄場」における更生・授産事業である。これは、池波正太郎の小説『鬼平犯科帳』の主人公として世に知られる火附盗賊改方《ひつけとうぞくあらためかた》、長谷川平蔵の提言によるものであった。人足寄場は、罪人に職能を習得させ、正業に就かせて社会復帰への道を開くことを目的とした矯正施設であるが、収容されたのは主として無宿であった。

そして文化二（一八〇五）年には、江戸を中心に関東の八州を巡回する移動警察の司令官として「関八州取締出役」が勘定奉行の支配下に設けられた。「関八州」とは、武蔵、相模、上野、下野、常陸、上総、下総、安房の八ヶ国を指した。この俗に「八州廻り」と呼ばれる関東取締出役の創設を機に、幕府の無宿対策はいっそう強化され、追放刑を受けた者は佐渡送りとされた。

無宿のなかには、疾病により行き倒れになる者も少なくなかった。当時、未決中の重病人や少年の罪人を収容する施設を「溜《ため》」（「非人溜《ひにんだめ》」とも称した）といい、これに収容されることを「溜預《ためあずけ》」と呼んでいた。だが、十分な治療も受けられず「溜預」となったまま病死した無宿は相当あったようである。

以上のように、徳川時代においてひとたび「帳外」となった無宿は、「片付」という言葉が示す通り、支配権力のみならず一般社会からも〝厄介者〟として蔑視され、世間に対して自分が無宿であることをひた隠しにして生きねばならなかった。

第四章　近代日本戸籍の成立とその背反者

1　明治維新と脱籍浮浪人——困難な「国民」への統合

脱籍浮浪人の「国民」化

日本は一七世紀以来、徳川幕府による鎖国政策が維持されてきたが、嘉永七（一八五四）年の日米和親条約締結によって「開国」を選択した。これは、日本が欧米列強による外圧の脅威に妥協した結果である。さればこそ、対外的危機による緊迫した国際環境のなかで日本の政治指導者たちは、国家としての独立を守るべく、国内の民族意識を勃興し、「国民」という共同意識の下に人民を凝集していく重要性を認識するに至ったはずである。

「日本人」というネーションを統合する象徴は、ほかでもない天皇であった。慶応二（一八六七）年の徳川政権による大政奉還を受け、「王政復古」として「御一新」の世を迎えた日本は、翌年明治天皇が「五箇条の御誓文」を発し、「現人神」による神権政治が闡明された。日本の近代国家は「神武創業」の建国神話に回帰して出立をみたのである。

「王政復古」に従い、旧幕府領は朝廷の直轄領となって府・県へと改められ、地方行政は府藩県三治制となった。しかしながら、まだ国内の法制度は過渡期にあり、府藩県においては区々に徳川時代の法令が継承されており、戸籍についても大半において人別帳制度が引き続き実施されていた。

だが、慶応四（一八六八）年一月から「戊辰戦争」に突入し、内戦の拡大に伴う社会秩序の紊乱が加速していくと各地で脱籍・脱藩に向かう武士が顕著となった。その多くは下級武士であり、いわゆる志士のように政治意識に覚醒して尊王攘夷運動に走った者だけでなく、生活の困窮から武士の身分を棄てる者もあった。人別帳を基盤とした従来の戸籍制度は破綻に向かう一方であり、これは近代国家形成過程における個人主義と政治統合との緊張関係が顕在化したものといえた。

慶応四（一八六八）年三月一四日に明治天皇が神明に誓約した「五箇条の御誓文」が、その第一条に「広く会議を興し、万機公論に決すべし」とうたったのは周知の通りである。この「公論」という言葉には「日本人」という近代的な国民意識を喚起し、動員しようという意図が感じられる。

西洋において近代国民国家というモデルが理想として追求されていく一九世紀後半、米国の政治学者バージェスは、「国民的一体性は近代立憲国家の発展における決定力である。従って、これらの国家にとって主要な政策は、的確で物理的な境界を設け、住民に民族的な同質性をもたせることである」と説いていた(1)。民族的な同質性をもった「国民」という観念を造型していくには、政治権力が「国民」の境界を設定することが必須とされた。日本においてもそれは同様であった。

その一方、政治権力は時代の転換期に際し、民衆に対して旧慣の打破と意識の刷新を図るために「公」の名において「新政」の精神を啓蒙しなければならない。慶応四（一八六八）年三月一四日、

「五榜の掲示」が全国各地で高札として掲げられた。「五倫道徳遵守」「徒党・強訴・逃散禁止」「切支丹・邪宗門厳禁」「万国公法履行」に次いで五番目に掲げられた高札が「郷村脱走禁止」であった。ここでは、「天下浮浪之者」すなわち脱籍浮浪人が横行する今日の情勢に鑑み、「猥《みだり》ニ士民トモ本国ヲ脱走イタシ候儀」を堅く禁じ、「今後総《すべ》テ士奉公人不及申《もうすにおよばず》農商奉公人ニ至ル迄相抱候《あいかかえそうろう》節ハ出処《でどころ》篤《とく》ト相糺《あいただ》シ」、もし「脱走ノ者」をあずかってその者が「不埒」に及んだ際は「其主人ノ落度タルヘク候事」と厳命した。要するに、身分にかかわらず万民がそれぞれ居住地を定めて生活すべきであって脱藩・脱籍による浮浪は罪であり、これを取り締まるための手段として「出処篤ト相糺シ」、つまり身許の証しを重視することを下達していた。

「五榜の掲示」の高札は周知徹底を期して、特に東京においては日本橋、浅草、常盤橋外、筋違橋、高輪、半蔵門など庶民の目につきやすい場所に設置された(2)。

以後、明治新政府はしきりに達《たっし》、布告、申渡しなどを通して、「御一新」の「御趣意」を民衆に教化するべく努めた。その基底には、「公」の秩序からはみ出した脱籍浮浪人たちを「国民」という帰属意識の下に統合しようという思想があったはずである。

後述のように明治新政府において、脱籍浮浪人を法秩序を度外視したアウトローとみなす否定的視点が強かったのは確かである。だが、新政府としてはそうした断定の下に脱籍者を一概に排撃することも憚られるというジレンマに陥っていた。それというのも、「御一新」の政治社会で「公論」の主たる担い手となるべきは、藩の利害を越えた立場で倒幕運動に従事した武士階層であるのは勿論であるが、その先駆を務めたのは坂本龍馬、高杉晋作といった脱藩の志士であった。

そうした脱籍者のエネルギーは、幕臣からジャーナリストとなった福地源一郎が「彼の諸藩の士籍を脱したるもの、及び其他の有志者は、皆浮浪の名称の下に一括して、専ら過激の政論を主張し、其勢は延《ひい》て関東に及び、禍機一たび潰裂《かいれつ》せば、底止（ママ）する所を知らざるの危に瀕したりき」(3)（傍点、筆者）と畏怖をこめて評言していたところからもうかがえる。

脱籍者の処分をめぐる新政府の逡巡は、例えば明治元（一八六八）年八月一四日に発した布告に表れていた。ここでは「天下形勢不可已《やむべからざる》ノ処ヨリ往々藩籍ヲ脱シ、四方ニ周流シ、義ヲ唱ヘ、難ニ殉シ、数百年偸惰《とうだ》ノ風ヲ一変シ、大《おおい》ニ国家ノ命脈ヲ維持ス。今日朝廷御復古ノ運ニ際会スルモ自ラ其倡首《しょうしゅ》（指導者の意――筆者注）ノ力ニ資スルモノ不鮮《すくなからざり》候」(4)（傍点、筆者）と述べられていた。つまり、近代的政治意識に目覚め、藩籍を脱して自由に東奔西走をなしえた者こそが旧弊を打破し、倒幕から王政復古に至る政治変動の原動力となったことを認めざるを得なかったのである。

それでも「御政体」の安定を期するという明治維新における高度の政治目的に立てば、新政府は軌道を外れた脱籍者は秩序を紊乱するものと一括して警鐘を鳴らさざるを得ず、各府藩県に対し、脱籍者を捕捉して戸籍上の定位置である原籍地へと送還し、「復籍」を促すようさかんに勧告を発していくのであった。

「帝都」からの浮浪人一掃

明治維新期における「脱籍浮浪人」「無籍者」というのは概して、①脱藩して尊王攘夷・討幕運動に身を奉じてきた草莽の志士、②人別帳から「帳外」となった「無宿」、という二つのタイプがあった。

明治新政府にとってみれば、①のタイプが急進的政治勢力と化して大都市に集中することは、反体制分子の触発と拡大につながるものとして危険視された。

幕末より志士たちの討幕運動の拠点と化し、日本政治の心臓部となっていた京都は、①に属する政治運動に与する脱籍浮浪人が集中していた。一方、「将軍のおひざ元」であった江戸は、全国各地から流入してきた従来からの②のタイプに加えて、①のタイプの脱籍浮浪人で溢れかえっていた。

その江戸も慶応四（一八六八）年七月一七日に「東京遷都の詔」が発せられて「東京府」に改められた。九月に「明治」へと改元され、明治元年一〇月、明治天皇が東京入りを果たした。新たに「帝都」としての威光を備えるべき東京において「無産浮浪ノ徒」が横行するのは治安上・風紀上、由々しきことと新政府が考えたのは自然であろう。

京都府では「古都」の治安回復のために、戸籍制度の刷新による住民の身分および居住の正確な把握が必須と考え、東京よりも早く、明治元年一〇月、「京都府戸籍仕法」を制定した。ここでは「戸籍ト申《もうす》モノハ人々ノ年齢、死生、家々ノアリ処《か》、渡世方ニ至ル迄委細ニ書載セ候得《そうらえ》ハ下々ニ於テハ銘々ノ系譜、上ニ於テハ永世重キ御記録タリ」（傍点、筆者）として、戸籍は単に身分登録としてだけではなく、家の系譜という意義をもつことを説いていた点が注目に値する。加えて、戸籍に記載されることは「流浪胡乱《うらん》ノモノニアラス、正シキ都下ノ人民タル事」[5]つまり流浪の民ではなく正式な住民としての証明となることを強調していた。

それから程なくして、明治二（一八六九）年一月五日、京都で明治新政府の参与として活躍を嘱望されていた横井小楠が暗殺される事件が起こった。翌日にさっそく政府は下手人を捜索するべく、次のように府藩県に布告した。「元来暗殺等之所業全《まったく》以《もって》府藩県正籍ニ列シ候者ニハ不可有《あるべからざる》事ニ候。……御一新後、言路洞開府藩県不可達《これたつすべからざる》之地ハ無之筈《これなきはず》ニ候。若《もし》脱籍之徒暗ニ天下之是非ヲ制シ、朝廷之典刑ヲ乱リ候様ニテハ何ヲ以《もって》綱紀ヲ張リ、皇国ヲ維持スルヲ得ンヤト深ク宸怒《じんど》被為在《あらせられ》候《そうろう》」（6）（傍点、筆者）。諸士が正しく戸籍によって管理されていたら、こんな犯罪は起こりようはずがない。殺害犯の厳重なる探索はもちろんのこと、脱籍者が世にはびこることは綱紀が乱れ、何より「皇国ヲ維持スル」こともかなわぬと天皇が激怒している。というわけで、無法な脱籍者に対する平時からの油断なき取締りを府藩県に指示したのである。このように脱藩者は治安攪乱の元凶として根絶すべし、という認識が政治指導者を覆うようになった。

　帝都東京における秩序維持、綱紀粛正を図るため、脱籍者の取締りに躍起となる明治新政府は、明治二（一八六九）年三月八日、次のように布達した。浮浪人取締りについては焦眉の急務としてたびたび指令を出してきたところであるが、今もって東京府には往々にして「脱籍無産ノ輩」がいると聞き、実にけしからぬことである。そこで今般戸籍法を改正し、脱籍浮浪人を取り締まることにしたので、東京在住の公卿、諸侯、徴士、行政官らはその支配下において「社寺士民文武其外諸塾ニ至ル迄無籍ノ者差置《さしおき》候《そうろう》儀」は一切許さないこととした。やむをえず家中に「厄介」として置く者があればその事情を二〇日までに届出ること、主人は家来など配下に東京滞在の者があればその姓名を二〇日までに届け出ること、それ以後他国より東京に来た者があればその都度主人は届け出ることなどを命じたのである。（7）

　あわせて政府は、「新政」における戸籍制度の重要性を訓示することにも余念がなかった。明治二

（一八六九）年三月二二日、太政官が東京府に対して発した「無籍処分方」に関する達《たつし》においては、「戸籍ハ治道ノ基ニシテ凡テ御政事是ヨリ不生《しようぜざる》ハナク戸籍不明瞭テハ教化仁恤《じんじゆつ》ノ道モ不相生誠以《あいしようぜずまことにもって》緊要ノ事ニ候」[8]（傍点、筆者）と述べた点が目を引く。戸籍が「治道ノ基」、すなわちすべての政策の根基となることを宣言するとともに「教化仁恤ノ道」の要素として戸籍の徳義を強調した上で、「無籍戸外ノ者」の「帰籍入籍」を促したわけである。ただし、ここでいう「復籍」や「帰籍」というのが、原籍地に帰って定住および就業をなすことを意味するのは従来と変わらなかった。

さらに明治二（一八六九）年四月一五日、政府はまたぞろ脱籍者の復籍を促す達を発するが、ここでは脱籍浮浪は天皇の慈愛に背くものであるという道徳的な訓戒を示すのであった。すなわち、脱籍の徒について「生民各所ヲ得《え》候様《そうろうよう》トノ篤キ御主意モ不相立《あいたたず》、随《したがつ》テ窮迫ノ余リ遂ニハ御政体ニ差障リ候儀ニモ可立到甚以不相済事《たちいたるべくはなはだもってあいすまざること》ニ候」という如く、戸籍から逸脱して身元の定まらぬ生活を送る者は天皇のあずかる「御政体」に支障をもたらすゆえに甚だ許しがたいということを強調し、今後は「復籍等閑」にして「流寓不所業ノ輩」があるようであれば、本籍地の戸長を処罰する方針を告げたのである[9]。

このようにして政府は脱籍浮浪人の摘発に尽力するものの、その終局的な目的は彼らを処罰することではなく、恩顧主義的立場から「生民各所ヲ得」、つまり各人がおのれの帰属すべき場所に定位置を置くように導くことであり、そうした健全なる生活を保障する手段として「言路洞開」や生活保障を掲げていた[10]。

また、明治二（一八六九）年一〇月の軍務官による達をみてみよう。ここでは、当世の日本が「皇国御一体ノ御政道」にあり、脱籍者は差別なく帰国させて戸籍に入籍させるべきであるとする。もっとも「一時忠憤一筋ノ心得ニテ致脱走《だつそういたし》事情不得止《やむをえざるじじょう》ヨリシテ条理ニ相反シ候儀」もあるはずであるとの考慮をみせ、そうであるならば今後はみな懸念なく帰国できるように取り計らい、その後の生活も大いに保障するというのが「御趣意」であり、これをきちんと理解して帰国するようにと命じた(11)。すなわち、脱籍者が復籍することを「皇国」における「御趣意」への遵奉として意義づけたのである。そして、復籍の見返りとして府藩県に実施するように掲げていた生活保障の一策というのが、後述するような公共の開墾事業への動員となるわけである。

だが、明治新政府の推し進める復籍政策は、とうにほころびた徳川時代の戸籍制度の修復を行うに等しく、「御一新」という看板に見合うものではなかった。これを全国的に広く励行するためには、脱籍者に対して、その身分を登録するという法的意義だけでなく、戸籍がもつ道徳的意義を説示して戸籍への内面的服従を喚起せねばならない。そこで政府は戸籍の登録を皇国への帰一という理念に結び付けたのである。

明治維新以来、政府が小出しに通知してきた復籍政策は、明治三（一八七〇）年九月四日に「脱籍無産ノ輩復籍規則」として一本の法令にまとまった。ここで、「士民ニ拘ラス」脱籍者については、親族や村町の費用負担によって本籍地へと送還すべきことを定めた。本籍地を郷里と同一視し、これへの送還が浮浪人の定住化に帰するものと考えての措置であるが、封建社会の基層をなしていた郷土と個人の結合関係はもはや国家が期待するほどに堅実なものではなくなりつつあった。たとえ脱籍者が本籍地に復籍したとしても、とうに土地も住居もない者は地に足をつけて生業に励むことも困難であった。解体に向かう封建時代の秩序に脱籍者の回収と扶助を委ねるという矛盾を抱えた「復籍規則」は、効果を見出せないまま一八七七年一二月に実質的に廃止された(12)。

壬申戸籍と定住化政策――移動自由化のジレンマ

明治新政府による「御一新」にふさわしい開化的政策として挙げられるのが、移動の自由化である。国家が人の自由な移動を保障することは社会の近代化において必須の要素である。

明治二（一八六九）年一月二〇日、中世以来、大名領国制を固定化するために国内の流通・交通を規制してきた関所を廃止することが布告された。だが、関所の撤廃は、「御一新」の開明性を顕示する政治的効果がある反面、旧来の戸籍政策の観点に立てば、人の移動が活発化することで静態的な身分登録である戸籍がいっそう人民把握の力を弱めるという点で、諸刃の剣でもあった。

関所の廃止に伴い、地方官憲による〝出入域管理〟が緩和したことで脱籍浮浪人の漂泊に拍車が掛かったことは、新政府が明治二（一八六九）年二月三日に府藩県に発した達よりうかがえる。これによれば、古来、関所設置の目的は戦国の世において「兇暴《きょうぼう》乱盗ノ徒ヲ制圧ノ為」であったが、今般「宏遠ノ思食《おぼしめし》」をもって諸街道の関所廃止の仰せを出した。しかるに、脱籍浮浪人についてはかねて復籍を布告してきたところで、「今日至リ脱走潜行ノ者無之筈《これなきはず》ニ候へ共、万一旧来脱籍ノ輩今以《いまもつて》不得其所者有之候ハヽ《そのところをえざるものこれありそうらは(わ)ば》府藩県ニ於テ篤ト取調、早々復帰可為致者《いたすべくは》勿論、此後下情抑塞ヨリシテ遂ニ不得止《やむをえず》戸籍ヲ脱シ候者無之様可致処置《これなきようしょちいたすべき》旨(13)」をあらためて命じていた。関所を撤廃して以降も脱籍の摘発と復籍の奨励を怠ってはならず、今後も脱籍者を出さぬようにせよ、と釘を刺したわけである（傍点、筆者）。

すなわち、関所廃止という開放的政策を打ち出しながら、その裏面で徳川時代の封建支配を前提とした戸籍の原状回復という守旧的政策を維持する矛盾を露呈していた。

戸籍制度の廃頽は、やはり帝都をはじめとする大都市の治安維持という観点から深刻な問題とされた。大納言岩倉具視が明治三（一八七〇）年八月に作成したとみられる「国体昭明政体確立意見書」には、日本が近代国家へ向かう上での喫緊の課題に関する建言がまとめられていた。このなかで、戸籍法整備の必要が説かれていたが、そこに示されている動機は治安取締りの要望であった。

岩倉によれば、「三都府」すなわち東京・京都・大阪は泰平久しいおかげで人々が競って移住し、「遊惰柔発之風」が甚だしい。よって、目下の務めはこれらの者をただちに田舎に定着させることであるが、いまだ戸籍法が不備のため取締りも不十分であるから、「三都府」では「方今ノ処、人ニ出ルヲ許シ人ノ猥リニ入ルヲ禁スヘシ」(14)として転出奨励および転入規制を提言した。つまり岩倉の意図は、人口の急激な都市集中を抑制するために戸籍法の制定が緊要であるが、その地ならしとして、さしあたり「三都府」への浮浪人の流入を防圧するというところにあった。

東京のような大都市に限らず、各府藩県においても、戸籍の整備と並行して浮浪民の摘発と放逐に着手していった。

明治四（一八七一）年四月閏四日、太政官布告第一七〇号が発せられ、「全国総体ノ戸籍法」（同布告前文）として壬申戸籍の編製が国家事業として実施されることとなった。これを受けて各府藩県では戸籍調査のための予備作業として、管轄区内の住民の〝仕分け〟を行った。ここで排斥の対象とされたのは、他地域からの流民であった。

　例えば、胆沢《いさわ》県（現岩手県胆沢市）では、壬申戸籍実施に伴って明治四（一八七一）年七月一三日、同県租税局が戸籍調査に関する「廉書《れんしょ》」を布告した。ここでは「戸籍表ニ隠レ、他藩県ヨリ無印鑑ニテ町村ニ住居ノ者何人、何職之者ニテ、家内男女何人、精々取調書出可申事《もうすべきこと》」「無印鑑ニテ他ヨリ村町ニ入リ、配札・商薬等何ニ不寄《よらず》押売致シ候者於有之《これあるにおいては》者、村長ニテ取調可申出事《もうしいづるべきこと》」[15]（傍点、筆者）と定められていた。

　このなかの「印鑑」とは「鑑札」とも称され、いわば通行手形であった。壬申戸籍制定を命じた明治四年太政官布告第一七〇号の第一二則に基づき、本籍を離れて一定期間他の地区に旅行または居住する者は、本籍地の役場が発行した鑑札を持参する必要があった。胆沢県の「廉書」にある「戸籍表ニ隠レ」との言葉が示すように、ここでの取締りの対象は戸籍から脱漏し、「無印鑑」すなわち公的な許可証もなく他町村から流れてきた者とみられる。

　鑑札制度は一般的な旅行の自由を制限するものであるが、その主たる目的はやはり、三都府および開港場がある主要都市への脱籍浮浪人の流入を規制するところにあった。そこには明治維新の政治的緊張における危機管理上の要請も加わっていた。浮浪人は新政府を暴力によって脅かすテロリスト集団ないしその予備軍とさえ目されたのである。

　明治二（一八六九）年一月の参与横井小楠の暗殺に続いて、同年九月に兵部大輔大村益次郎襲撃事件（大村は後日死亡）が発生したことで、支配層におけるそうした治安認識は強固となっていた。そこへもってきて、明治四（一八七一）年一月九日に政権の中枢にあった参議広沢真臣が東京で暗殺された。

この事件は犯人がついに逮捕されず、旧尊王攘夷派浪人によるテロ行為と推測されたが、何しろ帝都をはじめ大都市における治安悪化に鑑みて、その前年一二月に「三府並開港場取締心得」が布告された矢先の出来事であった。

同布告の中には「持場中無籍ノ者有之候《これありそうらい》テハ取締ノ妨害ニ相成候《あいなりそうろう》間《あいだ》、平常心心掛、見《み》聞《きき》次第《しだい》其地方官へ可届出事《とどけいづるべきこと》」(16)(傍点、筆者)とあった。東京・大阪・京都の「三都」および外国人の集中する開港場は、日本の心臓部としてことさらに治安維持への尽力が迫られる地域であった。そのため警察は所管区域において無戸籍者を発見したら、取締り上の障害となるので、これを慎重に取り調べて地方官へ報告することが義務づけられた。

だが、自由な移動および生産活動を発展の基礎条件とする資本主義が萌芽した近代社会において、農村から都市への労働力を中心とする人口流入は不可避的な現象である。鑑札制度はそうした社会の趨勢と矛盾するものであり、明治四(一八七一)年七月に実施から三ヶ月余りで廃止が布告された。

さらに明治五(一八七二)年二月一五日、太政官布告第五〇号により、徳川幕府が維持してきた土地永代売買の禁令が解除され、土地の自由な売買が許されることとなった。これは地租改正への道に通ずる土地制度の改革であるが、農民を土地に緊縛するという封建的秩序を解体し、民衆の非定住化に拍車をかけるものとなった。

〝脱籍浮浪〟という罪

日本が真の〝独立国家〟となるために必須の条件であった不平等条約の改正は、国内司法制度の整備と不可分の関係にあった。条約改正を実現するには、まず欧米列強が「文明国」として承認しうるような西洋流の法治国家の体裁を整えることが先決であったからである。とりわけ日本の「帝都」として数多の外国人の眼に触れる東京については、その景観、風紀、衛生を守りつつ都市空間の規格化を進めなければならない。それゆえ法秩序の埒外に生きる浮浪人が都下にあふれるようなことは治安面のみならず、〝国際社会〟における体面を考えても政治権力として阻止すべき問題となる。

明治新政府は念願の壬申戸籍の実施にこぎつけたものの、脱籍浮浪人の復籍が思うような進捗をみせなかったことは、各府藩県の対応をみれば明らかである。

例えば、山梨県の場合、一八七三年一一月九日、県令の藤村紫朗は「脱籍無産者の復籍処分方法」について布達を発した。

同布達によれば、「無宿乞食の類」については「御仁慈」によりせっかく官費によって原籍に送り返して復籍させ、授産の道を立ててやるなど相当の世話をしているにもかかわらず、管下の村々では乞食徘徊する者が絶えない。これらの者は「畢竟《ひっきょう》自ら職業を勉むる事を嫌ひ、再三本籍を脱して流民となり、仁慈のご主意に悖《もと》るもの」であり、その多くは「無頼放蕩にして職業を勉めず、或《あるい》は父兄の教育に背き、籍を脱して漂泊し、人の門口に立《たち》て食を乞ひ、或は隙《すき》を窺《うかが》ひ財貨を盗むを以て常とす、実に悪《にく》むべきの甚だしきにあらずや」。このように、脱籍浮浪人に対する排撃的姿勢に立った上で今後の処置として、廃疾等による無告の窮民を除いては「無宿乞食の輩」に物を与えることを禁じ、「兼て町村内申合せ置、乞食徘徊致し候《そうら》は丶速《すみやか》に放逐すへし[17]」と指示した。県としては、戸籍を棄てて浮浪生活を送る不良分子について、財政的負担を抱えてまでこれを保護するよりも、見つけ次第、管内から駆逐する方がよほど合理的であると考えたのである。
また、筑摩県（現長野県）では、明治五（一八七二）年八月一六日、同県権令《ごんれい》（県令に次ぐ地位）の永山盛暉が「各県官ニ協議シ、今一層奮発シテ民政ノ挙《あ》ガラン事」を希望し、「衆説ノ公論ヲ採リテ施行セン事」を欲して商議すべき議題のひとつとして、「脱籍ノ者届少ナカラス、郷里ヲ離レテ脱スルハ、畢竟《ひっきょう》今日ノ生活ニ苦《くるし》ミ不良ノ心ヲ生スルニアランカ、其情又憫諒《びんりょう》スヘシ、爾後其弊習ヲ止除スルノ方ヲ議ス」[18]ことを挙げていた。

これらの県の対応からうかがえるように、支配権力の脱籍者をめぐる認識においては、「御一新」の立役者というかつての評価は微塵もなく、怠惰な生活の果てに貧窮のあまり秩序に背を向け、社会不安を生み出す潜在的犯罪者として排除の対象でしかなくなっていた。

ここで注意すべきは、「脱籍者」といっても、そのカテゴリーの境界は曖昧であり、「乞食」「非人」といった下層民の被差別者もほぼ同一視されていた点である。「貧すれば鈍する」という諺があるが、脱籍して流亡に至った根本的原因は貧窮にあるという考え方である。そこから派生した「漂泊する貧民＝脱籍浮浪人」という、現実に無戸籍であるか否かを度外視した図式は「脱籍浮浪人＝犯罪者予備軍」という従来の図式と結合し、社会において無戸籍者に対する「厄介者」「お尋ね者」という差別的視線を再生産していった。

明治新政府が懸案であった脱籍浮浪人の処置について、刑法による取締りまでもその手段として備えたのは、右のような図式に基づいたものといえる。

壬申戸籍の制定以前の明治三（一八七〇）年一二月に最初の刑法として制定された新律綱領は、そのなかの「逃亡律」において「凡《およそ》本籍ヲ脱シテ逃亡スル者ハ杖《じょう》八十、士族卒ハ一等ヲ加フ」と定めた。ここでいう「逃亡」とは、本籍を完全に離脱した者のみならず、「一時商業又ハ祈願等ノ為」届出なく本籍から移動した者をも含んでいた。(19) これが一八七三年の改定律例になると、「凡脱籍逃亡シテ二年以外復帰セサル者ハ、律ニ依テ科断シ華士族ハ破廉恥甚《はなはだしき》ヲ以テ論ス」として、より具体的に規定された。「逃亡罪」は一八七七年に廃止されるものの、替わって創設されたのが「浮浪罪」であった。

日本が近代刑法制定にあたって模範と仰いだ国がフランスであった。「ナポレオン刑法」とも呼び習わされる一八一〇年制定のフランス刑法典は、「浮浪すること」は犯罪であると規定した。「浮浪罪」とされた場合の処罰は厳しく、三〜六ヶ月の投獄、加えて外国人の場合は国外追放とされた。

このフランス刑法に倣い、司法省ではフランスからのお雇い外国人ボアソナードを中心とする編纂委員が刑法草案を起草し、一八八〇年七月に刑法（一八八〇年太政官布告第三六号）が公布された。同法の第四二五条において「定《さだま》リタル住居ナク平常営生ノ産業ナクシテ諸方ニ徘徊スル者」については「違警罪」として三日以上一〇日以下の拘留または一円以上一円九五銭以下の科料に処すると規定された。

この刑法の規定は一九〇八年一〇月に施行された警察犯処罰令（一九〇八年内務省令第一六号）の第一条第三号に引き継がれ、「一定ノ住居又ハ正業ナクシテ諸方ニ徘徊スルモノ」は三〇日未満の拘留に処するとされた。当時の解説書をみると、「一定ノ住居」については厳密に定義されていない。とにかく「一定ノ住居又ハ正業ナクシテ諸方ニ徘徊スル所謂浮浪者ノ跋扈《ばっこ》ハ延《ひ》イテ窃盗、乞食等、社会ノ公安風俗ヲ紊《みだ》ルコトト為《な》ルヲ以テ之ヲ取締ル必要アリ(20)」との理由であった。

これによって、無戸籍のまま移動を常として生活する者は、住所不定者や乞食や失業者の別なく「浮浪者」と同類に扱われ、「浮浪罪」の適用を受けるものとなる。また「仮令《たとい》原籍アリ、寄留届出アルモ、事実上生活ノ本拠トシテ一定ノ場所ナキ者ハ一定ノ住居ナキ者ト謂《い》フ可シ(21)」という解釈により、本籍は有するもののそこを離れて放浪する者も処罰の対象にされた。この警察犯処罰令第一条第三号の規定は、「『警察の正宗』と綽名《あだな》がある位、洵《まこと》に警察にとっては珍重すべき腰の物である(22)」と評されるほどの〝伝家の宝刀〟となった。

人民の定住化は、戸籍による国民管理を安定させる条件であることは幾度も述べてきた。折しも、日露戦争の好景気が潰えて一九〇七年から戦後恐慌が日本を覆う中、米価暴落と地租増徴に襲われて困窮した農民が次々と土地放棄、そして浮浪化へと立ち至った時期である。支配層にとっては、治安悪化の元凶である浮浪民を減少させるためには、まず移動生活者は予防的に取締りの対象とするのが安心であり、それには刑事法制による保安措置が有効と考えられたのであろう。後述する「サンカ」のような漂泊の集団生活を送る人々も、こうした国家による浮浪の〝犯罪〟認定によって、その移動生活は攻撃の対象とされるのである。

2 「救民」という名の「駆逐」――無戸籍者の開拓動員

北海道開拓への動員

明治維新という転換期にあって、各地にあふれ出した無産・無籍の浮浪人に対し、明治新政府は正業への就業を奨励したのもまた事実である。だが、彼らを早急に定住・定職という規律ある生活に馴化させることは長期的な事業計画を要する。そこで応急的な施策として打ち出されたのが、「窮民事業」の名目による国土開拓への動員である。

まずは北海道開拓事業の例である。慶應義塾出身の言論人、宮崎大三郎が『北海道開拓意見』（一八九三年）において「移民ノ大半ハ窮民ニシテ入ルニ家ナク食スルニ飯ナキ徒ナリ」[23]と述べていたように、北海道へ渡って開墾の鍬を握った者の多くは無籍浮浪人であった。

蝦夷地は明治二（一八六九）年七月、札幌に開拓使が設置され、同年八月に「北海道」と改称された。北海道開拓使は、開拓を推進するにあたり、大いに本州から北海道への移住を奨励した。これにすがる思いで真っ先に北の大地に渡ったのは困窮士族である。それも二段階に分かれ、第一には、戊辰戦争に敗れ、領地を失った旧会津藩や旧仙台藩などの旧幕府方の士族が、再起をはかるべく新天地を求めて集団移住した者たちである。第二には、廃藩置県、徴兵令、秩禄処分といった士族の特権を廃止する明治新政府の一連の政策により全国的に増大した失業士族である。

開拓使は第一段落として、没落士族や浮浪人たちを開墾要員と見込んで、明治二（一八六九）年一一月より北海道に移住させ、同地の戸籍（人別）に編入するとともに扶助を与えて定着させ、開墾に従事させることで、授産を励行しようとした。

明治二（一八六九）年一一月に開拓使が発した布告には、「民籍編入ヲ欲セサル者ハ旧籍復帰ノ上、寄留願ヲ出ス事」（第二条）とある。北海道の「民籍」に編入されることを望まない者は、脱籍する以前の戸籍に復帰した上で、北海道には寄留者として移住せよ、ということである。さらにその第四条には「入籍或《あるい》ハ復帰セサル者ハ今年限引掃可申事《かぎりひきはらいもうすべきこと》。但シ北海道中何《いず》レノ地ト雖《いえど》モ居留不相成事《あいならざる》」と追い打ちをかけている。つまり、無籍浮浪人は北海道または内地のいずれかの戸籍に登録しない限り、開拓事業参加はおろか、道内の居住も許さないというわけである。戸籍を定めて身許を確かにすることが、入植の前提条件とされたと考えてよい。

また、開拓使は明治二（一八六九）年一〇月、「北海道ノ戸籍人別ニ不入輩《はいらざるやから》」は北海道に定住して開拓を願うのでなければ「一時活計難渋ノ趣」から扶助米等の申請を願い出ても一切取り合わないことを布告していた。やはり無籍浮浪人に対して、北海道における戸籍編入と定住化を授産の条件として要求するものであった。

東京府はこの北海道開拓事業計画に乗じ、明治三（一八七〇）年六月、政府に上申して府内の無籍無産の窮民を北海道の未墾地に送り込んだ。この裏には、単に無籍浮浪人の排除という治安維持目的だけでなく、東京府は大消費都市として多量の物資を地方に求めねばならず、移民と引き換えに北海道から物資を移入しようという経済的目的もからんでいた。その意味において、開拓地の経営は一石二鳥の計画として大いに期待された。

すでに東京府は明治二（一八六九）年九月から、樺太出張外務御用掛の申越しに従い、まだ日本およびロシアの雑居地であった樺太に三〇〇人、根室・宗谷にそれぞれ一〇〇人、計五〇〇人の移民を府内から送り込んでいた。だが、この募集移民はおおむね「乞食」などの浮浪人であった上に、移住地の寒冷な気候、不便な交通も災いして、官費による手厚い保護にもかかわらずその生計は困難となり、病死者も増えた。このため宗谷・根室に入植しようとした移民は、その大半が札幌や小樽等に送還されるという結果に終わった(27)。

北海道開拓事業は継続されたが、一八八二年に北海道開拓使は廃止され、函館県・札幌県・根室県の三県が設置されるも一八八六年に廃止となった。替わって発足した北海道庁の下では、北海道開拓事業における無籍浮浪人の授産政策は放棄され、富民の動員による開発事業へと変わっていった。

小金原開墾事業——帝都からの無籍者一掃

開拓事業への動員による無籍者授産政策の典型といえるのが、官民共同で行われた小金原開墾事業であった。これは、明治新政府が「帝都」東京に集中的に流入していた脱籍浮浪人を下総国小金原（現在の千葉県松戸市・柏市・佐倉市にまたがる地域）の開墾地に集団的に移住させ、開墾事業での雇用によってその授産をはかることを計画したものである。

本事業の趣旨を諭示したものが、明治元年（一八六八年）一二月の布告である。これによれば、「下総国牧々原野開墾御布告之趣意は今般非常之御慈政被為在《あらせられ》候《そうろう》に付、俄《にわか》に無籍無産の窮民と成たる者不少《すくなからず》」、これらの者をそのまま放置しておくのは「御礼御文言に相障《あいさわ》り動《とも》すれば良民の害を生ずる」

ものとみて「無籍無産の窮民御究助」に思い至った。だが、容易ならぬ大事業につき、政府の力だけでは十分に行き届かないため、東京の富民において「御国恩に報じ究民救助授産之合力志願有志之輩願出《ねがいで》候《そうろう》者へ下総国牧々に於て究民土着の地を預任す(28)」という指令であった。

つまり「御慈政」の名の下に、東京の豪農や商人たちの出資に基づき、「無産無籍の窮民」を出資者たる「富民」の小作人として開墾に従事させる計画であった。まさにこの小金原開墾事業は、無籍浮浪人の収容および更生という、従来の開墾事業とは趣旨を異にする政治的目的から生まれたのである。

折しも、東京府では新たな戸籍法を制定して、明治二（一八六九）年三月から府内の戸籍調査を実施せんとする時期であった。そこで同年三月一〇日、明治新政府の行政官は東京府に対して次のような布告を発した。「今度戸籍法改正被仰付候《おおせつけられそうろう》ニ付テハ、無産之徒下総小金原へ相移シ開墾ニ使役可致《いたすべく》取締方之儀ハ於其府《そのふにおいて》至当所置可有之《これあるべき》旨、御沙汰候事。但地所之儀ハ葛飾県可打合《うちあわせるべき》事(29)」。このように政府は東京府の戸籍法実施を見計らいつつ、無籍浮浪人を府内から一掃する施策として小金原開拓事業への浮浪人の動員を東京府に委託したのである(30)。

同年三月一五日、東京府は開墾事業に関する綱領を定め、政府に上申した。その第二項には「東京府内千萬ノ遊民ヲシテ開墾ニ就カシメ候儀不容易ノ事ニテ、マコトニ遊民ヲシテ一般ニ之ヲ駆逐シ開墾場ニ赴カシメ候トモ、彼此遠境緩急相違必ス齟齬紛擾ヲ可生候《しょうずべき》」（傍点、筆者）と述べられている。ここに示されたように、小金原開墾事業の企図は、帝都東京における「遊民」を、「救恤」という装いの下に「駆逐」せんとするところにあるのが明瞭であった。一方でそれは、無籍浮浪人の動員と統制をめぐって「齟齬紛擾」が予測される難事業であった。

そうした政治権力がめぐらせた思慮の帰結が、東京府が葛飾県と合議の上で作成した「開墾規則草案」である。これは東京府より上申を受けて政府が同意し、本事業の骨子となったものである。その第一則には次のような文言が並んでいた。

「開墾所中央へ一ツノ官舎ヲ設ケ、長官一人下吏四五人在住賞罰ノ権迄御委任之事。但尋常一様ノ開墾ナレハ賞罰ノ権ヲ持《もっ》ニ不及候得共《およばずそうらえども》、此度ノ開墾ニ至リテハ許多《あまた》浮浪士ノ処置又ハ無産無籍ノ者共ヲシテ生産ニ就カシメ候儀ニテ所謂恩威両立セスンハ成功相成間敷《あいなるまじく》、因《よっ》テ右官舎ニテ夫々《それぞれ》賞罰致度《いたしたし》。尤《もっとも》重罪ニ至テハ其筋へ可伺《うかがうべき》事」(31)（傍点、筆者）。

要するに、今次の開墾事業の目的は「浮浪士」や「無産無籍ノ者」を生産活動に従事させることにあるから、通常の開墾事業では異例の賞罰を採り入れるという「恩威両立」すなわちアメとムチによって労働意欲の向上を図ろうというわけである。

また、同草案の第五則においては、入植者を「上中下三等」に区分して「上等ハ総《すべ》テ士分ノ者」「中等ハ在籍農商無産ノ者」「下等ハ無籍無産ノ者」と等級を付け、「上等」には長屋を設立して一家族毎に一戸を与える一方、「下等」については夫婦および一五歳以下の男女は雑居、その他は男女別々に群居(32)、といった具合に宿泊施設について差別を設けることとしていた。同じ「無産ノ者」でも無戸籍であるか否かで差別され、「無籍無産ノ者」が最下等に列されたのである。

こうしてみると、この開墾事業における脱籍浮浪人に対する処遇は、江戸時代に徳川幕府が行った無宿対策と軌を一にするものであったことがわかる。いうなれば、小金原の開墾地を「人足寄場」に見立て、政府および東京府とともに処分に窮していた脱籍浮浪人をここに収容し、その矯正および授産をはかる政策であった。

開墾事業の結末――無籍者駆逐という〝成果〟

小金原開墾事業の運営を一任された東京府では、明治二（一八六九）年三月二〇日、開墾事業を管掌する「開墾局」（それまでの「開墾掛」を改称）が設置された。そして、東京府に対して太政官は「東京府下ノ戸籍法ヲ改正シ、漏籍《ろうせき》無産ノ徒ヲシテ其所ヲ得セシムル」(33)ことを命じていたが、これを受けて同年三月二二日、東京府では「治道ノ基」として戸籍法を制定したのは前述した通りである。まさしく東京府下の戸籍整理による脱籍浮浪人の検索と、開墾事業への動員が連動していたことがうかがい知れる。

政府は開墾事業に充てるべく二〇万両の資金を下付し、明治二（一八六九）年五月、三井組の三井八郎右衛門を総頭取として開墾会社を設立した。同年九月、開墾局達《たつし》として「窮民」に対する「衣服渡《わたしかた》方ノ事」「飯米渡方ノ事」「家作地割渡方ノ事」等、福利供与に関して詳細に規定し、これを公布した。そして同年一〇月一五日に東京府は「下総国牧地開墾場へ移住の者授産向《むき》大意」を決定し、入植者については当初の計画にあった二万人の半分である一万人の男女入植者を、府下の無産無戸籍及び町人の間から募集することとし、入植が開始された。

しかし、開墾会社の入植者に対する処遇は「救恤」という表看板とは裏腹に、総じて抑圧的な様相をみせた。岩瀬謙超編『小金牧開墾始末』（一八九八年）によれば、「彼等会社員は移民を遇する、頗る惨酷を極むる」ところであった。入植者に山林での薪の伐採およびその売り付けを命じ、廉価に終われば食事を減らしたり、「猥りに人民を教責所に拘留し、また彼等は通行の際人民をして毎に土下座をせしむるが如き最とも傲慢に振舞ひたる様は恰《あたか》も維新前の代官其もの丶如く……」（傍点、原文通り）[34]とあるように、社員の入植者に対する侮辱や蹂躙はほぼ日常茶飯事であった。

あまつさえ、用意された宿舎も粗末であり、会社による給与未払いや扶助米の未給付が続くなど、まさに搾取と抑圧にいろどられた労働状況であったことが、数多くの脱落者・逃亡者を生み出した。明治四（一八七二）年一二月現在、東京から開墾地に移住した者は五六九三人（男—三〇二三人、女—二六七一人）、その他近傍の村々から移住した者は三五一人（男—二〇一人、女—一五〇人）、合計六〇四四人となり[35]、入植者募集時から約四割の人員が離脱していた。

なお開墾それ自体の実績としては、明治四（一八七二）年一一月時点で小金・佐倉の開墾完成地は総面積一六一九町五段四畝《せ》歩（約一六二〇ヘクタール）となり、このうち八四三町一段五畝歩が窮民に分け与えられたという[36]。

だが、入植者の生活費などで開墾会社の会計が逼迫したことを受け、東京府はたびたび大蔵省に交付金を申請したが聞き入れられず、手を焼いた東京府は政府に具申して明治五（一八七二）年三月に印旛県に開墾事業を引き継がせた[37]。同年六月になると開墾局は廃止され、開墾会社も解散となり、六千人余りの入植者の身柄は印旛県に引き移された。

果たして、大々的に挙行された開墾事業は、無籍・無産者の矯正および授産という目的についてみれば芳しい効果はなかった。だが、そもそも前述した通り、この事業の主眼はそこにはない。東京府が編纂した『東京府史』（一九三五～三七年）には「下総牧地開墾の大事業は、稍《やや》竜頭蛇尾のきらひはあるが、とにかく東京から六千人近くの窮民を送り、数千町歩を開墾して、東京府はこれから手を引くことになつた」[38]と述べられている。ここからうかがえるように、東京から「遊民ヲシテ一般ニ之ヲ駆逐」(前出の事業綱領)するという真の目的に照らせば、六千人近い無籍無産の浮浪人を帝都から「駆逐」できたことは、一定の〝成果〟として評価できたのであろう。

3 「サンカ」という存在——戸籍と無縁に生きた人々

定まらぬ「サンカ」の実像

日本を比較文明史や社会史の文脈で論じる時、太古より日本は稲作を命脈とする農耕社会として発展してきた、と〝常識〟のごとく語られることがしばしばある。稲作農業従事者が古代から近代に至るまで日本社会の就業人口の大多数を占めていたのは確かである。だが、それをもって「日本」の全体像を規定することは「稲作一元論」「水田中心史観」であると歴史学者網野善彦が批判したように、日本は多様な人種、産業、宗教等によって構成されてきた多元的な国家・社会・文化を有し、非農業民の生産活動が支えてきた側面も看過しえない[39]。

右のように日本の国家像を「稲作国家」として観念化してきたものは何か。それが、日本は稲穂が豊かに実る国土において天皇を米の祭祀とし、天照大神をはじめとする祖神に収穫を捧げる「豊芦《とよあし》原瑞穂国《はらのみずほのくに》」であると、『日本書紀』の時代から称揚されてきた「瑞穂国」のイデオロギーである。いうまでもなく、稲作は定住地において家族を主体とした世帯集団によって営まれるのが、伝統的な基本形態であった。したがって「瑞穂国」イデオロギーの下では、開いた土地に定住し、家族一体となって農耕に従事することを基本とする共同体を理想に掲げる農本主義が、日本国家における精神的指標とされたのである。

この点に関して、獄中からの「転向」声明(一九三三年)で知られ、東洋史研究家でもあった佐野学は、清朝の農本主義政策について、「農本主義は農民から移転の自由を奪ひ、できる限り之を土地に隷属せしめておくのを理想とするが、戦乱や水旱《すいかん》のため大規模な流民現象が周期的に発生する。その際農民をできるだけ原籍地に送還し、その不可能なる場合には流寓地に定着せしめる所謂安挿(適当な場所に配置すること――筆者挿入)政策をとった(40)」と述べている。

農民を土地に緊縛し、流民化を抑止する役割を負うものが戸籍であるとすれば、戸籍は農本主義に適合した身分登録制度といえた。そして戸籍が家族を登録単位とし、個人を家族の一員として位置づけて登録する制度であることも、定住と家族経営を基本とする農業共同体に対応していた。

もちろん、そうした国家権力が理想的に設定する国民像と、現実の民衆が営む生活実態との矛盾を示す例は枚挙にいとまがない。漁民、渡り職人、芸能民、宗教人といった、家族と離れて単身で、あるいは家族そろって移動を続けながら生活する職業人の身分や所在を把握するには、戸籍は有効性をもちにくい。とりわけ日本が明治以降、近代国民国家へと統合を強めていくなかで、その支配領域にありながら国民統合の手段となる戸籍の管理とは無縁に暮らす、特殊な集団があった。「サンカ」と呼ばれる人々である。

通説としては、サンカの定義は次のようなものである。平地ではなく山間部を生活基盤とするが、一定の土地に定住はしない。木地師《きじし》、川魚漁、竹細工などを主たる生業としながら山野から山野へと移動を続ける漂泊民、それがサンカである。その生活様式は独特の慣習や信仰から成り立っていた。サンカは「山窩」という当て字で表記されることも多々みられるが、これは明治以降になって警察界の通用語として使われ始め、サンカをめぐる〝犯罪〟事件を報道する新聞によって世上に広く普及したとみられる。(41)「窩」という一字は元々、中国語で悪党や盗賊の「ねぐら」「巣窟」という意味があり、「山窩」というと「山の窩（あなぐら）に集う盗賊たち」といった意味が込められているようだ。だが、そもそも当人たちが自らを「サンカ」と名乗っていたのかも定かではない。

サンカは基本的に、平地の住民との交流を隔絶した生活空間を形成していたため、その起源をはじめ、名前の由来、民族性、生活実態など今なお不明な部分が多い。

サンカ研究は大正期に端を発し、これまで柳田國男、喜田貞吉、三角寛、鷹野彌三郎、宮本常一、沖浦和光といった歴史学者、民俗学者、ジャーナリストたちの研究と論争を通して、その実像がうっすらと浮かび上がってきた。また大正期以降、文学方面でも田山花袋の『帰国』（一九二一年）や椋鳩十の『鷲の唄』（一九三三年）のようなサンカを主人公とした作品も現れた。だが、いかんせん文献資料の欠乏が大きな要因となって、サンカに関する学術的研究としての進捗は今日でもまだ停滞しているといわねばなるまい。

〝無籍者集団〟としてのサンカ像

これまでサンカの起源について論じられてきたところによれば、「非人」説や「山人」説など、その結論も多岐にわたっている(42)。だが、少なくともサンカのもつ特性として、多くの論者において共通理解をなしているのは、彼らが基本的に戸籍をもたない漂泊の集団であったという点である。

例えば、『大阪朝日新聞』記者であった鷹野彌三郎の筆による『山窩の生活』(一九二四年)をみてみよう。新聞記者生活の「副産物」として本書を執筆した鷹野は、例えば「彼等山窩は、戸籍に載っているものはない。若し仮りに戸籍のあるもので、山窩と称するものがあるならば、それは真の山窩ではなく、何にかの理由の下に山窩と偽っているのであろう(43)」という具合に、無戸籍であることをサンカの集団的属性として再三、強調している。そしてそれ以上に際立つのは、無戸籍であることそのものの〝犯罪性〟を次のごとく表現している点である。「……山窩は社会問題とし、将《は》た常習犯罪者としての見地からしても、爾《しか》く軽視すべきものでない。国家として全く戸籍を有せざる、即ち日本の人口に加えられざる真の無籍者たる聚合《しゅうごう》による特殊社会があるということは一大恥辱である(44)」。

このようにサンカは、戸籍の埒外に生きることをもって、近代日本国家における「まつろわぬ者」の集団として反社会的な位置設定がなされてきた。何しろ、明治期から〝サンカによる犯行〟として殺人、強盗、強姦、窃盗といった事件が警察の発表を通じて報道されたことが、社会にサンカの存在を認知させる契機であった。だが、それらの報道のほとんどが、はなからサンカを「凶悪な犯罪集団(45)」と目し、もっぱら取締まりの対象としてとらえていた警察側の視点に依拠したものなので、実際にサンカがそれらの犯罪に関与していたのかは留保が付けられよう。いずれにせよ、こうした警察の描く否定的なサンカ像が、衆人のサンカに対する敵視的認識の形成に影響を与えたことは想像に難くない。

そもそもサンカの人口や生活実態などについて、内務省や警察など国家機関による系統的な調査は行われたことはなかった。サンカについての信用ある調査資料がないために、明治から大正にかけてのサンカ関係文献には多分に偏見や臆測が散りばめられており、「乞食」や「浮浪者」とサンカを同一視する向きもあった。その原因としては、前出の鷹野の記述や、〝サンカ研究家〟として有名な三角寛の著作によって創られた「サンカ＝戸籍をもたぬアウトロー集団」という図式が巷間に流布したことが挙げられる。

だが、明治期から先駆的にサンカに対して〝研究者〟としてのまなざしを向けてきた柳田國男はこうしたネガティヴなサンカに対して懐疑的な立場であった。柳田は、鷹野の『山窩の生活』について、「失望」を感じ、「もし彼等が盗賊詐偽で生活する人民の群だと云ふ定義を下されたことを聞いたら、きつと非常に怨むことであらう」(46)と述べており、客観的にサンカの「生活」を描写することを閑却し、ひたすら犯罪者集団としての〝実像〟を造りあげようとする鷹野の姿勢を批判している。

そして、柳田が「サンカは確かに今の警察官吏の目の敵である。此方面の人々の手帳には、憎らしいサンカ、警戒すべきサンカの現在の生活ばかりが書込まれてあつて、我々との間の久しい交渉、詩趣に富んだ彼等の過去などは顧みられて居らぬことは事実である」(47)と指摘するように、サンカを戸籍という日本国家の法秩序に背を向けた〝反逆分子〟とみなす警察の排撃的姿勢の根深さを知らねばならない。その証左として、次に述べるように、「公」の名を借りたサンカへの暴力的抑圧が発現したのである。

サンカ焼き打ち事件――暴力による国民統合

一九二二年三月二五日、大分県速見郡別府町（現別府市）の的ヶ浜海岸にあった、サンカや一般浮浪民などおよそ六〇名が暮らしていた集落六〇戸あまりを別府警察が焼き払うという事件が起こった。これは「的ヶ浜事件」と呼ばれ、野党憲政会は警察行政の主管である内務省の対応を批判し、帝国議会でも時の高橋是清内閣を追及する攻撃材料となった。

的ヶ浜事件に関する従来の研究では、被害の主体は「被差別部落」の住民であり、的ヶ浜事件の本質は部落差別にあるととらえられてきた[48]。だが、やはり同事件の重要性を考える上で、その根底に国家権力による公然たるサンカ駆逐の目的があったことは看過しえない。

『大阪時事新報』（一九二二年四月七日付）の報道によると、同事件に関する警察側の弁明は「別府町的浜（ママ）貧民部落の立退きに就いては予《かね》て注意を促して居ったが、更に其の効果なきを以て今回閑院宮殿下の御来県を機として彼等を追払った次第である。素より其の内には納税者も在郷軍人も居る事は承知であるが其の大部分は山窩であるから焼払っても差支えはない」（傍点、筆者）というものであった。この談話からは、警察が常識の範囲内での立ち退きではなく、唐突な立ち退き命令から即座に実際の住居を焼き払うという非人道的な措置に出たことへの反省は、かけらも見出せない。

やはり、来訪する皇族への奉迎が重要な動機となって、サンカをはじめとする「貧民」の駆逐が強行されたことは注視すべき点である。もっとも、事件後に閑院宮の来訪は中止となったので、焼き払われたサンカたちは無用の犠牲に供せられたことになる。だが、別府町は明治期から日本屈指の温泉場として全国から保養や観光の来訪客でにぎわい、皇族も明治期から幾度も観光目的で来訪しており、事件が起こる二年前の一九二〇年一一月には皇太子裕仁も来訪していた[49]。日本の皇族がたびたび訪れることは別府町にとってはまたとない栄誉であり、抜群の宣伝効果があることは論をまたず、少しでも当地の景観と治安を向上させて出迎えたいと考えることに不思議はない。

警察によるサンカの捕縛、強制退去、住居破壊といった「サンカ狩り」自体は、一九世紀末から全国各地で行われていた。だが、的ヶ浜事件のように住居の焼き打ちという弾圧的な実力行使にまで及ぶ事例は珍しかった。

この背景として、藤野豊は、的ヶ浜集落にはハンセン病患者も居住していたことを指摘している。藤野によれば、別府警察署が焼き打ちという手に打って出たのは、皇族来訪を前にしてハンセン病患者を含む住民を「二度とその場に立ち戻らせないためであり、また消毒のためでもあった[50]」という。同事件での警察の主たる標的がサンカとハンセン病患者のいずれにあったのかは、今は措くこととする。ただ、内務省の発表によれば、立ち退きを命じられた者のなかに別府町及び隣村の石垣村に本籍又は寄留籍を有する者はなかった[51]といい、域外から流入してきた無戸籍者が〝被害者〟の大半であったことをうかがわせる。やはり警察が問答無用の部落焼き打ちという露骨な暴力を躊躇なく振るいえたのは、集落住民の多くが従来から支配権力が駆逐すべき犯罪集団というレッテルを貼りつけていたサンカであったからではないか。

関連して留意しておきたいのが、的ヶ浜事件の二年前の一九二〇年一〇月一日に、内地での第一回国勢調査が全国一斉に実施されたという点である。国勢調査は「国民」の人口の増大を公示し、もって「国力」の増進であるとして対内的に宣伝する手段となる。この国勢調査では、サンカも日本の

「人口」に算入するべく全国的に調査対象とされたことが当時の新聞記事から知れる。

例えば大阪府では、「天王寺公園等に徘徊する浮浪者、本庄附近の山窩等は午後九時頃から夜中にかけ片っ端から調査員が網を張って申告書を突きつけ記入さす[52]」（傍点、筆者）とのことであった。また大津市では、初の国勢調査実施に臨むにあたり「最も困難なのは山窩乞食等無宿者の調査であるが、是は警察の手を借り大津署に狩集め調査員に申告せしむる事にした[53]」（傍点、筆者）という。行政の把握しがたい移動生活を常としてきたサンカに国勢調査への協力を命じるには、警察による強制力を必要としたのであろう。

日本国家の統治上の欲求からすれば、権力の監視の届かぬ空間で戸籍と無縁に生きるサンカをいつまでも放置しておくことは許されなかった。そこで「まつろわぬ者」サンカを戸籍支配にからめとる布石として国勢調査の網をサンカに投じたものと考えられる。昭和期になるとサンカをめぐる報道がかなり減少するのは、一九二〇年国勢調査が彼らを戸籍支配のもとに統合し、それによって警察権力からの監視が緩和する大きな契機となったためではないか。

ただし、日本各地に点在するサンカに戸籍を創設させる手続きがどのような過程をふんで行われたのかは、今後に解明を要するところである。

4 「血税」騒動と戸籍反対一揆——徴兵制への抵抗

「国民軍」創設と壬申戸籍

ここで再び明治維新に話を戻したい。「御一新」の旗の下、旧来の法制度を廃止して次々に打ち出された「新政」は、大半の国民を不安と動揺に陥れるものとなった。版籍奉還、廃藩置県、学制、徴兵令、地租改正と矢継ぎ早に打ち出された「新政」の多くは、永らく封建的秩序に馴らされてきた庶民の眼には性急かつ過酷なものと映り、彼らから顕著な拒絶反応を引き出した。諸々の「新政」の基盤資料となるべく、一八七二年に出立した壬申戸籍も、民衆による攻撃の的となることを免れなかった。

日本が欧米に倣った近代国家建設に向けて掲げた国是といえば、「富国強兵」である。学制、地租改正と並んで「富国強兵」の枢要をなす政策とされたのが、徴兵制による国民軍の創設であった。ドイツの国民軍をモデルとする国民皆兵主義の理念に従って発祥した日本の徴兵制は、全国統一の制度として生まれ変わった壬申戸籍を基盤とするものであった。

壬申戸籍実施の翌年である一八七三年一月に、太政官布告として徴兵令が公布された。これにより壬申戸籍は、国民軍兵士として成年男子を徴集するために作成される徴兵名簿の根本資料という役割をも託されたのである。

ここで国民からの兵員供給の基本単位とされたものが、「戸」であった。「戸」は壬申戸籍の登録単位とされた概念であり、この時期はまだ現実に居住する「世帯」とほぼ同義であった。後述のように、第一次の徴兵令の下では戸主および長男は免役の対象とされていたので、「戸」においては主として二男以下の二〇歳以上の男子が「兵籍」つまり軍人登録簿に登録される仕組みであった。

戸主は本籍地の戸長（一八八九年に戸長が廃止されて以降は市区村長）に対し、毎年、法の定める期間（初期は一二月一日から同末日まで）において、家族のなかに満一七歳になる者があれば、その氏名、族称、生年月日、住所、職業を申告し、満二〇歳に達する男子があれば、徴兵適齢届を提出することが義務となった。戸主は同じ戸内にある徴兵適齢者を管理し、そして兵員として供出することが、明治国家における重要な任務とされたのである。

明治維新の「新政」における国民動員の基盤であった「戸」は、一八九八年から施行された明治民法により制度化された「家」に取って代わった。それからは現実的な世帯の概念と切り離された「家」が、日本国家における各種の行政施策の基本単位としての座を占めるようになった。

いうなれば、明治以降の日本国家は国民をさまざまな形で動員するにあたり、直接個人と対面するのではなく、家を媒介役として、家に属する個人に国家意思を達する形となった。換言すれば、個人は国民意識を発露する以前に、日本国家の礎である家の一員となることを通じ「国家」を意識するのである。そして、個人が家を介して国家と向き合う時に最も緊張を伴う機会となるのが徴兵であった。

反対一揆を招く戸籍

一八七一年の廃藩置県から一八七三年の徴兵令にかけて、近畿・中国地域などの西日本を主要な舞台として「新政反対一揆」が多発していた(54)。多くの民衆の眼に〝新政〟が〝暴政〟と映った主たる原因は、地租改正と徴兵令という、新たな経済的および肉体的な負担の出現にあったことは異論なきところであろう。とりわけ「血税」を国民の義務と定めた徴兵令は、国民の戸籍制度に対する不信や反感を必要以上に惹起するものとなった。

明治五（一八七二）年一一月二八日に太政官布告として発せられた「徴兵告諭」は、「人タルモノ固《もと》ヨリ心力ヲ尽シ国ニ報セサルヘカラス」と説き、「西人之ヲ称シテ血税ト云フ」「其生血《そのいきち》ヲ以テ国ニ報スルノ謂《いわれ》ナリ」との表現をもって徴兵の意義を宣明した。この「血税」「生血」という仰々しい文言をみた民衆は国家から〝生き血を採られる〟との誤解を膨らませ、各地でこれに反対する暴動、世にいう「血税一揆」が相次いで起こったのは有名な話である。

この血税一揆の発生は、三重、岡山、徳島、長崎など西日本を中心に、全国で少なくとも一五件にのぼった(55)。明治新政府の導入した壬申戸籍が実は徴兵と結びついたものであると民衆が察知した時、その矛先は迷わず壬申戸籍にも向けられた。新政府が明治五（一八七二）年から全国で戸籍調査を実施する目的は、「血税」を搾り取る対象を登録するための戸別調査にあると思い込んだのである。ここで戸籍は、国家権力の仕掛けた罠だとばかりに、武力をもって打破すべき標的へと転じた。

例えば、長崎県松浦郡では、一八七三年八月一八日、古田村の農民数百人が区会所を包囲し、戸籍と徴兵を実施しないとの明証を与えない限りここを去らないと主張した。この報を伝え聞いた隣村の津吉村、志自岐村、中津良村の農民も一九日に蜂起し、その数は千七百余名に及んだ。長崎県では鎮台兵の出兵も考えたが、まずは県官が該地方に赴いて農民たちに徴兵令の主旨を縷述したところ、ようやく退散し、首謀者を罰して事態は収束した[56]。

このように徴兵反対一揆は、しばしば戸籍反対一揆を随伴するものとして現れた。いわゆる血税騒動のなかでも異彩を放つのが、高知県で起こった「脂取り一揆[57]」である。この「脂取り一揆」は、戸籍制度に国家権力の暴力性と欺瞞性を見出した民衆が、猛然とこれへの抵抗をみせた騒動である。それは近代化を志向する国家と、性急なる制度の変革に追随しえなかった民衆との衝突を象徴する事件であったといえる。

「戸籍調査は人民を異人に売る準備であり、かかる暴政は速やかに改めなければならぬ」。

このような檄文が高知県の高岡郡、吾川郡、土佐郡で配布され、地域の人心を震撼させたのは明治四（一八七一）年も暮れようとする一二月の末であった。他県の血税一揆と異なり、徴兵告諭の布告前に発生しているというのも注意を引くところである。その導火線となったのは、同年四月に太政官布告第一七〇号により制定が告げられた壬申戸籍であるが、それのみならず、同年の七月に新政府によって断行された廃藩置県も然りである。各領国の支配機構として二七〇年近く続いてきた藩が廃止となり、これに替わって中央の統制下にある県が設置されたことで、地方社会は動揺を抑えられなかった。そこへ、ほぼ一年後に現実のものとなる徴兵制実施への不安も重なり、地方の村落社会には急速な制度変革による緊張と混乱が渦巻いていた。

そうした混迷のなかで前述の如き檄文の流布とともに勃発したのが、高知の「脂取り一揆」である。「脂取り」とは何のことかといえば、新たな戸籍法のねらいは異人が日本人男子の戸籍調査を行い、男子を病院へ収容してその脂を取るものだ、という流言に由来していた。

壬申戸籍では、戸長が管轄区内住民の現住地に屋敷番号を付与し、これを基に戸籍を編製する定めとなっていた。だが、右のような誤解に取りつかれていた人々は、新たに村に赴任してきた県庁の役人も実は異人の傀儡であるとその妄想を膨らませた。そして家々に屋敷番号をつけ、また徴兵令発布の準備として、兵務司からの布達により戸長が各戸の一八〜二〇歳の男子を調査したことについては、本当は異人が青年の脂を抜き取るための調査であり、屋敷番号はその順番であるという噂が広まった。(58)

小野武夫編著『維新農民蜂起譚』(一九三〇年)によれば、「脂取り一揆」の顛末はおおむね次のようなものであった。

明治四(一八七一)年大晦日、本川郷の農民二、三百人が参集した一揆隊は、木製大砲や竹やりで武装し、前述の檄文を郡村に配布して一揆への参加を呼びかけた。切中村の郷士山中陣馬を総指揮者として、一揆隊は村長に対し、「戸籍簿における屋敷番号の目的が、「異人」が男子の脂を取ることにあるならば、この番号は受け取らないと訴えた。それから一揆隊は、まず戸長役場を襲撃し、戸籍簿をはじめ徴兵関係の帳簿を破棄した。だが、年明けて明治五(一八七二)年一月五日、高知県警察の出動によってほどなく指導者たちは捕縛されて処刑され、山中は自害し、一揆は軍の力を用いることなく鎮定された。(59) 最終的に一揆の参加者は一〇〇〇人以上にのぼったとみられる。

この「脂取り一揆」は、明治国家の「新政」に対する無理解に胚胎した騒擾であったのは確かであろう。また、明治新政府の欧化政策により都市社会が「文明開化」に沸き立っていたその裏面で、情報力の弱い地方社会に巣食っていた「異人」に対する偏見と恐怖を噴出させた事件であり、開国以来の日本の浅薄な「西洋」理解に基づいた排外主義を露呈するものでもあった。また、「脂取り一揆」には、明治四（一八七一）年八月に発せられた解放令による被差別部落民の「平民」化に対する地方民衆の反対も作用していたという見解もある[60]。

いずれにせよ、日本に伝統的に定着していたと理解されやすい戸籍制度であるが、廃藩置県そして徴兵令という「新政」の土台として位置づけられた時、国家目的の目指す方向を理解しえなかった民衆にとってみれば、それは抑圧の道具でしかなかったのであるということも留意しておくべきであろう。

5　戸籍を棄てる「日本人」――徴兵逃れと戸籍偽装

陸軍省の焦燥――杜撰な戸籍

前述のようなさまざまな拒絶と抵抗を伴いながら、徴兵令は一八七三年に施行された。徴兵令では成人男子を対象に「国民皆兵」を原則としていたものの、「家」に関する免役の規定を設けていた。すなわち、「一家ノ主人タル者」や「独子独孫」や養子、それに家産・家業の管理の任に当たる者は兵役義務から免除されると規定していた。

わざわざこのような免役規定を設けた理由は何であったのか。国民軍の創設は明治政府にとって万難を排して実現したいところである。だが、日本の近代国家の基幹単位となるべき家が、徴兵を徹底するあまり根絶やしになっては元も子もない。ゆえに、各自の家を維持するために、戸主およびその家督継承者たる者は兵役の対象外に置いたのである。

この免役規定に目を付けた数多くの徴兵適齢者が、養子縁組や分家を手段として他家の戸主または長男となる、あるいは戸籍を偽装して戸主や長男であると詐称するなどの策を弄して徴兵逃れを図ったことは知られていよう。加えて、絶家（家督相続人となる者がいないために家が消滅すること）または廃家（戸主が婚姻や養子縁組などにより他家に入るために現在の家を消滅させること）となった家を再興して、その家の戸主に収まるという方法もあった。

免役規定を利用する以外に、北海道および沖縄に転籍するのも徴兵逃れの一策として普及していた。北海道は一八六九年、沖縄は一八七九年にそれぞれ内地に編入され、壬申戸籍も前者は一八七一年から、後者は一八八〇年から実施された。だが、徴兵令については、北海道は開拓事業の優先と北辺の防備を担う屯田兵制度があったため、一八九六年まで施行されなかった。また沖縄の場合は、一八九五年に日清戦争で日本が勝利を収めたことで、清との間で紛糾していた沖縄の帰属をめぐる外交問題が決着し、県内の「琉球処分」への抵抗運動も鎮静した一八九八年になってから、日本政府は徴兵令を施行して沖縄を国民皆兵主義の下に組み入れたという次第であった。

徴集は本籍地で行われるので、徴兵令が施行される以前の北海道か沖縄のいずれかに本籍を移しさえすれば、実際に移住する必要もなく徴集を免れることができたのである。

既述のように、明治初年から政府は開拓民として北海道への転籍および移住を奨励していたが、「一時ノ兵役ヲ免ル、タメニヤルノデ、身体ハ何処カヘ行ツテ仕舞ツテ、戸籍ダケ北海道ニ行クコトニナル」（大津純一郎衆議院議員[61]）という実情が、帝国議会（一八九五年一月）でも指摘されていた。それに、徴兵令施行後も北海道は施行地域が限定されていた上、施行地域に転籍移住しても「開墾其の他一定の生業に従事する者」は、転籍移住後五年間の徴集猶予が認められていた(62)。

こうしたさまざまな徴兵逃れの手口をみると、戸籍の偽装や盗用は犯罪であるのはいうに及ばず、その他も合法の範囲内であるとはいえ、法規定の濫用ないし悪用であったといわねばなるまい。明治国家が由緒正しき「臣民簿」として昇華させようとした戸籍も、徴兵忌避という個人の我欲の前ではかくも不実に扱われる有り様であった。

何しろ戸籍の徳義を閑却し、免役のためにこれを〝偽装〟した例は、著名人にもみられる。内務大臣、大審院長、立憲政友会総裁の座に就いた政治家鈴木喜三郎は、徴兵適齢を迎えた一八八七年頃、檀那寺の和尚と養子縁組することによって「鈴木」の家に入り、徴兵を免れていた。また、近代日本を代表する彫刻家として名高い高村光雲は、一八七四年九月の二三歳の折、師匠の姉が独身であったのでその家に養子に入り、「中島幸吉」から「高村幸吉」となった。高村曰く「私が高村の姓を名乗るやうになつたのは、全く徴兵よけのためであつたのです(63)」。これらは「徴兵養子」と呼ばれた手口であるが、後に政治家や芸術家として名を馳せるエリート層もご多分に漏れず、徴兵逃れの担い手であったわけである。

この「徴兵養子」という抜け道に駆け込んだ庶民の挿話は事欠かない。極端な例を挙げれば、一八七四年一二月『東京日日新聞』には次のような報道があった。新潟県海老瀬村の僧侶が、徴兵逃れのために隣村の寺の娘と婿養子縁組をしようと図ったのであるが、その「結婚相手」は時に六歳の幼女であった。まだ婚姻適齢を規定する民法が未制定であったとはいえ、さすがに戸長はこのような不純な「早婚」を認めることはなかった(64)。

政府はこうした由々しき世情に対し、一八七七年二月一日に発した太政官達第一七号において「兵役ハ国ノ大事、人民必ラス服セサルヘカラサルノ義務ニ候処《そうろうところ》、人民未タ全ク之ニ通暁セス、徴募ノ際動《と》モスレハ速カニ他人ノ養子ト為リ、又ハ廃家ノ苗跡《みようせき》ヲ冒シ、甚シキハ其支体（ママ）ヲ折傷スル等ヲ以テ規避（ママ）スル者往々有之《これあり》。是レカタメ遂ニ定員ノ不足ヲ生スルニ至リ不都合少ナカラス(65)」として、戸籍の偽装をはじめとした徴兵忌避による実害が多大なることを訴え、これを強く戒めていた。

庶民に理解されなかったのは、「国民皆兵」の理想のみならず、それ以前に「国民の位置を正す」という戸籍に託された国家的目的である。「富国挙兵」という明治国家の大義をよそに、法網をくぐってでも苦役を免れようという利己心を貫かんとする庶民の姿からは、まさに近代化の波動のなかで浮き彫りになった私益と国益との角逐が見出せる。

「国民皆兵」の一日も早い確立を渇望する陸軍省は、徴兵事務の妨げとなっている戸籍法の不首尾に対して不満をあらわにしていた。一八八一年九月二七日、陸軍卿の大山巌は「人智ノ進ムニ従ヒ、徴兵其他諸規則ハ屢々《しばしば》改良シ、漸次精密ニ至ルト雖《いえども》、調査上第一ノ準拠トスヘキ戸籍ノ精密ナラサルカ為ニ、故ナクシテ兵役ヲ免ル、モノ最モ多シ」として、戸籍事務が非精密であるために依然として徴兵忌避の弊風が各地で見受けられることに強い焦慮をみせ、戸籍法の抜本的改革を政府に建議していた。そのなかで大山は「姓名ノ遺漏又ハ年齢ノ差異等ヲ発見スルコト少カラス」という戸籍の現況を「殆ント反故紙《ほごがみ》ノ如シ(66)」とまで痛罵していた。

こうした要請を受け、徴兵令は一八八三年一二月、太政官布告第四六号をもって改正された。この改正では、その第四三条に徴兵適齢者が同令の定める届出を怠った場合には、三円以上三〇円以下の罰金を科すという制裁措置が定められた。

「富国強兵」の一端として出立した近代学校教育においても、一八八〇年代から教育による愛国心の育成が重視され、その手段として軍隊式教育や軍事訓練が初等・中等教育に導入されるようになった。そして一八八二年に明治天皇から軍人教育の経典というべき「軍人勅諭」が陸海軍人へ下賜された。その冒頭には「我国の軍隊は世世《よよ》天皇の統率し給ふ所にぞある」とうたわれ、「天皇の軍隊」として報国の心を持ち、国家に忠節を尽くすことが名誉として強調された。

一八八九年二月に誕生した明治憲法は、第二〇条において「日本臣民ハ法律ノ定ムル所ニ従ヒ兵役ノ義務ヲ有ス」と規定し、兵役が「日本臣民」の義務であることを明文化した。陸軍省では「国民皆兵」を徹底するべく、憲法公布の直前である一八八九年一月に大ナタをふるい、徴兵令を全面改正した。これにより、戸主や嗣子に対する免役や猶予といった、個々の家に譲歩した免役規定は一切姿を消した。それでも、庶民による戸籍を利用した徴兵逃れの術策は尽きることがなかったのである。

無戸籍者への徴兵をどうするか

政府としては、「国民皆兵」という国家目標を貫徹しようとすれば、徴兵の埒外にある無戸籍者の存在は根絶せねばならない。しかしながら、無戸籍者や本籍不明者は、自分の正確な年齢も不明である場合も多く、また徴兵適齢に達していても役場から通知が来ないため届出の義務も失念してしまう。あるいは、徴兵適齢に達して初めて自分が無戸籍であることを知り、困却した者もあったという(67)。

壬申戸籍から漏れ落ちた無戸籍者や本籍不明者に対する徴兵をいかになすべきかという問題は、各府県でもその対応に頭を悩ませるところであった。一八七三年徴兵令の第四三条には、徴兵適齢者の届出など徴兵令の定める届出を怠った者や、徴兵検査の時日を指定されながら正当な理由なく受検しなかった者には、三円以上三〇円以下の罰金を科すると定めていた。こうした罰則を設けなければ、徴兵適齢者の確実な徴集は望めなかったのである。

では、無戸籍者は届出の不履行者として罰すべきものとなるのか。

一八八七年五月二六日に、長崎県より中央に対して次のような照会があった。徴兵令の定める届出を怠った者は、戸籍の有無にかかわらず同令第四三条に該当する違反者として扱ってきたものの、「某裁判所ニテハ之ヲ処分シ、又某裁判所検事ニ於テハ無籍者ハ戸籍ニ謄《（ママ）》録ナキモノニ付キ徴兵令範囲外ノモノトシ其儘《そのまま》棄却ノ向之アリ。一管内ニシテ斯《か》ク両岐ニ亘リ取扱上疑義相候《あいそうろう》。右戸籍ニ登録ナキ無籍（一家漏籍単身脱籍トヲ問ハス）者ハ果シテ徴兵令ノ制裁ヲ受クヘキ限《かぎり》ニ無之哉《これなきや》」というものである。これに対して陸軍省・司法省は同年六月三〇日、「戸籍ニ登録スルト否トニ拘ラス総《すべ》テ徴兵令ノ裁《（ママ）》制ヲ受クヘキモノトス」[68]との指令を下した。すなわち、たとえ無戸籍者であっても徴兵適齢であれば適法な届出を履行すべし、ということになる。とはいえ、戸籍に登録されていない人間の所在を役場がつきとめて徴兵検査の通知などを行うのは難題であった。

そもそも、こうした罰則を設けたところで、兵役義務に対する国民の消極的態度はそう容易に改まるものではなかった。それゆえ、日本国民と兵役とのあるべき関係について「修身」の教材においても説示しなければならなかった。例えば、一九〇二年に刊行された『学生と軍人――修身教訓』は、かく述べている。徴兵令が発布されて以降、ようやく国民は「兵役服従の義務」を了解するようになったが「今尚ほ昔の庶民の裔《すえ》に於ては、往々兵役に服することを忌み嫌ふて脱籍するものやら、兵営より逃走するものがあるといふのは、誠になげかはしいことで、これは全く自分の享《う》け得た高大なる権利、非常なる恩恵を辯《わきま》へ察せぬからであります」(69)(傍点、筆者)。

徴兵忌避のための脱籍行為が依然としてはびこる現状に対し、兵役を国民にとっての「義務」であるのみならず、「権利」であり「恩恵」であるという自覚を促したのである。こうした国家の側の論理は、帝国議会(一九二七年三月八日衆議院徴兵令改正法律案委員会)で、徴兵忌避問題について、中井良太郎(陸軍歩兵中佐)が「兵役ハゴ承知ノ如ク崇高ナル、栄誉アル義務トシ、且ツ又道徳的カラ申シマシテモ、此点ニ付テハ貴重ナル公権デアルトマデ教ヘラレテ居ルノデアリマス」(70)(傍点、筆者)と語ったところにも同じく見出せる。

だが、兵役を国家からの「権利」「恩恵」として享受するという報国精神がくまなく国民の間に浸透することはなかったのである。

文字通りの「非国民」——戸籍を消して兵役逃れ

前述した一八八一年の大山巌による戸籍制度改革の建議には、次のような記述もあった。「未タ民法完備セサルノ今日ニ在テハ、戸籍ノ精密ナラサルヲ奇貨トシ、免役ノ名称ヲ覓《もと》メ或《あるい》ハ逃亡失踪シテ徴集ヲ避クルカ如キ弊害ヲ除去シ、且地方官ノ責任ヲ重カラシム等ノ方法ヲ設クルニ非《あらざ》レハ、独《ひと》リ徴兵法ノミ改良ヲ行フト雖《いえど》モ其《その》功ヲ奏スルコト能《あた》ハサルヘシ」(71)(傍点、筆者)。

大山の批判からわかるように、「逃亡失踪」も徴兵適齢男子による合法的な徴兵逃れの手段として早くから横行していた。

「失踪」が法律的に承認されるようになったのは徴兵令公布とほぼ同時期のことであった。一八七三年五月、明治政府は道府県に対し、脱籍者および「行衛《ママ》の知れさる者」で家出から三年以上になる者については、戸籍表の外に記載し、また八〇歳以上になる者は除籍すべきことを指令した。[72]「失踪」扱いによる戸籍からの抹消である。ここで除籍となった者が戸籍を再び必要とするならば、就籍の手続きをとらねばならなかった。[73]この失踪宣告の慣例は、前述したように、一八九八年施行の明治民法において法制化され、従来の住所および居所から消息を絶って七年を経過した者については、利害関係者の請求により家庭裁判所は失踪宣告を行えるようになった。失踪宣告を受けた者は「この世に存在しない者」として戸籍から抹消される。

この失踪宣言の規定を利用すれば、徴兵適齢に達したら七年もの間逃亡し、あるいは所在不明であり続ければ、まず徴集は延期となる。そして家族などが失踪届を出して受理されれば、その者は戸籍から除籍される。そして徴兵適齢の終わる満四〇歳に達するまで身を隠せば時効となり、それからはたとえ徴兵忌避の企図が露見したところで、もはや徴集の対象となることはなかった。

徴兵令から家に関係する免役規定が廃止されてからは、徴兵検査不合格をねらった詐病や自傷のほかは、この失踪宣告制度を利用しての逃亡そして戸籍抹消が、合法的に徴集を免れるための有効な手段とされた。だが、政府の側でも徴兵忌避行為を黙過することなく、一八八九年の改正徴兵令では第三一条に「兵役ヲ免レンカ為メ逃亡シ又ハ潜匿シ、若《も》シクハ身体ヲ毀傷《きしょう》シ、疾病ヲ詐称シ、其ノ他詐欺ノ所為ヲ用ヒタル者ハ一月以上一年以下ノ重禁錮ニ処シ、三圓以上三十圓以下ノ罰金ヲ附加ス」と規定し、徴兵逃れの術策を根こそぎ摘み取ろうと図った。だが、こうした罰則も十分な抑止力とはならず、その後も自演的失踪による徴兵忌避は後を絶たなかった。

陸軍の統計によれば、「逃亡し所在不明により徴集し得ざる人員」は一九一六年に累計四万四四五六人に達したのをピークに、日中全面戦争に突入する前年の一九三六年に至っても二万人を越えていた。[74] そして一九一六年における逃亡者四万四四五六人のうち、民法第三〇条の定める期限を過ぎた者、つまり七年間逃亡を続けて失踪扱いとなった者が二万七八五一人もあった。そのうち徴兵年限の終わる、つまり逃亡の時効となる満四〇歳を過ぎた者は二五二五人にも及んでいた。憲兵や警察の追及を振り切って人生の裏街道をひた走り、戸籍を棄て去ることで徴兵を免れ得た者は、一九一九年の三四四七人を最高潮として以後、年々漸減していくが、一九三四年になっても一二四九人が確認されるのである[75]（表3）。

菊池邦作の『徴兵忌避の研究』によれば、日本社会を軍国主義が飲み込んでいく第二次世界大戦の最中でも、戸籍の抹消による徴兵逃れはなくならなかった。

同書に取り上げられている、山梨県甲府市に住む農民作家の貴重な体験談は次のようなものである。徴兵逃れのために、病院から入手した死亡診断書用紙に自分の名前を記入し、これを役場に提出して自分は「死亡」したものとして戸籍から抹消された。そのままついに徴集されることなく終戦を迎え、戦後も就籍の手続きによって戸籍を回復することはせず、無戸籍のまま生き続けた。それでも、住民登録はでき、税金も納め、選挙権も行使していた。戸籍がないために官公吏や国会議員などにはなれ

表3　逃亡・所在不明による徴兵処分未済者（陸軍統計）

単位：人

年次	逃亡し、所在不明のため徴集し得ざる人員		逃亡・所在不明の為徴集延期に属する者にして当年12月1日満40歳を過ぐる者
	総数	民法第30条の規定の期限を過ぎたる人員	
1916	44,456	27,851	2,525
1917	42,813	26,893	2,536
1918	41,820	25,730	2,353
1919	39,542	23,782	3,447
1920	37,928	22,432	2,315
1921	36,717	21,813	2,431
1922	34,900	20,238	2,133
1923	33,674	19,310	1,937
1924	32,513	18,437	1,795
1925	31,619	17,592	1,870
1926	30,618	17,435	1,742
1927	30,525	17,462	1,812
1928	25,623	13,087	——
1929	24,606	12,326	1,533
1930	23,788	11,664	1,309
1931	23,513	12,002	1,310
1932	23,293	11,758	1,310
1933	22,245	11,172	1,177
1934	22,151	11,048	1,249

出典：菊池邦作『徴兵忌避の研究』、293頁より抜粋。

ないが、これらのことは「痛くも痒くもない」ことであったという[76]。

国家からすれば、いかなる理由であれ「国民の大義務として服すべき兵役を没却して、醜劣なる手段を以て之を免れんとする不忠不義未練の輩[77]」は許し難き存在であろう。だが、「天皇の軍隊」への入隊を「権利」や「恩恵」としてはもちろん、「国民の大義務」としても受け容れることのできない人間は、苦役から逃避するためにおのれの戸籍を消そうと国家の隙をうかがい続けた。戸籍を棄て、まさに文字通りの「非国民」となることを選んだ徴兵忌避者は、全体主義へと傾くばかりの戦時国家のなかにあって個人主義を貫徹した一例といえよう。

第五章　家の思想と戸籍
――「皇民」の証として

1　「家の系譜」としての戸籍――「国体」と家族国家思想

「家族の登録」から「家の登録」へ――紙の上の制度

政治権力は、多種多様な個人を一元的に戸籍の管理に服従させるためには、戸籍がもつ精神的、内面的な価値を教育する必要がある。つまり、「日本人」である以上、戸籍に登録されていることが理想的な国民なのだ、という論理を創出し、さらにそれを社会の規範として設定しなくてはならない。

戦前の日本国家において、個人の存在を大きく統制するものとなったのが「家」である。家は明治国家の基盤となり、個人は家への帰属を通じて国家との紐帯を形成するものとされた。個人の家への帰属は戸籍への登録によって決まるのである。

前章で述べた通り、壬申戸籍において編製の単位とされたのは「戸」つまり世帯であり、血縁関係のない同居人も同じ「戸」に含められた。この自然的共同体としての「戸」が人為的共同体としての

「家」へと変化を遂げるのが明治民法の制定によってである。

その母体となったのは、一八九〇年一〇月七日に公布された、旧民法人事編（一八九〇年法律第九八号）である。これはフランス人法学者ボアソナードが起草の中心となり、フランス民法典をモデルとしたその内容が、西洋的な個人主義に汚染されて日本古来の「醇風美俗」を損なうものであるという穂積八束らの保守派法学者の攻撃を受け、「民法典論争」が議会内外で沸騰をみせたことは知られている。かかる紛擾の結果、未施行に終わったこの旧民法人事編であるが、そこでは明治国家における家制度の根幹となる「一家一氏一籍」の原則が、次のような条文をもって規定されていた。

第二四三条　戸主トハ一家ノ長ヲ謂ヒ家族トハ戸主ノ配偶者及ヒ其家ニ在ル親族、姻族ヲ謂フ
戸主及ヒ家族ハ其家ノ氏ヲ称ス（傍点、筆者）

ここでいう「家」の意味するものは何か。同法編纂委員の一人、井上正一によれば「所謂其家ニ在ル親族、姻族トハ現ニ戸主ト同居スル者ヲ指シタルニ非ス。其居所ノ何レニ在ルヲ問ハス其家ニ従属スル者、即チ換言スレハ其籍ニ在ル者ヲ指シタリ。（中略）要スルニ法文ノ『家ニ在ル』トハ『籍ニアル』ノ意ナリト知ル可シ」[1]（傍点、筆者）ということである。つまり民法にいうところの「家」とは、そのまま「戸籍」と読み替えられる概念であったことを理解せねばならない。そして、「其籍ニ在ル」つまり同じ戸籍に入ることは「其家ニ従属スル」ことと同義であるというのが立法者の意図であったことも看過してはなるまい。

そして一八九八年七月に施行された明治民法は、その第七三二条において「戸主ノ親族ニシテ其家ニ在ル者及ヒ其配偶者ハ之ヲ家族トス」（傍点、筆者）と規定した。これは、戸主の「家ニ在ル者」が明治民法上の「家族」とされるという重要な条文であるが、前出の旧民法人事編の第二四三条と大差ないのがわかる。問題となる「家」の意味については、起草委員の一人であった富井政章が「家ハ戸籍ノコトヲ云フ」[2]と端的に説明していたように、やはり旧民法人事編と変わらず、「家すなわち戸籍」を意味した。

この明治民法により、戸主権を基盤とした家制度が確立した。これをもって、「戸籍トハ家及ヒ身分ニ関スル事項ヲ記録シタル公文書ナリト定義スルヲ最モ正鵠《せいこく》ヲ得ルモノトス」[3]という如く、戸籍は家の記録簿としての性格を濃厚に現すものとなった。この点について、民法学者の末川博は次のように至言している。「……戸籍といふのは紙の上の制度であつて、現実の生活とは没交渉であり得るのに拘わらず、一家をなす者は総て一戸籍の内に収められ、一戸籍に記入されて居る者はすべて一家族であるとせられて居るのであるから、家とか戸主家族とかいふのは、ただ紙の上の存在にとどまつて、実質的には殆《ほと》んど無意味のものに化する場合が少なくない[4]」。

また、家族国家思想に立脚した家族制度研究を戦前に多く残した歴史学者、新見吉治も「今日の戸籍は必ずしも家屋の存在を必要としない。戸籍は番地さへあれば存在している[5]」と確言していた。すなわち、戸籍は世帯や居住地などの現実的意味をもたず、観念的な家の所在地としての記号的意味が強くなった。まさに戸籍に表示される「家族」は「紙の上の存在」にすぎないものなのである。

とにかく明治民法施行が契機となり、個人は家に帰服する結果として戸籍に編入され、これをもって正しき「日本臣民」の証しを得るという規律が日本社会に生まれつつあった。明治期における家族国家思想の主要なイデオローグであった法学者穂積八束が「我千古ノ国体ハ家制ニ則ル、家ヲ大ニスレハ国ヲ成シ国ヲ小ニスレハ家ヲナス」[6]（傍点、ママ）と述べたように、家は「万世一系」の皇統を基軸にした「国体」の私的領域における縮図であり、家の維持こそは「国体」の安寧をもたらすものであるという思想が萌芽をみせていた。

家制度の成立により、戸籍が「皇国臣民」による家の登録簿という意味を鮮明にしたことは、家の系譜となる戸籍をもたない「日本人」を排撃する社会的圧力を助長するものとなった。だが同時に、個人を従属させる家というのは、戸籍に記載されることで成立する「紙の上の存在」にすぎない、観念的な「家族」であったことを銘記しておかねばならない。

「家」に基づいた国籍観念

「国民」の法的な資格を定めるのが国籍法である。一八九九年四月に施行された日本の国籍法（一八九九年法律第六六号、以下「旧国籍法」）は、明治民法および戸籍法の織りなす家の原理による強い掣肘を受ける内容となった。何しろ本法の立案方針として最も注意された事項が、「我国固有の家族制度に適せしむること」[7]であった。「我国固有の家族制度」とは、日本の家に入った者はすべて「日本人」であるという家族国家思想に立脚したものである。家制度への配慮の結果として、本法では、外国人との間の婚姻、認知、養子縁組、入夫婚姻（女戸主の家に夫が入ること）等の身分行為に基づく日本国籍の得喪を詳細に定めていたこと（第五・六・一八・一九・二三条）が特筆される（表4）。

表4　旧国籍法における家族法に基づく日本国籍の取得および喪失

外国人が日本国籍を取得する原因	日本人が日本国籍を喪失する原因	
日本人との婚姻（第5条第1号） 日本人による認知（第5条第3号） 日本人との入夫婚姻（第5条第2号） 日本人との養子縁組（第5条第4号） 夫の日本国籍取得への妻の随従（第13条第1項） 父の日本国籍取得への子の随従（第15条第1項[※2]）	すべての日本人	外国人の妻となり夫の国籍を取得したとき（第18条[※1]） 外国人による認知（第23条第1項） 夫の日本国籍喪失への妻の随従（第21条） 父の日本国籍喪失への子の随従（第21条）
	元外国人のみ	日本人との離婚（第19条） 日本人との離縁（第19条）

※1　1916年に改正される前は「日本ノ女カ外国人ト婚姻ヲ為シタルトキハ日本ノ国籍ヲ失フ」となっていた。
※2　子が本国法において未成年であることが要件。

例えば、日本人女子が外国人の妻となって家を出る場合には日本国籍を喪失し、また外国人女子が日本人の妻として家に入る場合には、日本国籍を取得するものとした。これは帰化のように自己の意思による国籍変更ではなく、家の出入りによる戸籍の変動（入籍または除籍）の効果として国籍の得喪が発生するものであった[8]。要するに、日本の戸籍に入れば「日本人」であり、日本の戸籍から出れば「日本人」でなくなるという次第である。まさに「家」の門をくぐれば、金髪碧眼の「日本人」も生まれたわけである。

もちろん、家は男尊女卑の価値観が支配する空間である。こうした家の出入りの主体となるのは基本的に女子（妻）である。だが、婿養子縁組と入夫婚姻は男が妻の家に婿として入る形態であり、これも家を絶やさないために配慮された特例的制度であった。ただし、外国人を養子または入夫とするには、一年以上の居住と品行端正なることの二条件を満たした上で内務大臣の許可を得ることを必要とし（外国人ヲ養子又ハ入夫ト為スノ法律［一八九九年法律第二一号］）、「日本人」が乱造される事態に歯止めをかけていた。

考えるべきは、家族の国籍を同一にする意味である。家の一体性を保持するには、夫婦および親子の国籍を統一しなければならない。これが日本国籍法における家族国籍一体主義の真意であった。夫あるいは父が国籍を変更したら、妻や子もそれに従って同じ国籍に変更しなければならなかった。家族がみな同じ国籍となることで忠誠義務の対象国が一致し、一家の結束が保たれるという家族国籍一体主義は、第一次世界大戦の時代までは西洋諸国の立法でも広く採用されていた(9)。だが、日本における家族国籍一体主義は、家の安泰という目的が突出していた点で異彩を放っていた。

何しろ家の一体化という要請の前では、重国籍防止の原則でさえ後退させられた。もし外国人が日本人の家に入った場合、その者の本国法が外国人との婚姻や認知による国籍変動はないと定めていれば、その外国人は原国籍を保持したまま日本国籍をも取得することとなる。とりわけ、養子縁組による当然の国籍変更を認める立法は、日本以外では中華民国（一九二九年国籍法）にしかその例をみないものであり、入夫婚姻に至っては、制度自体が諸外国にはない日本唯一のものであった(10)。

したがって、これらの場合に日本国籍を取得した者は、本国の国籍法に当該原因による国籍離脱の規定などないわけであるから、必然的に重国籍となった。だが、旧国籍法にはこうした場合の重国籍発生を防止する規定は設けておらず、それも「我が国固有の家族制度への配慮を重国籍防止よりも優先した結果(11)」であった。

以上のように、「国民」の資格を決定するという国際的重要性をもつ国籍法さえも家と戸籍の原理に従属させられ、入家すなわち戸籍への編入が実質的に日本国籍を付与するものとなった。かくして「家に属する者」＝「戸籍をもつ者」＝「日本国籍をもつ者」という公式が出来あがった。

系譜尊重の思想

祖先から代々継続されてきたという由緒によって家の「格」、いうなれば「家柄」が決まる。つまり、家柄の貴賤はその家の永続性が重要な根拠とされるのであるが、それを証明するものが系図である。系図作成の根拠となるのは戸籍である。既述のように、戸籍は〝家の系譜〟として索引的機能をもつのであるから、個人の出自を限りなく過去にさかのぼって追跡することも可能である。

戸籍がこうした日本人の精神面に働きかける役割をもつのは、祖先崇拝の思想が日本に脈々と生き続けてきた証しでもある。西洋の学者においては、この祖先崇拝をもって東アジアに顕著な現象として理解する向きもあった。

例えば、イギリスの法史学者ジェンクスは、古代氏族社会から近代国家成立に至るまでの歴史を叙述した『政治史』（一九〇〇年）のなかで、祖先崇拝は近代以降においても、特に東洋では宗教の主流をなしていると指摘している。その要因のひとつとして、家父長（the head of the patriarchal household）としての父親の権威に対する深い尊崇があり、これが父親の死後は儀礼という形での崇拝となる。[12] 祖先崇拝は日本、中国、朝鮮など東アジアに特有の宗教意識というわけではなく、貴族を主軸とした階級格差がまだ厳存していた二〇世紀に至る西洋においても自然な精神現象であった。[13] ただし、日本における祖先崇拝は「家」の継続に根ざすものであるが、その「家」が外国人でもさまざまな手段で入れるように、その系統は純粋な血統に依拠したものではなくなる可能性が高いのである。

とはいえ、家の系図を整えて貴賤の別を立てるというのは、「家柄」が官職や地位の昇降に重大な影響を及ぼした公家や武家といった支配層の慣習であり、庶民にとっては一般的な習わしではない。だが、明治維新という巨大な転換期に際し、国民統治の道具として戸籍を重用したい支配層は、祖先崇拝の精神に基づく戸籍の〝系譜〟としての価値を唱道した。その実例として、明治元年（一八六八）年十月に京都府が制定した「京都府戸籍仕法」は、明治新政府が各府藩県に模範として通知したものであるが、同法では「戸籍ノ儀ハ永世ノ御記録タリ[14]」と述べていた（第三章参照）。

家の血統を記録する系譜に、祖先の祭祀における財産として物質的な価値を付加したのが明治民法である。その第九八七条において、家督相続の特権として所有権を認められたのが祭具、墳墓、そして系譜であった。もちろん、この系譜に表示されるのは戸籍上の家である。

明治民法は武士階級や貴族階級の価値観に基礎を置き、一般庶民の現実生活と遊離したところが多かった。家の系譜を所有する慣習などはまさにそうした上層階級に特有のものであり、明治時代まで苗字を公称することも許されなかった一般庶民には、系譜など縁のない存在であった。宗教民俗学者の竹田聴洲によれば、明治民法が華士族階級の規範を法制上に規定したことは、「そうした慣習秩序をもたない一般庶民に対して、旧武士層に出自をもつ階層の優越支配を法律という手段で正当化づけるために必要であった[15]」と考えられる。

かくして戸籍は貴族や武士といった支配階級にとどまらず、〝庶民の系譜〟として重宝すべきものであるとする観念が、壬申戸籍以降、現代の戸籍法にまで受け継がれてきた。

この点について新見吉治は、「庶民の系譜という思想が、誠に国体に即して居る。……親子関係の永続これが系図観念となり、家の永続の観念となる」[16]と明瞭に述べている。つまり戸籍は、遠い過去の祖先から現在の子孫へと連綿と続く家族の系譜なのである。「祖孫一体」を本義とする家の連続性の称揚は、日本の家族観の基底をなす要素である。この家族観が、過去と未来とを永遠に一体化する「天壌無窮」を本旨とする「皇統」になぞらえられることによって、「家」と「国体」が直結した日本独特の家族国家思想へと昇華するものとなる。

言い換えるならば、戸籍に表象される祖孫一体を精神的価値とするのが日本の「国体」である。家を支柱とする「国体」の観念は、一九三七年に文部省が国民教育用に編纂した『国体の本義』において、次のように説示される。

> 大日本帝国は、万世一系の天皇皇祖の神勅を奉じて永遠にこれを統治し給ふ。これ、我が万古不易の国体である。而《しこう》してこの大義に基づき、一大家族国家として億兆一心聖旨を奉体して、克《よ》く忠孝の美徳を発揮する。これ、我が国体の精華とするところである[17]。

そして家の生活における祖孫一体の徳義については次の如くである。

> 我が国の家の生活は、現在の親子一家の生活に尽きるのではなく、遠き祖先に始り、永遠に子孫によつて継続せられる。現在の家の生活は、過去と未来とをつなぐものであつて、祖先の志を

継承発展させると同時に、これを子孫に伝へる。古来我が国に於て、家名が尊重せられた理由もこゝにある。家名は祖先以来築かれた家の名誉であつて、それを汚すことは、単なる個人の汚辱であるばかりでなく、一連の過去現在及び未来の家門の恥辱と考へられる。[18]（傍点、筆者）

ここに強調される家の精神的な意義から、戸籍とは個人に代々、家名を背負わせることで家における「過去と未来」の架橋役となり、のみならず家の尊重を通して個人を天皇と一体化した国家への帰服へと導くものとされることが理解できよう。

そして『国体の本義』が力説するのは、日本においては天皇を「宗家」とし、その「分家」として「日本臣民」個々の家が存するという「一君万民」の家族国家思想である。すなわち、「我が国は一大家族国家であつて、皇室は臣民の宗家にましまし、国家生活の中心であらせられる。臣民は祖先に対する敬慕の情を以て、宗家たる皇室を崇敬し奉り、天皇は臣民を赤子として愛しみ給ふのである[19]」。

このように政治権力によって鼓吹される家族国家思想に従うならば、戸籍に載らない人間は、家名をもたず、家の系譜から外れた存在であり、祖先からの連綿たる血縁の記録からの逸脱者として、日本の「美風」に背馳するものとなる。そして、より国家道徳の見地に立てば、無戸籍者は祖孫の血統と皇統とを観念的に結びつける「皇国」の永続的な紐帯から離脱し、「天皇の赤子」としての名分をもたない存在として嫌忌すべきものとなる。かくして戸籍は現実の法制度的な実効性よりも、日本の「国体」における統合の基盤となる家の系譜という道徳的な規範性において価値化されるのであった。

2　戸籍から漏れ落ちる婚外子——届出婚の弊害

日本における「届出婚」

個人の恋愛が家族の形成へと発展する行為が結婚である。結婚が社会的に成立したものとして承認されるにはさまざまな方法があるが、大別すれば形式婚と事実婚の二つがある。形式婚は、法あるいは社会の承認する一定の形式的要件を備えることで「婚姻」として認められるものである。さらにこの種類には、主として法律婚と儀式婚がある。法律婚は、まさしく法律上の手続きを経ることによって婚姻が成立するものである。一般に欧米や日本では、「婚姻」という概念はこの法律婚と同義とされてきた。

日本では、現行民法の第七三九条第一項に「婚姻は、戸籍法の定めるところにより届け出ることによって、その効力を生ずる」と定めている。この婚姻届の提出を婚姻成立の要件とする届出婚は、明治民法において規定されて以来、今日まで一貫して維持されてきた。

日本の届出婚は、法律婚の一種として説明されることが多い。だが、近代ヨーロッパで成立した契約婚（民事婚）と比べれば、その沿革および法的構造からみても異質のものである[20]。その最たる相違点は、日本における届出婚が、たとえ事実上の夫婦生活が営まれていても、戸籍法に基づく婚姻届を役所に提出し、これが受理されない限り正式な「婚姻」として認められないという婚姻当事者の受動性にある。そこには、契約婚が依拠するような個人主義思想の介在する余地がない。

古来、日本における婚姻は、西欧の教会法に基づく儀式婚のような宗教的拘束はなく、階層や地域によってその形態は多様であった。だが、庶民においては総じて国家や法の規制を受けない事実婚主義が通用していたとみられる。家族制度の歴史にも造詣が深い柳田國男は、伝統的に庶民における婚姻成立の要件とされたものとして「当の二人の意気投合」「姻族の関係を結ぶこと」「社会の承認」の三つを挙げ[21]、国家法による制約はほとんどなかったことを指摘している。

しかし、明治国家において、それも変わっていく。壬申戸籍の制定から三年が経とうとする一八七四年一二月二七日、司法省は「相対《あいたい》熟議承諾ノ上ニテ内実夫婦ノ契約ヲ結ヒ、既ニ妊娠及フト雖《いえど》モ、素ヨリ官ノ聞届《ききとどけ》ヲ経サル者ナレハ官ヨリ見ル時ハ夫婦ニ非《あら》サル[22]」ことを指令した。これは、近代西欧において流布し始めていた契約婚の思想を否定し、日本では届出婚主義を採用する方針を闡明するものであった。

さらに一八七五年一二月九日に発せられた太政官達第二〇九号は「婚姻又ハ養子養女ノ取組若《もし》クハ其離婚離縁仮令《たとい》相対《あいたい》熟談ノ上ナリトモ、双方ノ戸籍ニ登記セサル内ハ其効力ナキモノト看做スヘク候《そうろう》条」（傍点、筆者）を各府県に指令し、戸籍への届出をもって婚姻の成立要件とすることを原則化した。この太政官達の基盤となった法制局議案には「我国人民ノ法律ニ慣《なら》ハサル、戸籍ノ何物タルヲ弁知セサルヨリ願届等モ自然疎漏ニ押移《おしうつり》候《そうろう》弊習有之《これあり》」という事情に鑑みて「億兆ヲシテ戸籍ノ何物タルヲ弁知セシメ候[23]」という主旨が繰り返し強調されていた。つまり、明治国家が届出婚主義を採用した裏面には、まだ総じて遵法意識の未熟な民衆に届出の強制を通じて戸籍法の重要性を啓蒙しようという企図が潜んでいたのである。

そして明治民法は、その第七七五条に「婚姻ハ之ヲ戸籍吏ニ届出《い》ツルニ因リテ其効力ヲ生ス」と規定し、届出婚主義を法制上に明文化した。この明治民法第七七五条に対応して、明治三一年戸籍法は第一〇二条第一項において、すべて婚姻は同法の規定する届書を届け出るべきことを定めた。加えて後述のように、明治民法の定めるところにより、家族の婚姻に対しては戸主の同意権が壁として立ち塞がるのであった。

こうした個人の自由な結婚に対する国家法の制約は、「内縁」といわれた事実婚関係の発生を助長するものとなり、その結果に生まれた婚外子は無戸籍となる可能性が高まるのであった。

「罪なき結合の罪なき果実」

明治民法および明治三一年戸籍法によって届出婚主義が確立されたことにより、法が「婚姻」として承認しない男女の結合は一般に「内縁」と称され、背徳的な行為と位置づけられた。届出婚制度の下では、同じこの世に生を受けた子でも、父母が婚姻の届け出をなしていれば「嫡出子」となり、そうでない「内縁」の子は「私生子」として区分された。

「私生子」という呼称は、明治初年から法令上の用語として公的に用いられ、戸籍の続柄にも表記された。社会において「私生子」は〝邪淫の子〟としていわれなき誹謗や差別の的となりがちであった。一九四二年二月に人道上の配慮として民法が改正され、「私生子」の三文字は民法をはじめ法律上の文言から廃止された[24]ものの、その後も「私生子」という言葉は、差別的な匂いをまといつつ長く社会に通用してきた。出生届に「嫡出」か否かを記載する義務規定は、現行戸籍法においても残されている。これは、民法の認める「正しき婚姻」を国民に遵守させるための心理的圧迫という効果を持ち続けている。

また、婚外子の戸籍の続柄欄には「長男」「長女」などではなく、単に「男」「女」と記載すべきものとされ、「嫡出子」との識別が公示された（二〇〇四年一一月にすべて「長男」「長女」の形に統一された）。加えて、既述のように戸籍はそれを閲覧することで個人の親族関係が広範囲に検索できる索引的機能をもつが、これが婚外子として生まれた者にとってはプライバシーの侵害としてはたらき、婚外子への差別を再生産してきた。

いうまでもないが、父母が「婚姻関係」にあるか否かは、親を選択する権利のない子にしてみれば全くあずかり知らぬところであり、親の故意または不慮が犯した〝罪〟の報いを生まれた子が受けるのは不条理である。だが、国家としては、届出婚に基づく婚姻制度を尊重しなければならないとすれば、「嫡出」の実子と婚外子を同等に取り扱えないことになる。婚外子が「罪ある結合の罪なき果実」とも称されたゆえんである。その上、婚外子を生んだという罪悪感と、その子を養育するだけの経済力の欠如とによって、生みの親が婚外子を「棄児」とすることは日本だけでなく、中世ヨーロッパ以来、各国共通の現象であったようである。(25)

「日本家族法の父」と呼ばれた民法学者穂積重遠は、婚外子問題の元凶が届出婚主義にあることを衝いていた。穂積は届出婚における「事実と法律との不一致」をその「一大欠点」として挙げ、「此《この》欠点は今日の我国の法律の一つの持病であると云つて宜いが、其徴候が婚姻制度に最も極端に暴露して居る」(26)と批判を加え、婚外子に対する弊害を除去するには、届出婚主義を改めて事実婚主義を復活させることを提言していた[27]。

もっとも、婚外子差別を日本全体に一般化した現象としてとらえるのも早計であろう。婚外子をめぐる社会の認識というのは、時代や地域によって必ずしも一様ではなかった。例えば、同じ婚外子でも、「内縁」から生まれたのが明白である子と、父が誰か判明しない子（「父《てて》なし子」）とでは社会の扱い方も異なっていたようである。民俗学者の橋浦康雄によれば、九州南部地方では、誰の子かさえも定かでない子は、「カゼノコ（風の子）」として一種の神性をもつものと考えられ、神主や僧侶に取り立てられたりする例があった。他の地方においても、「父なし子」にやはり神秘力をみとめ、神祭の際には特殊な役に就かせる例もあったという[28]。

こうした事例を聞くに及び、折口信夫の研究で知られるように、日本の庶民信仰では、日常的共同体のなかに現れた〝非日常的〟な存在を異界からきた「まれびと」ととらえ、その者に「神の身替り」などといって神との繋がりを見出し、畏敬の念を抱く習俗があったことが想起される。婚外子という存在についても、国家法の規定するところに適合しないというだけで反社会的存在という烙印を押すことはなく、むしろそれに聖的な価値を見出す精神的土壌が地域によっては豊かであったとも考えられる。

帰する所、明治国家がつくり上げた届出婚制度が、はたして日本社会に共通する「伝統」を尊重したものであったとはいい難い。それが真に日本の家族的習俗に配慮した婚姻法であったならば、かくも婚外子問題が長く日本社会にくすぶり続けることはなかったはずである。そこに看取せざるを得ないのは、法律と習俗の遊離なのである。

3　無戸籍者をつくりだす戸主――家制度のしがらみ

家の〝君主〟としての戸主

家制度において、戸主は自分の家を統制するための強い権限を与えられていた。これが戸主権と呼ばれるものであった。戸主の前では、家の構成員たる個人の自由意思は通用しえなかった。戦前から戦後にかけて司法官僚として戸籍行政の中枢を担った平賀健太は、戸主権について「戸主の家族に対する一の支配権である。身分的支配者としての戸主と、身分的隷属者としての家族の関係、即ち支配と隷属の関係こそは家内部の法律関係なのである(29)」と端的に述べていた。

まさに家族を「支配と隷属の関係」に服させるものが戸主権なのである。戸主権の主たるものとして、他家からの入籍に対する同意権が認められていた。戸主は家の構成員を随意に選別しうる地位にあり、まさしく「家の玄関番」（我妻栄(30)）であった。入籍に対する戸主の同意権は、戸主が家族を監視し、牽制すると同時に、「家族団体の純潔」を期することができるという観点に基づくものとして合理化された(31)。戸主の好まない人間を家の一員に迎えることは、いたずらに紙の上の「家族」を増員させるのみならず、戸籍が「汚れる」ことにつながりかねない。「家の純潔」は戸主と家族の支配服従関係を維持することによって守られるというのが家の常道であった。

さらに明治民法においては、家族が戸主の同意を得ずして婚姻や養子縁組をなしたり、戸主の意に反する職業に就いたり、戸主から素行不良とみなされたりした場合には「離籍」や「復籍拒絶」といった戸主による制裁が認められていた。「離籍」というのは、読んで字の如く「籍を離す」、つまり現在の戸籍から離脱させて「家族」の資格を剝奪することであり、いわば家からの追放であった。一方の「復籍拒絶」というのは、婚姻や養子縁組によって他家に入った者が、離婚や離縁によってその家を出て実家に戻ろうとするのを戸主が拒絶することである。これらの権限も、戸主が一家の秩序、平和を維持するために認められたものと考えられた。(32)

だが、戸主は決して〝聖人君子〟ではない。必ずしもそうした立法の精神に則って公明正大に制裁の権限を行使するわけではない。家族との不和や感情の衝突に起因するものをはじめ、戸主が自分の意に添わない家督相続人を廃するために、時には戸主が家族の所有する財産をほしいままにするために、離籍権を濫用することもあった。それゆえ、戸主に離籍された者がこれを不当として離籍の無効を求める訴訟も多く起こっていた。訴訟例のなかには、家督相続人が素行不良で浪費癖のあることから戸主がこれを離籍し、婿養子（戸主と共謀していた）を入籍させて新たな家督相続人に据えた例や、長男が戦死したことで、その妻と長女が受給する特別年金等を独占しようと企んだ戸主が長男の妻および長女を離籍した例もあった。(33)

離籍または復籍拒絶となった者は入るべき家を失い、無戸籍となる。この場合、明治民法第七三五条第三項に定める「一家創立」の手続きによって、自らが戸主となって新たな戸籍を編製することが必要であった。だが、戸主から離籍された者は、自分が離籍されたという事実そのものを知らない（知らされない）場合もあり、(34)期せずして無戸籍のまま生きる破目にあう人間もいた。家制度の下とはいえ、相続や婚姻の時でもなければ自分の戸籍を確認する機会は稀有であったのも確かであろう。

無戸籍と隣り合わせの婚外子

右にみたような戸主権を法制化した明治民法は旧武士階級あるいは華族階級の価値観に基礎を置き、一般民衆の現実生活と遊離したものであったということは、川島武宜や竹田聴洲らが指摘してきたところである。[35] だが、封建時代は武家において一夫多妻制の慣習法が成立していたが、明治民法は近代思想に基づいた婚姻法として一夫一妻制を採用した。これにより、嫡出子と婚外子の待遇に差別を設けることが当然とされた。

家制度における婚外子の戸籍をめぐる取扱いは、戸主の胸三寸に左右されるところが大であった。そもそも婚外子は、父母が婚姻の関係になくとも、母による分娩という事実により、出生とともに当然に母の子となる。明治民法以前においては、一八七三年一月一八日の太政官布告第二一号において「妻妾ニ非サル婦女ニシテ分娩スル児子ハ一切私生ヲ以テ論シ、其婦女ノ引受タルベキ事」とされ、婚外子はそのまま母の戸籍に入るべきものとされていた。

明治民法施行後は、先に述べた通り、戸籍を同じくする「家族」の構成員を決定する排他的権限が戸主の掌中に置かれたので、婚外子が父母いずれの戸籍に入籍するかについては、父母それぞれが属する家の戸主の裁量に委ねられた。

戸主の同意を得て婚姻した結果に生まれた子、つまり嫡出子については、基本的に戸主は自分の家族として迎え入れることを拒み得なかった。これに対して婚外子は、戸主のあずかり知らぬ子として、「家族ノ庶子及ヒ私生子ハ戸主ノ同意アルニ非サレハ其家ニ入ルコトヲ得ス」（明治民法第七三五条第一項）という如く、戸主の同意がない限りその家に入ることはできなかった。

留意すべきは、婚外子の戸籍上の取扱いは、父の認知を得るか否かによって異なった点である。認知に関しては戸主の同意を必要としなかったので、婚外子の父が随意に認知を行うことができた。父の認知を得た婚外子は「私生子」から「庶子」へと民法上の地位が変わった。これについて、明治三一年戸籍法は「庶子出生ノ届出ハ父ヨリ之ヲ為シ私生子出生ノ届出ハ母ヨリ之ヲ為スコトヲ要ス」（第七一条第二項）と定め、「私生子」が「庶子」となるには父が出生届をなすことで認知も兼ねるものとなった。そして、一九一四年改正の戸籍法になると、出生届における記載事項として「子カ私生子又ハ庶子タルトキハ其旨」（第六九条第二項）が規定された。

「庶子」となっても、父の戸籍に入るには当然ながら父のいる家の戸主の同意（父が戸主であれば父が認知した時点で入籍への同意となる）が必要であった。父の家に入った「庶子」は、家の維持という目的から家督相続権が認められ、男子の「庶子」は女子の「嫡出子」よりも相続順位が優先された。

一方、母が「私生子」として出生届を提出した場合、ただちに子は母と同じ戸籍に入籍できるというわけではなかった。それには前述のように、母のいる家における戸主の同意が必要であった。

要するに、「私生子」と「庶子」とを問わず、戸主から入籍を拒絶され、父母いずれの家にも入れなかった婚外子は無戸籍となる。婚外子が生まれてから無戸籍のままであることが発見された時には、「一家創立」の手続きにより、婚外子は新たに創立された家の戸主となってその戸籍に収まるという道が残されていた。

また、無戸籍の婚外子が成長して子を生んだ場合、その子もやはり無戸籍となる。ここに無戸籍の連鎖が生まれることとなる。無戸籍の親が子を生んだ場合の取扱いについては、明治民法の下では、まず子が不利益とならぬよう戸籍を創設させる方針であった。先例としては、やや特殊ではあるが、一九〇二年一月、大阪で母の家に入れなかった男子が子をもうけ、しかもそれが双子だったが、この処理について司法省は「各別に一家を創立するもの」として扱うよう指示している[36]。

このように家制度においては、婚外子は嫡出子に比べて格段に不利な扱いを受けるものの、少なくとも無戸籍のまま生きる境遇には至らないように、救済の網は用意されていた。一家創立の制度は、戸主から「家族」として入籍することを拒絶された者が一定の戸籍に収まるための便法となったわけである。

だが、これは無戸籍となった者の不利益を解消するという人道的目的に立つものというより、個人を余すところなく戸籍に登録し、家の一員として把捉することをもって正しき「皇国臣民」として統合するところに主眼があると考えてよい。あくまで個人を家の価値に従属させ、戸籍への回収を通じて、日本国家における国民統合の盤石を期す家族国家イデオロギーをここに看取しうるのである。

第六章　「社会問題」としての無戸籍問題

1　戸籍と人口把握――「当てにならない戸籍」

「無籍在監人」という存在

近代国家においては、国内人口の科学的な把握が必要視される。換言すれば、統計による人民の把握である。日本の戸籍は、江戸時代中期から初歩的な人口統計として利用され始め、明治以降もその役割を引続き背負っていた。だが、統計の専門家の眼には、戸籍では到底、正確な人口統計を請け負う器にはならないと映っていた。

日本における統計学の草分けのひとり、財部静治（京都帝国大学教授）は、第一回国勢調査の実施を一年後に控えた一九一九年、国勢調査の啓蒙活動に努めていた。同年八月、ある講演会のなかで、従来日本の人口調査の拠り所とされてきた戸籍について「当てにならぬ」とその信頼性を真っ向から批判していた点が、耳目を引くところであった。財部は、戸籍が「当てにならぬ例」として、「日本では百歳以上の天寿を保っている人間が統計上益々増加しつつある、探って見るとそんな人間は居ないのであるが、戸籍簿にはチャント長寿を保っている」と指摘し、本籍人口なるものが文字通り〝幽霊人口〟を含めての数字であることを皮肉っていた。

さらに財部は、「又全然戸籍簿に載っていない無籍者も随分多い。監獄などには無籍在監人と云うのが相応にある。先年大和の宇陀郡へ行った時聞いた話に拠ると、同郡の或る川辺には全く無籍の人間が、川に沿うて漂流しているそうである」(1)と述べ、「無籍者」の存在こそが日本の人口統計整備における難物とみていたが、ここで注目したいのは「無籍在監人」なるものである。

「無籍在監人」とは、無戸籍であることを理由に収監された者という意味ではなく、収監された罪人で戸籍がない者(本籍不明者も含む)を指す。

監獄は、服役者および未決囚を収容し、特に服役者については職業訓練に従事させて社会復帰へと向かわせる矯正施設としての目的をもつ。明治国家における監獄制度は、明治五(一八七二)年一一月、太政官布告第三七八号として公布された「監獄則並図式」が発祥となる。「監獄則」は七大綱に分かれ、その第一章「興造」の第一〇条「懲治監の部」には、次のような規定があった。

脱籍無産復籍シガタキ者本刑懲役ノ限満チシ後ハ皆此監ニ移シ、罪囚ト区別シ、工芸ヲ習慣セシメ独立活計ノ目途ヲ立《たたせ》、然ル後本人望ミノ地へ入籍セシム(傍点、筆者)。

つまり、脱籍無産者にして、以前入っていた戸籍に復籍する見込みがない者については、刑に服した後、すぐ出所させずに懲治監に身柄を移し、そこで職能を習得させ、十分に社会復帰の目途が立った者に限り、希望の本籍地にて戸籍を創設させるというものであった。これは、「獄ハ人ヲ仁愛スル所以ニシテ人ヲ残虐スル者ニ非ス、人ヲ懲戒スル所以ニシテ人ヲ痛苦スル者ニ非ス」と監獄則の「緒言」にうたわれたように、明治国家の「仁愛」に支えられた温情的な教育的措置として理解されていた。

だが、出所した無戸籍者が新たに本籍を置こうとする土地の住民から反対に遭うことも懸念された。例えば一八七七年八月二〇日、新潟県は中央に対して次のような伺いを出している。服役後、独立生計の目途が立った無戸籍者に希望の土地に入籍させるというが、「入籍ノ際、地元村町ニ於テ苦情申立入籍ヲ拒ム分ハ終身無籍ノ姿ニ有之《これあり》」、このような場合の戸籍の取扱いなどはどうすべきかというものであった。これに対し、内務省は「区内町村ノ都《すべ》テ人民ニ於テ他人ノ入籍ヲ拒ム筋無之候《これなくそうろう》」として、すべての住民が反対することはないはずだという楽観的見地から、入籍させて差し支えないと指示していた(2)。

また、刑期を満了した者が、晴れて出獄となったものの身寄りがなく、自活が困難な場合、監獄則第三〇条に基づき、監獄中の別房に残留させ、そこで生業を営ませることができるとされていた。刑期を終えて社会に復帰しても無戸籍のまま身元の引き受け手がなければ、孤立無援の身となって、再び犯罪に手を染めるおそれがあるからである。なお一八八三年七月二一日に発せられた内務省指令では、入館中の無戸籍者の生んだ子で引取り先のない者についてもこの監獄則第三〇条の規定を適用するものとされた(3)。

明治政府は、「日本人」であればすべて戸籍登録に服することが理想であるとするものの、「無籍在監人」に戸籍をつくらせることには慎重であり、それよりもその人口を把握することを先決とした。「在監無籍人」はいうまでもなく監獄において拘禁されているわけであるから、一般の無籍浮浪人に比べればはるかにその人数を把握しやすい環境にあった。

壬申戸籍においては、戸長が管轄区内の戸籍人員について一年間の出生・死亡・転出入などを集計し、これに基づき各府県が毎年「戸籍表」を作成して、太政官に提出する定めとなっていた（太政官布告第一七〇号第五則）。この戸籍表のなかに「無籍在監人」を記録する欄があり、これによって「無籍在監人」の人口と分布を大体においてつかむことができた。(4)

さらに壬申戸籍実施から一〇年を経た一八八二年六月二九日、内務省は乙第三九号達を発した。ここでは、警視庁および府県の集治監に「無籍在監人ハ在監中定籍ノ手続ヲ為サシムルニ及ハス。本人放還ノ時籍ヲ望ノ地ニ定メシメ」、典獄（監獄の官吏）から就籍地区の戸長宛てに通知書を作成してこれを本人に携帯させ、就籍手続きを行わせるように指示した。(5) つまり、拘禁中は戸籍を創設させる必要はないということである。国家の見地からすれば、「無籍在監人」は兵役の適用が停止された状態にあり、いうなれば国家の動員資源として即時に利用できない存在であるから、あえて早急に戸籍をつくらせる必要性もなかったのであろう。

ただし内務省は同じ達において、典獄は前年中、監獄内の「無籍人」について、出入り、出生、死亡の件数ならびにその年一月一日現在の人数を毎年一月中に監獄の所在地区の戸長に通知し、戸長はこれを当該地区の人口に算入すべし、と付け加えた。これにより、一八八四年以降は毎年の本籍人口のなかに「無籍在監人」も包含されることとなった。(6) 日本の人口統計として内務省内閣統計局が一八八六年度から編製した「日本帝国民籍戸口表」があるが、これには府県別の「無籍在監者」の人口が記載されていた。参考までに、国勢調査実施以前の「無籍在監人」の全国総数を掲げておく（表5）。

表5　全国無籍在監人総数（1903〜1918）

単位：人

年	男	女	合計
1903	709	29	738
1908	536	41	577
1913	469	24	483
1918	371	12	383

注：数字はいずれも各年12月31日時点
出典：国勢院編『日本帝国人口静態統計』

戸籍ではなくセンサスを

近代国家の建設途上において、人口の増大は国家の資源として称揚すべきことと考えられた。フランス、ドイツなど西洋先進国では一九世紀に入り、国家による定期的かつ包括的な人口調査（センサス）を実施するようになっていた[7]。センサスは日本でいう「国勢調査」であり、国家の領域内にある居住人口を細大漏らさずに記録することを目的とする。

もっとも、それは単なる人口調査にとどまるものではない。日本におけるセンサス実施の主導役として政府内でも活躍した統計学者高野岩三郎曰く「国勢調査ナル名称ハ国家ノ形勢ニ関スル調査ヲ意味スル」[8]（傍点、筆者）ものであった。すなわち、戸籍のように国民を徴税・徴兵のための資源ととらえる従来の身分登録制度とは一線を画し、近代福祉国家の立場から、国内に居住するすべての者について住所、性別、家族関係、職業など、総合的な生活実態を把握する目的に立つ基礎資料として、重要な国家的意義を見込まれていた。

日本では、一八七二年から壬申戸籍が国内人口調査の役割を担っていたことは、前述した通りである。壬申戸籍編製にあたり、一八七二年一月二九日に全国で実施された第一回戸籍調査では、本籍において登録された三三一一万七九六人が日本国民の「人口総数」とされた。これ以降、毎年一月一日現在、一八八七年からは一二月三一日現在の本籍人口が「全国人口発展の状況」を観察する基礎資料とされていた。

初代内閣統計局長（一八九八年任命）を務めるなど、日本における人口統計の発展に関与した花房直三郎によれば、「此の本籍人口になるものは帝国本土に在籍する帝国臣民の総数なるが故に我民族の自然の発達を見るには最も適当の材料なりとす(9)」という認識に支えられ、本籍人口をもって国内人口の統計とするのが妥当とされていた。

だが、本籍人口というのはいうまでもなく居住人口とは異なり、「国内に本籍をもつ者の人口」である。したがって、無戸籍者や本籍不明者はもちろん、外国人もその統計から除外される。また、一八八〇年代後半から北南米への移民送出が活発となり、国内に本籍を置いたまま海外に定住する者が増加した。その人数は本籍人口には含まれるものの、所詮、国内居住人口ではない。

さらにいえば、一八九五年の台湾領有から植民地支配が開始され、樺太、朝鮮と「大日本帝国」の版図が拡張していった。これらの植民地は「旧慣の尊重」として内地とは異なる法令が施行される「外地」となり、戸籍法も施行されなかった。このため植民地の朝鮮人、台湾人等は戸籍法の適用外であるから内地に本籍を置くことが原則として禁止され、本籍人口には含まれなかった。つまりここにおいて、本籍人口は、「内地に本籍を有する者の人口」という限定的な意味となり、「帝国」の版図に居住するすべての人口を把握する上でいっそう整合性を欠くものとなった。

この点について、一九一八年一一月三日付『法律新聞』に寄せられた匿名の投稿がある。朝鮮に内地の戸籍法を施行していない現状に対し、「近く来るべき帝国の人口統計を作製するに当り、戸籍の画一を計画せざれば基本たる準則を欠くものなり、半島に於ては已《すで》に民籍令の改正に着手せり、寧《むし》ろ之を全廃して帝国の戸籍法を実行すべきなり(10)」との意見であった。だが、植民地の上着住民にも「帝国の戸籍法」を一様に適用することは、まず家族慣習の相違があり、何より、壬申戸籍を源流とする内地の戸籍こそが正統なる「日本人」の証明であるとする〝戸籍原理主義〟に背馳するものであり、帝国の正確な人口把握という要請があろうとも日本国家の否定するところであった(11)。

また、本籍人口と現住人口との著しい乖離は、やはり戸籍記載の不正確さにも起因していた。子が生まれても出生届を期限内に遅滞なく届け出るという習慣は大正期になっても定着せず、後述のように、役所による調査および指導があるまで無戸籍のまま暮らす親子なども珍しくなかった。

そうした戸籍に載らない「生存者」がある一方で、戸籍に載っている「死亡者」が数知れず存在した。内地での第一回国勢調査において臨時国勢調査局調査課長として事業の中心を担った二階堂保則によれば、一九一五年一一月に大正天皇即位の「大典」が挙行された際に、「高齢者に天杯を賜ふの恩典あり、高齢者の実地調査を行ひたるに、戸籍の記載の甚だしく過大なりしこと曝露せられたり(12)」という事件があった。天皇からの恩賜を授受する対象となる高齢者を一人でも戸籍上に「生存」させておくために、死亡届を出さずにおいた家が多かったのである。

こうした庶民による欲得ずくの戸籍偽装に関しては、内地での国勢調査実施準備を進めていた牛塚虎太郎内閣統計局長も「市町村の方でも帳簿面には百歳以上のが幾らもあるが、実際は其半分も居ないと云う有様で不都合極まる次第である(13)」と痛嘆せざるを得なかったところである。国家百年の大計の根基とされる戸籍も、私利に傾いて順法意識をかなぐり捨てる庶民の前では形無しであった。だからこそ、日本が近代国家として総力を挙げて取り組まんとする国勢調査は、戸籍を基礎資料とすることなく、科学的な人口統計に基づいて行うことが志向されたのである。

「野暮な戸籍と粋な国勢調査」

このように戸籍が正確な人口調査に適する制度でないということは、とうに官僚や学者も認めるところであった。第一回国勢調査の実施が間近に迫った一九二〇年八月末、前出の二階堂保則は、大阪毎日新聞社が主催した国勢調査の宣伝講演会において、担当官僚の立場から国勢調査の目的や意義を訴えた。その講演内容は『大阪毎日新聞』に、一九二〇年八月二〇日から一二回にわたって連載された。興味深いのは、国勢調査への国民の積極的支持を集めるためとはいえ、日本国家による庶政の命脈とされてきた戸籍制度の非現実性、非効率性を官僚自ら暴露し、これとの対照を通して国勢調査の精密性、実効性を宣伝している点である。

講演記録の第六回の題名が「野暮な戸籍と粋な国勢調査」と銘打たれているのは、それを象徴するものであろう。二階堂曰く「国民が何処にどんなに住んで居って何人居るかと云う事を知らなければ正しい政治は行われない」のであるが、「日本の従来の人口調べは殆《ほとん》ど当《あて》にならない不確実なものであって、左様に当にならない人口を基礎にして政治を執ると云う事は到底完全なるを期する事は出来ないのであります」(14)。ここで二階堂が「当にならない」と斬り捨てる従来の人口調査というのは本籍人口調査のことであり、これを基礎にして執り行われてきた不完全な「政治」を批判するのである。

そして二階堂は、国民が国勢調査と戸籍を同一視することを戒め、両者の異同を説明する。あくまで国勢調査が知ろうとするのは社会の「現状」であるから、その点で戸籍の記載内容をそのまま写し取ったものでは「現状」を反映していない。これに対し、「国勢調査におきましては有配偶、即ち配偶があると云うものはそれが法律上の手続を踏んだものであろうと内縁であろうと更に一向構わないのであります。夫と呼び妻と呼び交して居る者でありましたならば其総てが有配偶者として書かれるのであります。国勢調査の上には内縁の妻も妻と書かれるのであります」。すなわち、戸籍には「家族」として記載されない「内縁」「妾」であるが、相手と同一世帯をなしていれば、国勢調査においてはこれを「世帯」として記録するのである。

この点に関連して、二階堂曰く「或《ある》地方に参りますと国勢調査と云うものは余程粋なものである、夫婦は並べて書く、内縁の妻も妻と書くものであると云うので大変国勢調査の評判がよろしいのであります。勿論戸籍のような野暮なものではないのであります」（傍点、筆者）。つまり戸籍法の規定では「家族」と認められない者でも、現実に共同生活を営む「世帯」として反映させるところに国勢調査の妙味があり、それが「粋」とされるゆえんであった。

二階堂はとにかく国勢調査の〝近代性〟を説く上で、ひたすらに従来の戸籍調査との優劣を強調した。「国勢調査は戸籍によるのではない、戸籍とは何等の関係はないのでありますが故に戸籍に何と書いてありましても、それに依らずに本当に自分の生れた年月日を書いて戴くのであります。今日の戸籍と云うものは殆《ほとん》ど信用が出来ないものと私共は考えて居る、ソコで戸籍に載って居る生年月日は殆ど当にならない、それでそれをその儘《まま》写したならば間違になるのであります[15]」。

ここまで確言すれば、もはや立派な戸籍廃止論であった。近代国家として正確な人口統計を一日も早く確立したい官僚の眼には、戸籍は人口動態の把握だけでなく、個人情報の記録においても信頼性のないものと映っていたのである。

はたして、一九二〇年一〇月一日に内地で実施された第一回国勢調査は、戸籍とは無関係に、「世帯」を単位として調査を行う方法が採られた。ここでいう「世帯」とは、国勢調査施行令（一九一六年勅令第三五八号）によれば、「住居及ヒ家計ヲ共ニスル者ヲ謂フ」（第三条第一項）と規定された。すなわち、戸籍上の「家」とは全く別に、現実に日常生活を営んでいる人間集団を意味する概念であった。したがって朝鮮や台湾といった外地に本籍をもつ朝鮮人や台湾人、さらには外国人も国勢調査の対象に含まれた。

この第一回国勢調査結果と前年一九一九年の本籍人口を並べてみると、その差異は次にようになる。

一九二〇年国勢調査

総人口—五五九六万三〇五三人

男—二八〇四万四一三五人、女—二七九一万八八六八人

一九一九年末本籍人口

総人口—五七二三万三九〇六人

男—二八九一四万五五二六人、女—五七二三万三九〇六人

国勢調査は一九二〇年以降、五年ごとに実施されるものとなり、戦後は統計法(一九四七年法律第一八号)がその根拠法となった。統計法の第五条では、「本邦に居住している者として政令で定める者について、人及び世帯に関する全数調査を行い、これに基づく統計を作成しなければならない」と規定している。その具体的な適用範囲については、一九四九年九月一六日付で内閣法制局から「統計法第五条の規定は、国際法又は連合国占領軍の管理政策によりわが国内法規の適用を受けない特権を有する者を除き、一般には外国人にも適用されるものと解する」との意見が示された[16]。

かくして戸籍は人口調査の役割も解かれ、国家がそれに求める実効的な役割としては徴兵のための国民把握くらいとなり、むしろ「家の登録」「臣民簿」という道徳的な役割が突出していったのである。

2　無縁社会の発生と戸籍

明治維新と無告の窮民

国家の制度が幅広い支持を獲得して公共性を帯びるためには、民衆がその制度に参与することを通じて供与される利益が存在しなければならない。

日本の戸籍制度は届出主義を原則としているから、円滑に行政事務が運営されるには、個人による自発的な届出の履行が前提であることはすでに述べた。戸籍が規範性をもつものとして個人に認識されるには、まず戸籍への登録によってもたらされる恩典が用意されていなければならなかった。

近代国家がもつ一つの画期性は、都市化および工業化がもたらした労働者階級の増大に伴って噴出した社会問題に対応するべく、従来の国防と警察のみが要務であった「夜警国家」から、個人への福祉の供与を主要任務とする「福祉国家」へと変容した点にある。一九世紀後半から、ヨーロッパ各国は「福祉国家」への道を歩み出し、ドイツが一八八〇年代に先駆的に社会保険制度を制定したのをはじめ、資本主義体制を安定的に維持するために必要な政策として社会保障制度の実施に徐々に踏み切っていた。

欧米列強が認めるような「文明国」としての成長と発展を喫緊の課題とする明治国家は、次々と西欧の法制度を導入した。しかし、社会保障制度に関しては、当該時期にモデルとすべき西欧諸国がまだ試行錯誤の段階にあったため、政府においてもこれの立法化を急務とする認識が萌芽していなかった。だが、幕末から内戦が続き、民衆の経済環境も悪化していた明治初年、よるべない貧民としての、行き倒れの死亡人が顕著となり、その対処も政府が向き合うべき課題となった。行き倒れの死亡人の大半は本籍不明であり、親族や近隣者など遺体の引き取り手もいない「無縁仏」であった(17)。

第四章でみたように、明治新政府は基本的に脱籍浮浪人をはじめとする窮民の救済については、国家の責務として取り組む積極的意思をもたなかった。それというのも、江戸時代までは、農村は自己完結的な共同体であり、「結」や「講」などの相互扶助的な生活保障ネットワークが形成されていた。政府はこれを頼みとして、浮浪人を発見したらその身柄をまず原籍へ復帰させ、その過程での交通、医療、衣食に要する費用は本人および親族が弁償し、弁償できない場合は原籍地の町村が支出するものとしていた。ここで政府は、「仁恵」「情誼」という徳川時代の儒教道徳をあらためて称揚し、血縁や地縁に基づく村落共同体の互助精神に救済を委ねたのである。
近代日本における社会保障法の発端とされるのは、一八七四年に制定された「恤救規則」である。これは、無告の窮民を対象として、やはり「人民相互ノ情誼《じょうぎ》」に基づいて生活扶助を実施することを趣旨とした法である。

本規則において恤救の対象となるのは、家族、親戚、その他の隣保組織、さらには本籍地の府県および市区町村のいずれによる救済も期待しえないと認められる者であった。具体的には、障害者と七〇歳以上の重病もしくは老衰者、病人、一三歳以下で独身かつ労働能力のない極貧者が対象であるが、独身でなくとも家族が七〇歳以上一五歳未満で困窮している者があれば対象に含まれた。この恤救規則においても、政府は国家の責任で救済の手を差し伸べるのではなく、伝統的共同体における「仁恤」の価値を強調し、慈恵的互助による「救恤」に依存しようという相変わらずの姿勢であった。

ただし、恤救規則の運用において、戸籍をもたない人間は基本的に扶助の対象外とならざるを得ない。年齢が適用範囲内であるか、独身であるかなどの情報は戸籍によって確認されるものであったためである。この点につき、内務省も一八七七年に大分県から寄せられた脱籍無産者の扱いに関する伺いに対し、「無籍ノモノ救助候儀ハ不都合ニ付夫々《それぞれ》戸籍法ニヨリ処分シ、編籍取計《とりはからい》候上不得已《やむをえざる》分ハ名籍相添《あいそえ》、相当ノ救助可申立《もうしたてるべき》事(18)」と指示していた。要するに、戸籍のない者についてはまず戸籍を編製させた上で、放置しておけない者に限り相当の救助を行えばよいという消極的な措置であった。

ここで物質的な救済よりも戸籍への登録を第一とすることの意味を考えるに、そこにはやはり、身許を把握することで無戸籍者が浮浪と貧窮の果てに不良化することを予防するとともに、戸籍登録によって「国民」としての帰属意識を醸成する企図がはたらいていたのではないか。

行旅病人・死亡人に対する救貧政策

血縁および地縁に基づく共同体が解体していく近代化の道程の行く手に現れるのが〝無縁社会〟である。その予兆をいかに察知して対応を図るかは、福祉国家としての重要な試金石である。

前述のように明治新政府は、行き倒れの病人・死亡者に対して積極的な救済策を講じることなく、伝統的共同体における相互扶助の慣習にその対応を委ねて乗り切ろうとした。近代化を国家の一大命題として掲げながら、底辺社会の福祉については前近代的な村落共同体に依存していたのである。だが、医療および衛生環境もまだ発達をみておらず、一八七〇年代後半になると、天然痘やコレラなど疫病も発生し、無籍浮浪人の「倒死」が増加していった。

一八七九年度の内務省戸籍局の年報には、「無籍者ノ死亡」という一節が設けられていた。これによれば、一八七八年七月から一八七九年六月にかけて調査した結果、「原籍不明ノ行旅倒死亡人ノ数」が全国で一一〇一人あり、その九割は男性であった。これは前周年の八五〇人から、二五一人の増加であった[19]（内訳は表6を参照）。一八八一年一月一日の調査では一二七〇人に増加しており、戸籍局は「全国中ヲシテ遂ニ無籍ノ徒ナカラシムルニ至ルハ亦難矣《なんい》（難しいことである――筆者、挿入）ト謂ハサルヲ得サルナリ[20]」と嘆いていた。

「行旅死亡人」というのは、よるべない行き倒れの死人である。その死因はどうであれ、所持品などから本籍や住所などの身許が判明せず、広報を出して数十日を経ても心当たりのある親戚や知己が現れないことが認定の条件とされた。そうした特徴をもつ死亡人は一括して「無籍」とみなされ、親族や近隣者など遺体の引き取り手もいない「無縁仏」となった。

だが、前述した救恤規則は、行き倒れの死亡人の扱いについては規定がなかった。ひとまず政府は、一八八二年九月に「行旅死亡人取扱規則」を制定し、引き取り手のない身許不明の死亡者の取扱いを定めた。全五ヶ条からなる同規則によれば、行旅死亡人は所在地の戸長が仮埋葬する、行旅死亡人の本籍地が明らかになった場合、所在地戸長は本籍地の戸長を通して実家に連絡し、埋葬等の費用の弁償を求める（その家が弁償できない場合、本籍地の地方税で支払う）としていた。死亡人の本籍地が不明の場合は、所在地戸長は相貌と遺留品を三〇日間にわたって掲示板に挙げ、新聞広告も二回行い、それから九〇日過ぎても本籍地が不明な場合は地方税による費用をあてると定めていた。

表6　無籍行旅死亡人の内訳（1878年7月〜1879年6月調査）

単位：人

死者の類別	男	女	合　計
病　死	245	38	283
倒　死	304	25	329
溺　死	286	82	368
縊　死	72	4	76
変　死	55	10	65
合　計	942	159	1,101

出典：「戸籍局第四回年報」大日方純夫他編『内務省年報・報告書　第6巻（下）』三一書房、1983、369-373頁より。

注意を引くのは、費用負担の責任を所在地ではなく本籍地の戸長に負わせている点である。これは、壬申戸籍実施から十年という時期であることに関係していると考えられる。まだ本籍は人の現住地とともに出生地である例が一般的であり、本籍地は血縁と地縁が相伴った共同体であるという観念が維持されていたので、本籍地に死亡人の亡骸を送り返すことが自然と考えられたのであろう。

こうした内容から知れるように、同時期の「行旅死亡人」対策というのは無戸籍または本籍不明の浮浪人が対象であり、一八七一年に布告された「脱籍無産ノ輩復籍逓送《ていそう》規則」等の無籍浮浪人保護の法令は「行旅死亡人取扱規則」の制定をもって廃止された。だが、同規則はその名称が示すように「行旅病人」の取扱いについては規定を欠いていた。

一八八〇年代後半になると、松方正義大蔵卿による緊縮財政政策が「松方デフレ」を現出し、コメ、繭など農産物の価格急落を招いた。これに打撃を被った農村では疲弊が顕著となり、従来のような温情的な相互扶助は廃れていき、貧窮のあまり流民化した末に、行き倒れの病人となる者が増えた。

そこで「行旅死亡人取扱規則」は、一八九九年三月公布の「行旅病人及行旅死亡人取扱法」(一八九九年法律第九三号)に取って替わり、その内容がやや拡充された。これに即して内務省令と各府県規則が発せられ、具体的な救護の手続きとその指針が確定された。本法では、行旅病人についてはその所在地の市町村長が救護の義務を負うものとなった。これは移住の自由化が進み、本籍と現住地との不一致が広がったことを受け、行旅病人のための支出を本籍地の市町村に依存するには、あまりに人と本籍との地縁的関係性が希薄化したことが影響していた。[21] 何より肝心なのは目の前に横たわる病人を迅速に救護することであるから、発見された土地で救護を施す方が効率的であったに違いない。

したがって、ここにおいて要救護者と戸籍の必然的結合性は問題とされなくなり、戸籍のもつ役割としては死亡人の引き受け先の確認くらいとなった。それも死亡人の本籍が判明すればの話であり、この点でも本籍は戸籍上の符号に等しいものとなりつつあった。

3 「都市問題」としての無戸籍

都会に生きる〝無縁者〟

日清戦争（一八九四～九五年）、日露戦争（一九〇四～〇五年）を経て日本の資本主義は飛躍的に発展を遂げていく。民間企業の勃興、重工業部門の成長に伴い、巨大な労働市場と化した東京および大阪を主とする都市部への人口移動は加速していく。この過程がもたらした現象のひとつが、都市の過密化であった。それは、都市における現住人口において地方出身人口が大部を占めるようになったことをも意味する。都市の過密化と相俟って、日雇い労働者や浮浪者の流入、住宅や宿泊施設の不良化をはじめとする居住環境の悪化が目に付き始めていた。「都市問題」の発生である。

都市問題のひとつとみなされたのが、無戸籍者の集中であった。農村から都市への人口移動に拍車がかかると、村落共同体の中核をなしていた大家族は解体していった。都市へ移動した出稼ぎ労働者のなかから、故郷にある家族と長年没交渉となった挙げ句、失踪宣告を出されて知らず知らずのうちに戸籍から抹消されるなどの形で、不慮の無戸籍者が生み出されていった。

無戸籍者の都市集中化は、とりわけ巨大都市である東京および大阪において、都市行政として取り組むべき深刻な問題となった。

東京の下層における無戸籍者の風景は、一九一二年三月二一日付『東京毎日新聞』に竹越三叉が「生活問題」と題して寄稿した報告からうかがうことができる。竹越三叉こと竹越与三郎といえば、明治から昭和戦前にかけて、歴史家・言論人として南進論や日本精神論などについて論陣を張るとともに、衆議院議員や枢密院顧問官を歴任した政治家でもあった。

この記事では、竹越の眼を通して、近代都市社会の底辺に置かれた無縁の「無籍者」の姿が語られている。すなわち、東京市が行った市勢調査などの統計には表れない「細民」「貧民」について、「是等お上の帳面にも上《の》ぼらぬ、殊に日本国民としての存在をさえ認められぬと云う、哀れな無籍者又は浮浪者の、しがないドン底の人間の屑が、何処に奈何《どう》して生活しているか、将又《はたまた》彼等の未来は奈何いう風に推移して行くかと云う事は経世家の注目すべき事柄であると共に我我の立場から見ても最も興味ある問題である」（傍点、筆者）。

帝都のスラムに現れた無戸籍者問題を「最も興味ある問題」としてクローズアップした竹越の嗅覚は、かつて民友社の新聞記者として鳴らした経験の産物であろう。ただし、現職の衆議院議員である竹越のようなエリートの眼からみれば、戸籍にも載らずに浮浪生活を送る人間は、国家権力から「日本国民としての存在をさえ認められぬ」存在であり、それは人間として劣悪極まる状況に生息する「人間の屑」ということになるのであろう。

片や大阪では、第一次世界大中の好景気に乗って、地方から出稼ぎに来た工場労働者が定着を見せ始めた。だが、大戦後の物価高騰で生活を圧迫された低所得生活者は、木賃宿や簡易宿泊所に集住するようになり、工場街周辺に貧民街が急激に形成されていった。鉄道の整備や百貨店の開設など華々しい都市化と工業化が成功を遂げたその裏面で、都市社会の底辺には明日をも知れぬ無縁の貧民層が群れをなすようになった。

一九一〇年代後半になると、「大正デモクラシー」の潮流が渦巻くなか、全国的な情勢として労働組合運動、女性解放運動、被差別部落解放運動など、これまで社会の抑圧下に立たされてきた人々の組織的な異議申し立てが表出していった。なかんずく、一九一八年には米価急騰に対する民衆暴動、いわゆる米騒動が富山県を嚆矢として全国的に発生し、寺内正毅内閣はマスメディアからの責任追及を回避し切れず、総辞職に追い込まれた。

時の政権を葬った米騒動が支配層に与えた衝撃は絶大であり、中央および地方の双方において、貧困問題への政治的対応の必要を強く認識するに至った。まず東京市では一九一九年から「都市社会政策」に従事する部局として社会局が、大阪市でも翌一九二〇年に社会部が新設された。そして内務省でも一九二〇年に労働問題一般を扱う社会局が創設された。こうして新たに誕生した「社会」を冠する行政部局により、住民の居住状態や生計状態を調査するための社会調査が積極的に実施されていった。その調査結果として都市内のスラム（貧民街）の実態が把握されるなかで、戸籍のない労働者が集住していることも判明していった。

例えば一九二二年四月五日付『神戸新聞』をみると、全国有数のスラムとして知られていた神戸市の「新川部落」（現在の神戸市中央区）について、都市計画の参考資料のために行われた警察による調査報告が出ている。これによれば、区域内の総人口七〇一七人のうち、居住者の多くは日雇いや手伝いを含む労働者であった。そして「何処でも寄合世帯の細民窟は無籍者の多いので有名だが、新山(ママ)部落の無籍者は殊に夥《おびただ》しく五百人以上に上り、最近学齢児童の調査に依って僅《わず》かに一箇月内外に二百余人の無籍を発見した事実がある」と記述されている。

この記事の約三週間前となる一九一九年三月一二日付『神戸又新日報』には、県、警察、済生会等による救済・改善事業の状況が取り上げられていた。ここでは、「新川方面の児童中、不就学児童は其六割以上に達し何れも多くの悪感化を受けつつあるが、右は戸籍整理充分ならざるが為なれば……無籍者を無からしめ、各自の所在観念を明白ならしむると共に行政司法警察の機関運用に便する目的等にて戸籍整理係に於て事務を管掌す」として、無戸籍者に就籍させるべく戸籍整理事業に着手する動きが報じられていた。だが、前記『神戸新聞』の記事を見る限り、この合同の戸籍整理事業は早々には成果が挙がらなかったとみえる。

また、既述のように、政府の社会行政において「無籍者」は「乞食」と同一のカテゴリーで把握されることがしばしばであり、定住せず浮浪する人間という共通項によって一括されがちであった。

一九二七年に雑誌『社会政策時報』に発表された吉田英雄の論文「帝都における乞食の研究」は、東京に生活する「乞食」に聞き取り調査を行い、その人口、居住地、家族関係、前職業、出生地などを基に分析を行った労作である。ここでいう「乞食」とは、自分のために、または自分が法律上もしくは事実上扶養する者のために、窮乏を理由として金銭や物質を乞う者、の意味とされている。この調査によれば、一九二六年一月一日現在の東京の「乞食」数は二〇〇人弱が見積もられている。そのうち、本籍を有しない者は、一九二五年調査においては東京市内および郡部における乞食一五八人中、二一人（一三・二九％）があり、本籍不明の者は一六人（一〇・一三％）があった。一九二六年調査では浅草の乞食七八人中、三人の本籍不明者が見出された。[22] 少なくともこの調査結果をみる限り、「乞食」がことごとく無戸籍というわけではないことがわかる。

とはいえ一般には、無戸籍者および本籍不明者の正規就業は困難であった。その原因は、まず身許の証明が不確かなために社会の信用を得られなかったことがある。ことに、第一〇章で述べるように、被用者の年齢制限が法定されている職種の場合、これに違反した雇用主に制裁が科されるので、無戸籍の未成年を就業させることは忌避されたのであろう。住民票という制度もまだなかったため、唯一の公式の身許証明として戸籍が排他的な価値を持ち得た時代であったということもできる。

方面委員による戸籍整理事業——精神的救護として

第一次世界大戦終結後、好景気が早々と潰えるとともに物価高騰が労働者の生活を直撃し、都市社会において貧富の格差がさらに顕在化したことは、労働運動をはじめ種々の社会運動を惹起した要因であった。政府は貧民層について、従来は犯罪防止の観点から浮浪化を取り締まるなどの警察的対応に傾いていたが、「大正デモクラシー」の風潮のなかで、高揚する労働争議や社会運動に触発された貧民層が「無産階級」として覚醒し、反体制勢力へと成長するのを抑止するという政治的対応が求められた。「過激思想」が貧民層に蔓延するのを防ぐには、彼らの精神面の荒廃を和らげて国家の指導を理解させるために、「仁恵」の理念に基づく社会政策が要請されたのである。

まず内務省社会局の指導の下、都市部の市町村では、貧民の生活状況を把握するべく社会調査が実施されていく。その調査結果を通じて、貧民における無戸籍や本籍不明といった実情もその居住区域を管轄する市町村の認知するところとなった。そうした貧民の戸籍に関する諸問題を地域単位で、かつ公的な立場で解決するべく始動したのが、市町村の「方面委員」であった。

方面委員制度の発祥とされるのは、ドイツのエルバーフェルト市で導入された「救貧委員制度」であった。日本でもこれに倣って、一九一六年に岡山県が「済世顧問制度」を設置した。これに続いて、一九一八年一二月に大阪府が「方面委員制度」と名づけて創設した。大阪府をモデルとして、東京市も一九二〇年から各区に創設していき、その後、方面委員制度は徐々に全国に波及し、各種社会事業の中枢機関へと発展していった。

「日本最初の計画的社会測量機関であり、組織的輔導施設[23]」とされる大阪府方面委員制度の創設に尽力した法学者の小河滋次郎は、内務省監獄課長を務めた経歴があり、貧民の救済は本人の権利意識を高めることで犯罪を予防するという目的からも重要であると考えていた。昭和になると方面委員制度が全国道府県に広まったことを受け、一九三六年に方面委員令（一九三六年勅令第三九八号）が制定され、「方面委員ハ隣保相扶ノ醇風ニ則リ、互助共済ノ精神ヲ以テ保護指導ノコトニ従フモノトス」として法制化されるに至った。

方面委員は、警察管轄区域や小学校通学区域などを「一方面」と設定し、当該方面内の住民の生活状態を調査し、貧窮者の詳細を把握した上で要支援者に適切な救済を施すのがその役割であった。いわば地域密着型の社会福祉事業である。基本的に方面委員を委嘱されるのは、警察署長や小学校校長といった地位を務め、一定の「方面」に精通した篤志家であった。ただし、その人事は地域政治と無縁ではなく、例えば東京市では、一九三〇年現在、方面委員は市会議員または区会議員の推薦で決まり、そのほとんどが推薦した議員の選挙運動員であったという[24]。

さて、方面委員の事業内容に注目すると、その職務としては、相談指導、保健医療の給付、就学の奨励、失業者への就職斡旋などとともに、「戸籍整理」があった。戸籍整理というのは、具体的には、管轄区域内において出生、死亡、婚姻、養子縁組などの戸籍上の届出漏れがある者に適法な届出を指導し、無戸籍者については就籍の手続きを指導することであった。

大阪府を例にみてみよう。大阪府方面委員が発足して第一に着手したのは、区域内住民の生活状態を調査する「社会調査」であった。一九一八年度における方面委員第一期調査での調査要項をみると、その第二項は次のようなものとなっていた。

第二　戸籍の整理に付、助力を為す事
一、内縁の妻を戸籍上の正妻とする事
一、私生児を父母の戸籍の整理に依り嫡子と為し又は父の認知に依り庶子に為す事
一、無籍者を就籍せしむる事
一、右戸籍の整理に依り従来受くるを得ざりし軍事救護其他の利益を妻子に及ばす事
一、家事の内事に立入るものなれば、十分の理解と同情を以て懇切に相談相手と為り手続を進むるにあらざれば目的を達し難く、此辺十分の考慮を為す可き事

かかる戸籍整理の趣旨は、「住民の生活状態の基礎調査と其調査中に発見したる変態的家庭関係の粛正」ということであった（『大阪朝日新聞』一九一九年四月四日付）。

右の項目をみてもわかるように、戸籍整理の扱う問題は明白な私的問題であり、家庭内問題であっ

表７　戸籍整理事業の取扱い別件数（1919〜1931年および1930年度）

単位：件

細　目	1930年度	1919年１月〜1931年３月
出生及び死亡手続	698	5,744
寄留手続	372	5,639
無籍者整理	76	1,204
私生子整理	44	961
婚姻手続	77	854
転籍手続	85	747
内縁者整理	39	532
家督相続手続	49	467
分家手続	17	278
養子縁組手続	22	270
離婚手続	5	103
廃家手続	3	101
隠居手続	11	69
死亡者抹消手続	3	52
廃嫡手続	—	5
失踪宣告取消手続	—	3
その他	922	2,894
計	2,433	19,923

出典：大阪社会事業連盟編『大阪社会事業年報 昭和６年』大阪社会事業連盟、1931-33、121頁。

た。よって、方面委員にどこまで公的機関として介入する権限がみとめられたのかは疑問であるが、事業の〝成果〟は着実に挙げられていたようである。大阪府方面委員の一九一九〜一九三一年および一九三〇年度における戸籍整理事業の内訳は表７の通りである。このうち「無籍者整理」は無戸籍者解消の手続きをさせることであり、累計でみると第三位である。ただし、第一位の「出生及び死亡手続」は、出生届未提出者への届出奨励を含むものであるから、これも合わせるならば、「無籍者整理」の件数はかなり多数にのぼるとみるべきである。

東京市の方面委員制度を管轄する東京市社会局では、戸籍整理事業の意義について次のように述べている。「一般細民状態にして戸籍上の届出を怠慢ならしむるは想外の現象にして、これが為に国民の権利義務の恩典に漏れ、自治制度の不徹底を来《きた》し、一家個人としては所謂日陰者となつて不愉快なる生活を送る者が少なくない、これが整理を実施することは国家及個人の為に最も至要なることであらねばならぬ(25)」

ここに表れているような戸籍制度に対する信頼あるいは崇拝に支えられた責任意識の下、方面委員は戸籍整理の遂行のために本籍地への照会、縁故者の捜索などに乗り出し、無戸籍問題の解消に努めた。具体的には、戸籍があるのにすでに死亡してこの世に存在しない者を除籍させる、就学年齢に達していながら未就学である無戸籍児には就籍させて就学する道を開く、子を出産しても「私生子」のままに放置している親には認知を勧奨する、などであった。

だが、無戸籍のままでは「国民の権利義務の恩典」にあずかれない「日陰者」として「不愉快なる生活を送る」という右の記述は、そもそも戸籍がいかなる「恩典」をもたらすのかが具体的に説明されていないので説得力に欠ける。ここには、庶民に対して国家的見地から戸籍への盲目的な服従を誘導する意図さえ読み取れる。というのも、大阪市の方面委員の調査では、「七十余歳の今日まで無籍の儘過ぎ去った人間が新に市民として現われ出たなどの例が随分ある」(一九一九年四月四日付『大阪朝日新聞』)と報告されていたくらいであるからだ。

また、大阪の天王寺方面での戸籍整理においては「一家悉《ことごと》く無籍」という家族が発見された。世帯主は別に苗字がなく、「夫婦は勿論、子供が七人生れたが一人も戸籍の手続きをしたことがない。子供が死んだ時には、近所の人が手伝って、あちらの家の子にして葬式をしたり、こちらの家に生れた子が死んだことにして貰って葬式を済ませたりして全く自分の籍というものがない。わざと作らなんだのではない。作ることを知らず、知ってもそれをする余裕がないのだった」（一九二九年六月二七日付『大阪毎日新聞』）。

ここに示されるのは、貧窮が法の無知を生み、または法の不履行を生むという図式である。だが、一家そろって戸籍がなくても、隣近所で互助の精神がはたらき、特段の不便も生じなかったということもまた注視に値する事実であろう。だが、何より大正期に至っても、戸籍という制度の存在すらまともに知らない「日本人」がしかも都会に存在することは社会のエリート層に位置する方面委員にとって驚嘆すべき荒廃的情景と映ったにちがいない。

やはり、方面委員において、戸籍整理、なかんずく無戸籍者に対する就籍支援に見込まれていたのは、精神的な救済としての意義である。

東京市社会局は一九二四年に刊行した『方面　愛の雫』という回顧録のなかで、方面委員による戸籍整理事業のもつ精神的救済としての意義を次のように書いている。「戸籍を整理すると云う事は、単にその手続きを完了するという丈の意味では無くて、これに依つて自己人格の向上、一家生活の蘇りとなつた例も乏しくない。さればこれ等の人々を精神的にも救護されるのであつて如何に彼等にとつて偉大なる感化を及ぼし得るかを知るであらふ」(26)。つまり、方面委員にとって無戸籍者に戸籍を創設させることは、まさしく「感化」事業であり、精神の「救護」であると理解されていたのである。

下層社会における戸籍の意味――娼妓の戸籍問題

このように方面委員の戸籍整理事業は、近代国家のひずみとして下層社会に横たわる無戸籍問題を解消しようとする意図をもっていた。明治期から貧困と密接な人道問題として注目を集めるようになった売春問題も、その根底には無戸籍問題が伏在していた。

日本の公娼制度は一九〇〇年一〇月に発せられた「娼妓取締規則」(一九〇〇年内務省令第四四号)に基づき、一八歳以上の女子で「娼妓名簿」に登録された者に稼業を許可する方式になった。少女の人身売買を防止するための事業統制であった。これにより、無戸籍の女子は基本的に娼妓に就業することが難しくなった。

大正から昭和初期にかけて貧民街を丹念に調査し、都市下層社会の実態を世に伝えたルポライター草間八十雄は、浮浪者や売春婦と無戸籍との相関性を描き出している。草間は東京市社会部調査事業に嘱託として携わった経験の持ち主でもあった。

草間が一九三〇年代前半頃、東京市南千住のトンネル長屋を訪れた時の話である。この長屋では、日雇い人夫をしている父親が妻も病気となったため、やむを得ず長女を娼妓に売ろうとした。草間によれば、下層社会には戸籍の不正確な者が多く、「或る者は全くの無籍者であり、或者は出生届をせずに棄てゝ措くと言ふ輩がいる」という事情であった。だが、この長女も無戸籍のまま育てられており、父親は娘が無戸籍のために買い手がつかなかったので、同じ年頃である他人の娘の名を偽って売り込んだという[27]。

次に大阪府の事例を挙げておこう。公娼制度の研究家であった上村行彰の『売られゆく女――公娼研究』（一九一八年）によれば、大阪府の娼妓登録者数は一九一五年末で五六四七人であり、その大半は大阪市の遊郭で稼業していた(28)。

一九一九年四月四日付『大阪朝日新聞』には、大阪府で誕生してまもない方面委員が娼妓の戸籍問題を発見した記事が出ている。大阪市西区の方面委員が住民の実態調査を行ったところ、「西区の某方面に於て五人の子女を有《も》つ労働者の家庭に於て親達と長女とだけが有籍者として戸籍面に登録され、他の四人は無籍の儘《まま》に打捨て置かれてあった、夫《そ》れは年頃の長女を娼妓に売る必要から仲介業者の手によりて始《（ママ）》めて戸籍上の手続がせられたのであると云うような乱暴極まる事実が発見され」た次第であった。

無戸籍の長女が娼妓登録するにあたり、仲介業者が違法を問われることを避けるために戸籍をつくらせたということである。これは、やはり娼妓取締規則が就業可能年齢（一八歳）に達していない少女の身売りを防止する目的に立ち、就業には同じ戸籍内にある親または戸主の承諾書を必要としていたためであろう。つまり、ここではまず娼妓への就業という目的があって、戸籍の創設はその手段とされていたわけである。下層社会に生きる人間、それを食い扶持にする人間にとって戸籍のもつ価値はいかなる次元にあったかが窺知できよう。

方面委員制度は戦後、一九四八年に「民生委員制度」へと改編された。民生委員は、都道府県知事の推薦によって厚生労働大臣がこれを委嘱するという形で各市区町村に設置されるようになった。その根拠法である民生委員法（一九四八年法律第一九八号）をみると、住民の生活状態を必要に応じて把握し、援助が必要な者が自立した日常生活を営むことができるよう援助することが民生委員の職務となった。戸籍整理のような個人の家族関係に深く介入するような任務はそこから除外された。

ここまで取り上げてきた方面委員による戸籍整理事業は、前出の小河滋次郎によれば、戸籍をもたない「貧民階級」が「市民たり国民たる資格を得る」[29]ように献身的に支援するという趣旨であった。それは「仁愛」の精神をもって、よるべなき無戸籍者を救済しようという温情主義を標榜するものではあった。ただし、その基底にあるのは、法の埒外に生きる無戸籍者は精神の荒廃者であり、これが増大すれば「国民」という共同意識の希薄化とともに、社会のアナーキー化を招くという認識である。「無籍無産の徒」を放置すれば犯罪が増大し、秩序が紊乱するものとなるという明治維新から支配層に根づいていた「脱籍浮浪人」観とさして距離のないものではなかったか。

第七章　無戸籍となった越境者
――移民、戦争、戸籍

国境を越えて海外で生活する日本人も、制度上は戸籍に管理されている。戸籍法は属人法であるから、日本人は地球上のどこへ移動しようとも日本国籍を有する限り、戸籍法の適用を受けるのである。日本政府にとって、在外日本人の出生、死亡、婚姻、離婚といった身分関係の変動を在外公館を通じて戸籍に届け出させることは、在外日本人の生活実態を把握するために重要となる。

では、海外で二重国籍となった日本人についてはどのような扱いになるのであろうか。明治以来、日本人移民の主要な受入れ国となってきた米国、ブラジル、ペルー、カナダなどは、いずれも国籍法において出生地主義を採用している。これらは建国以来、移民を主たる構成員として発展してきた国家であり、地縁を「国民」の統合要素として重視している。これらの国で生まれた日本人二世は、必然的に日本国籍と出生国の二重国籍となる。

ただし、日本の国籍法は原則として重国籍を容認しない立場である。国外での出生による重国籍の場合は、出生日から三ヶ月以内に出生届とともに日本国籍留保の届出を提出しないと、出生の時にさかのぼって日本国籍を失い（現行国籍法第一二条）、戸籍から抹消される(1)。

海外での出生により重国籍となった日本人に日本国籍を留保させる目的は何か。それは、留保した日本人を日本国家との強い結合性をもつ者としてその身分関係を戸籍に反映させ、日本国家はその日本人との権利義務関係を保持し、外交的保護権を行使したり、行政サービスを付与する機会を確保することにあるとされる。

こうした制度が採用されているのも、海外にて出生かつ定住し、日本と定住国との二重国籍をもつ者にとって、定住国での安定した生活を得る上で実効性があるのは祖国の国籍よりも定住国の国籍であるから、日本国籍は形骸的なものとなりやすいという前提があるからである。つまり、日本との実質的な結合関係を有する（またはそれを望む）者以外に形骸的な日本国籍を取得させることを防止するという目的があり、それを確実にするためには、日本国籍について無関心になりがちな海外定住者に子の国籍留保を意思表示しなければ子の日本国籍を喪失させるという強制的な手段をとらざるを得なかったのである。

では一体、移民として祖国日本を離れ、海外に生活の本拠を置くに至った日本人にとって、戸籍はいかなる意味を有してきたのか。また、日本政府は海外定住者の戸籍をどのように扱ってきたのか。そこで本章では、明治期から日本人移民の重要な受入れ先であったハワイおよびブラジルにおいて生じた在留日本人の無戸籍問題を通して、越境する日本人と戸籍の関係について考察してみたい。

1 「海外雄飛」の裏側——ハワイ移民の戸籍問題

ハワイ移民の増加と戸籍

明治維新の幕が開き、明治新政府によって海外旅行の自由が認められるとともに「海外雄飛」が奨励された。多くの日本人が国内ではかなわぬ「立身出世」の夢を外国で成し遂げようと大志を抱いて海を渡った。明治から大正にかけての主要な日本人移民の送り先といえば、ハワイ、米国カリフォルニア州、ブラジルなど北南米であった。とりわけ初期の移民政策において、日本人の移住が急速に進んだのがハワイである。

日本人のハワイ移民は、一八六八年すなわち明治元年に一五三人が「元年組」として「旅行券」の発給を受けて、ハワイに渡航したのが発端である。一八八五年になるとハワイ王国と日本政府との間に移民受け入れの合意が成立し、翌八六年には日布渡航条約が締結された。両政府の合意に基づいてハワイに渡った日本人の出稼ぎ移民は「官約移民」と呼ばれ、一八八五年から一九〇〇年までの十五年間で約七万四〇〇〇人がハワイへ渡った。日本国内ではこの流れに乗じて、移民会社の設立が増えていった。日本政府は日本人移民労働者の保護と移民事業の統制を目的として一八九六年に移民保護法（一八九六年法律第七〇号）を制定し、日本人の海外移民をさらに奨励した。

一九〇〇年にハワイが米国に併合されると、米国本土の「契約移民禁止法」がハワイにも適用されることとなった。これに対応して「官約移民」は「自由移民」へと装いを変え、日本人移民の渡米は

図1　在外日本人の戸籍届出書の流れ

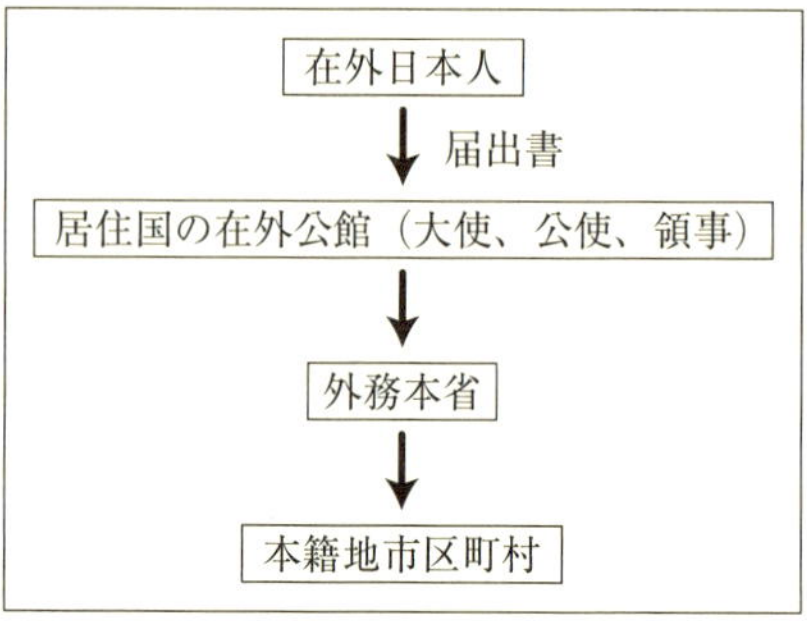

途切れることなく続いた。

さて、海外に在留する日本人の戸籍の取扱いに関する規定が戸籍法に設けられたのは、明治三一年戸籍法からである。同法によれば、外国に居住する日本人が婚姻、出生、死亡、認知、養子縁組、離婚などについて届け出ようとする場合、その居住国に駐在する大使、公使または領事に届出をなせばよいものとなった。大使、公使又は領事は届出を受理したら、外務本省に送付し、同省からこれを届出人の本籍地の市町村長に送付しなければならない。送付を受けた本籍地の市町村長は、届出事項を戸籍に記載するものとなった（第五九・六一条）。

かくして在外日本人に関する戸籍行政の国内外を結ぶ交通は、図1のように在外公館→外務本省→本籍地というルートをたどるものとなった。この在外日本人の戸籍届出書の取扱いは現行戸籍法においても維持されている。

また、領事官職務規則（一九〇〇年勅令第一五三号）により、在外公館において領事は管轄区域内に在留する「日本臣民」の名簿を整備し、その居住および身分に関する届出があったらこれを名簿に登録することが職責として定められた。加えて、在外公館では管内の日本人について、戸主および家族の氏名、本籍、生年月日、戸主との続柄といった戸籍の記載事項と、現地での届出事項を記載した「在留民登録カード」を整備するようになった。

だが、海外に定着した日本人はいかんせん、日本国内の法律に不案内になる。そのために領事館や大使館に提出した戸籍の届出書は不備や誤記を伴うものが多く、本籍地の役場ではそうした届出書を受理せずに海外の届出人に返戻し、再提出を求めることが増えていった。とりわけ在ハワイ日本人関係の届出書返戻事件は、その移民人口の増加につれて頻繁になったようである。

そこで対処法として、一九〇四年五月二〇日付で司法次官通牒が出された。これは「本邦人ノ布哇《ハワイ》ニ居住スル者極メテ多ク随《したがっ》テ其身分又ハ戸籍ニ関スル届出モ亦多数ニ有之候《これありそうろう》」という状況に鑑み、在ハワイ日本人の戸籍に関する届出は、記載に錯誤や遺漏など多少の欠点があってもそれが重大なものでない限り、戸籍吏の方で適宜訂正を行ってこれを受理するように、全国の市町村役場および区裁判所・地方裁判所に指示するものであった(2)。

この戸籍届出の受理を簡便化する司法次官通牒は在ハワイ日本人のための特例であったが、一九一一年三月二日付の司法省民刑局長通牒により、清国を除く外国に在住する日本人にも拡大して適用するものとなり、「記載事項ノ不完全ナルモノト雖《いえど》モ人違《ひとちがい》ヲ生セサル限リハ便宜其儘《そのまま》受理」するように市町村役場に指示した(3)。

しかしながら、在外日本人の戸籍事務処理が不確実となるのは、届出人側の問題だけではなく、在外公館と本籍地市町村の間での戸籍事務上の連繫が整備されていないことも大きな原因であった。

この点については、一九一五年六月九日、東京市の住民から衆議院に提出された「在外邦人ノ戸籍ニ関スル請願」で取り上げられている。同請願によれば、ハワイ在住の日本人移民が婚姻等の届出を現地官憲に委ねるも、これが本籍地役場に届かなかったため、「本国ノ戸籍ニ登録セサル夫婦間ニ生スル子女カ日ニ月ニ其ノ数ヲ加ヘ、其ノ子女亦《また》年ヲ逐《お》ウテ成長妻帯シ、子女ヲ設《もう》クルニ至ル。斯クシテ全ク日本人ノ戸籍ヲ有セサル不思議ノ家庭ヲ生スルニ至レリ」（傍点、筆者）という如く、在外日本人においても無戸籍の連鎖が現れていたのである。「日本人」でありながら一家そろって無戸籍とは、「不思議ノ家庭」と称するほかなかったのであろう。同請願はこうした海外の無戸籍者を適正に戸籍に入籍させるような措置を講じよ、という趣旨であった。(4)

こうした海外から本籍地市町村への届出の未着に加え、前記一九一一年司法省通牒はすべての市町村役場で遵守されておらず、法形式に拘泥して在外日本人からの届書を返戻扱いにするという官僚主義的な対応が依然としてみられた。このため、外務省からの要請を受けた司法省は一九二〇年三月八日付で、在外日本人一般に対して戸籍届出の便宜的取扱いを適用することをあらためて市町村および監督裁判所に通牒した。(5) このように司法省は、海外定住者の「日本人」としての地位を確保するため、その戸籍届出に対する扱いを簡便化するよう再三、関係方面に指示したものの、次に述べるように適正な戸籍届出それ自体を行わなくなる海外定住者も次第に増えていったのである。

ハワイに生まれる「世界の無籍者」

二十世紀に入り、米国本土に排日の暗雲が垂れ込めるなか、本土では一九〇八年にルーズベルト大統領は日本政府との間に「日米紳士協定」を締結した。これに基づき、米国において排日的法令を制定しないという約束の下、日本政府は新規に渡米しようという労働者に対して旅券の発給を停止した。しかし農業移民や、現地移民の呼び寄せ家族や結婚相手（いわゆる「写真花嫁」）の渡航は認められており、日本人女性の人口が増加していった。その結果、日本人移民が定住化していくとともに、事実婚や「現地妻」のような戸籍の枠に収まらない「家族」が形成されるパターンも増えていった。

米国西海岸で高揚した排日運動はハワイにもその火の粉が飛ぶが、それでも一九一七年にハワイにおける日本人人口は一〇万人を超え、一九二〇年には約一一万二〇〇〇人に達していた[6]。

しかし、一九二〇年一〇月五日付『大阪毎日新聞』には「無籍者の日本人が布哇だけで二三万人――何《ど》うして之を有籍者とするか」という見出しで、次のような記事が出た。一九二〇年一〇月一日、熊本市公会堂で「熊本、広島、山口、岡山、香川、愛媛六県海外協会連合会」が開かれた。海外協会とは、移民事業の研究・宣伝、在外日本人の保護、海外移住の指導・奨励等を目的とする団体であり、一九一五年頃から各府県で設立されていた。北米で排日問題が深刻化すると、海外協会は日本政府に在米日本人の保護を要望する声を高めた。「熊本、広島、山口、岡山、香川、愛媛六県海外協会連合会」は、移民の送り出しが特に活発であった六県の海外協会が合同で排日問題への対処を要望するべく、緊急に開催されたものと考えられる。

同記事によると、この「六県海外協会連合会」においては、在ハワイ日本人の戸籍をめぐり、次のような問題が提示された。日本領事館の調査ではハワイに在留する日本人は約一〇万人となっているが事実上一二～一三万人であり、この二～三万人という誤差は調査洩れにしてはあまりに数が大きい。「よくよく調べて見ると日本人でありながら日本の籍を持って居ないのだ。それならば米国に籍を置いて居るかと云うにさうでも無い全くの世界の無籍者である」（傍点、筆者）として、無戸籍にして無国籍状態にあることが記されている。その第一の原因としては、親が子の出生届を出さなかったことが挙げられている。そのなかには「故郷に正妻のある者が他の女と同棲して所謂《いわゆる》『布哇《ハワイ》女房』にする、そして其両方に子供が出来る、之も一寸《ちよつと》届出に難かしい」という如く、〝現地妻〟との間に生まれた婚外子について、世間体を気にして出生届を出さなかった者もあったようである。

　さらに同記事には、さまざまな日本人移民の戸籍をめぐる不法事件が挙げられている。例えば「兄の名前の旅券で渡航した者が公式には何でもがで《（ママ）》も兄の名前で通って居た」ものの、故郷で本物の兄が亡くなり、その死亡届が出されていた。これにより、ハワイでは兄の名で通していた弟は戸籍上「死亡」となっているので、「幽霊が妻を迎えると云う道理もなく、現在生きて居ながら戸籍では立派に死んで居るので三千浬《り》外の孤島の上で妻も持てぬと煩悶懊悩《おうのう》する」という自業自得の〝悲劇〟もあった。また、家族でも何でもない赤の他人の名義で交付された旅券によって渡航した者も少なくなかった。このように現地に定着した日本人は、婚姻や子の出生など自己の身分関係に変動があっても、ただちにこれを届け出ることを遮る私的な人間関係を抱えていた。

　そして同記事に曰く「こうして無籍者が出来、無籍者の子は孫も曾孫も無籍者でそれが鼠算《ねずみざん》の二万人」となり、「『世界の無籍者』として不愉快なばかりでなく、旅券が得られぬから一生布哇の地を離れられず、富士山の雪も絵葉書でしか見られず祖先の墓にも額《ぬか》づけない。海外協会では之を怎《ど》うにか有籍者に仕様《しよう》と云うのだが大平《おおつぴら》にやると又しても排日の材料である」。こうした無戸籍の連鎖を生み出す現地固有の事情に鑑み、日本政府に在ハワイ日本人の戸籍取扱いの便宜をはかってもらうか、特別法を制定するよう議会に請願しようというものであった。

　この記事に語られている在ハワイ日本人の無戸籍問題は氷山の一角であろう。外国に腰をすえた国民は、海を隔てて遠く離れた本国に対する順法意識がおのずと低下しがちになる。写真結婚相手の呼び寄せという入国手段を悪用して、一時的に同じ戸籍に入籍し、「仮夫婦」となってから、その替え玉を入国させるといった規制違反が行われた例もある。(7) 戸籍上の身分を偽装して異国へ移住した者もあれば、現地で生活しているうちに戸籍に無頓着となり、しかるべき届出を行わなくなった者も珍しくなかったのである。

日本人移民の二重国籍問題

米国では一九二四年に日本人移民をはじめアジア系移民の移入を全面的に禁止する「排日移民法」が成立した。これにより、ハワイへの日本人移民も新規の移住が不可能となった。

ハワイで出生した日本人（移民二世）は一九二二年末時点でホノルルに五万七四六九人（男―二万八八四〇人、女―二万八六二九人）となっていた。(8) ハワイで出生したら、州衛生局に「米国市民」として出生届をなすか、あるいは満五歳以上でハワイ県書記官に申請、調査を経ることによって出生証明書が交付された。(9) 既述のように、米国の国籍法は出生地主義を採用しているので、その領土内で出生した日本人二世は出生と同時に日米二重国籍となる。このため日本人二世は「米国市民」として暮らしながら忠誠心の対象は日本にある者として危険視され、排日運動の好餌となった。

一八九九年に制定された日本の旧国籍法は、原則として重国籍を禁止し、第二〇条で「自己ノ志望ニ依リテ外国ノ国籍ヲ取得シタル者ハ日本ノ国籍ヲ失フ」として、帰化による外国国籍取得の結果、二重国籍となった場合は日本国籍を喪失することを定めていた。だが、外国での出生による自動的な二重国籍を解消するための国籍離脱の規定が設けられていなかった。また、同法の第二四条第一項には、満十七歳以上の男子は兵役義務に服することがなくなった時（満四〇歳以上）でなければ国籍離脱を認めないと規定されていた。すなわち、旧国籍法においては「国籍単一の原則」は徹底しておらず、二重国籍の解消よりも兵役による国家奉仕が優先されたのである。

在米日本人からは日本国籍の離脱ができるように国籍法の改正が要望され、一九一六年三月の改正国籍法（一九一六年法律第二七号）により、国籍離脱規定が新設された。これは、外国で出生したことにより、その国の国籍を取得した日本人がその国に住所を有するときは、内務大臣の許可を得て日本国籍を離脱することができるという許可主義によるものであった。だが、許可主義である上に、前述の第二四条第一項の規定がこの場合にも適用されることとなっていたので、効果は不十分であった。

このため、在米日本人からはさらなる国籍法改正の要望が強まり、ようやく日本政府は一九二四年七月二二日に国籍法を改正し（一九二四年法律第一九号）、同年一二月一日に施行した。これにより、勅令をもって指定する国（米国、カナダ、ブラジル、ペルー、チリ、アルゼンチン、一九三六年からメキシコも追加）で出生したことによってその国の国籍を取得した日本人は、以下の二通りの方法で日本国籍の離脱が可能となった。①日本国籍を留保しなければ、出生時にさかのぼって日本国籍を喪失する。②国籍を取得した国に住所を有する場合、本人の志望により日本国籍を離脱することができる。勅令で指定した国はいずれも日本人移民が多く居住し、かつ出生地主義を採用する国であり、これらの国で生まれた移民二世には、兵役義務に基づく国籍離脱制限も適用されないこととなった。

このように、国籍離脱について幾分は個人の自由意思を尊重する立法内容となったのも、近代国籍法の根本原則となっていた「国籍非強制の原則」（国籍自由の原則）からすれば妥当なことであった。ことに出生によってその国の国籍を取得した者がその国に居住し、その国の「国民」となるために日本国籍を離脱することは本人の自由意思に任せるのが当然であって、内務大臣の許可によって決定すべき問題ではないからであった(10)。

かくして、二重国籍となっていたハワイ出生の日本人は日本国籍を離脱できるようになり、また出生時に日本国籍を留保しないことによって単一の米国国籍となる者が増加した（表8）。現地で出生した移民二世以降は、日本国籍を喪失すれば戸籍から除籍され、「日本人」ではなく「日系人」と呼ばれる存在となった。

表8　ハワイ在住日本人の届出による日本国籍離脱者（国籍法改正後）

単位：人

年	男	女	合計
1916	2	—	2
1917	2	—	2
1918	6	—	6
1919	4	—	4
1920	12	4	16
1921	18	13	31
1922	29	18	47
1923	69	25	94
1924	99	37	136
1925	402	85	487
1926	430	108	538
1927	285	51	336
1928	334	32	366
1929	82	8	90
1930	218	18	236
1931	261	29	290
1932	902	346	1,248
1933	1,204	313	1,517
累計	4,363	1,097	5,460

出典：木島隆一編『布哇日本人史』、158頁。

もっとも、一九二四年の改正国籍法における日本国籍離脱による二重国籍解消は義務ではないので、日本国籍を留保する届出をした者は二重国籍を維持することができた。ハワイ出生の「日系米国市民」は、第二次世界大戦勃発後の一九四〇年には一五万七千人に増えていたが、そのうち一二万人以上が日米二重国籍であった[11]。

ハワイでは従来、政府関係職に就く場合も、重要な位置でなければ二重国籍に対して比較的寛容であったが、開戦により国際関係が緊張すると、政府関係はもちろんのこと、それ以外の公共機関に就職する時も日本国籍を離脱した証明書の提示を要求されるようになった[12]。ハワイで定住し、現地社会での融和を優先するならば、日本国籍を放棄せよというさまざまな圧力にも服従せざるを得なかったにちがいない。

だが、一九四一年一二月から日米戦争が勃発して現地の反日感情が劇的に高揚すると、日本国籍を棄てて単一の米国籍となっても「日系」である以上、社会的・経済的差別を免れなくなった。そのため、「日系」となってからも、従来通り日本人社会に安楽を求めて身を置く者も少なくなかった。

また、前述の新聞記事にあったように、米国で生まれながら米国当局に出生届を出さず、かつ日本の在外公館にも出生届を出さなかったために、無戸籍にして米国籍もない移民二世が少なからず生まれたことは想像に難くない。ことに日米開戦後は、「日系」ですらその身分をひた隠しにして生きざるを得なかった情勢であり、「日本人」としての届出に消極的になったのも首肯しうるところである。

海外からの戸籍届書のゆくえ

終戦時、海外には軍人・軍属、民間人あわせて約六六〇万人の日本人（内地人）があった。司法省は、戦時中に停止状態にあった在外日本人の戸籍処理に取りかかるべく、一九四六年一月三一日、次のような通達を発した。在外公館や軍政官憲が受理した戸籍の届出が「今次戦争ニ起因スル各種ノ事故又ハ災害」によって本籍地役場に到着する前に紛失または滅失したものについては、届出人が外務省に事実関係の証明資料を提出して「戸籍届出受理証明」の発行を申請し、当該証明書を本籍地役場に添付して届出事項を申し出る、という対処法を指示するものであった[13]。

戦時下という状況において、海外からの戸籍届書が日本内地の本籍地役場にまで確実に到着することは絶望的であった。ことに交戦国では、在留する日本人の届出が整然と受理されるような環境は失われていた。何より在外公館が開戦後に早々に引き揚げてしまったため、在留日本人は届出をなすどころでなく、護身のため自らが日本人であることを隠匿する生活にさえなったからである。

また、一九四五年九月から日本を占領下に置いた連合国軍総司令部（以下、総司令部）が一九四六年一月二九日に発した覚書「若干の外郭地域を政治上行政上日本から分離することに関する覚書」（SCAPIN-677）により、日本政府は「日本国外の総ての地域に対して政治上行政上の権力を行使することを停止する」と指令された。この主権の制約により、日本政府は在外日本人の戸籍・国籍関係事務について、規則や先例を直接、在外公館に通知することが不可能となった。

前記の一九四六年司法省通達に対し、外務省からは、戸籍届受理証明交付のための証明資料を入手することが予想に反して困難であり、外国駐在の官憲が届出を受理したかどうかを確かめることは多くの場合、ほとんど不可能な状態にあるとの申越しがあった。そこで司法省は同年五月三一日、取扱い方針を変更し、外務省が発行する戸籍届受理証明書に基づく戸籍届出の申し出を行わせることは原則として停止し、届出人に新たな届出を行わせ、本籍地市町村の監督区裁判所がこれを受理するという通牒を発した。朝鮮、台湾、関東州、南洋群島といった外地に在住していた日本人が行った戸籍届出の取扱いも同様とされた[14]。つまり、戦時中に提出しながら受理されていなかった届出について再度同じものを提出させ、戸籍事務を監督する裁判所の審査を経て受理するというものである。

一九四六年前半は、外地からの引揚げがピークに達する時期であり、引揚者の内地帰還後の生活を考慮しての特例措置であったといえよう。だが、元々祖国の法律に疎い上に、戦時下の混乱によって記憶も忘却しがちになっているため、従前の戸籍の内容と異なる「事実」を届け出る場合もあり、海外定住者に過去の届出内容を正確に届け出させるのは無理があった。

東西冷戦の影響により占領統治の対日方針も緩和してきた一九四九年六月九日、総司令部覚書（SCAPIN-201）「身分について日本政府と外国在留民との間の通信に関する件」が発せられ、日本政府は海外定住者の国籍・戸籍関係事項の処理のため国際通信を行うことが許された[15]。これを受けて外務省は、今次の戦争によって停止していた海外定住者の戸籍関係の届出を以前通りに行うよう通知した。

だが、それにはまだ行政側の受け入れ体制が整っていなかった。後述のように、北南米の在外公館は戦時中に閉鎖し、再び開設されるのは一九五〇年以降のことであった。海外定住者が提出してきた過去の身分変動については、戸籍届書の多くが記載内容などに事実誤認や不備を伴うであろうことが予想されたが、海外定住者の戸籍関係資料について照会すべき在外公館が不在という状況であった。

そこで、司法省民事局は外務省の申し入れを受け、一九四九年九月二八日付で新たに通達を発した。ここでは、海外定住者からの戸籍届書について、送付を受けた本籍地市区町村長は届書の記載に錯誤・遺漏があってもそれが重要なものでない限り、訂正・補記を行って受理するという便宜的な取扱いを指示した(16)。例えば、届書における本籍が市町村合併によって行政区画の名称が変更になっているのを海外定住者が知らずに従前の本籍を記載していた場合などは、さして重要な事項ではないので役場の側で訂正・補記するのが妥当とされた。

このように、海外定住者の戸籍届出について寛容に扱う先例は、現在も維持されていると解される(17)。だが、婚姻届や出生届を在外公館を通じて外務省に提出したにもかかわらず、日本の本籍地市区町村ではそれが未着となっていたという事件はその後もたびたび起きている。とはいえ、海外に定住する日本人にとって戸籍の重要性は、国内居住者よりも格段に低くなることはいうまでもない。次に述べるように、たとえ日本国籍を保持していても、海外生活で戸籍を利用する機会はほとんどなくなるので、戸籍の存在意義は希薄になっていくのである。

2　ブラジル移民の戸籍消失――沖縄ともうひとつの「戦後」

知られざるブラジル移民の戸籍問題

海外定住日本人をめぐる戸籍事務が不首尾となったのは、ブラジル、ペルー、メキシコなど多くの日本人が移住した南米の国々でも同様であった。ことに、ブラジル移民においては、本籍地役場に保管されていた戸籍が当事者の知らぬ間に失われたという事件が多々発生していた。そこには、戦争に絡む固有の原因があった。

ブラジルは、周知のように明治以来、主要な日本人移民受け入れ国であり続け、二〇一五年現在、約一九〇万人に及ぶ日系人が暮らしている国である（外務省発表）。日本とブラジルは一八九五年一一月の日伯修好通商航海条約をもって、外交関係が樹立された。そして一九〇八年六月一八日に、笠戸丸に乗って約八〇〇人の日本人が「契約移民」として移住したのを皮切りに、日本人のブラジル移住はサンパウロを主たる入植地として進展していった。

とりわけ米国における排日運動が最高潮に達した一九二〇年代からは、北米から締め出された日本人移民の受入れ先としてブラジルの重要性が高まった。日本政府も第一次世界大戦後に襲った恐慌への打開策を模索するなかで、労働人口のはけ口としてブラジルを重視し、一九二四年からブラジル移民の旅費を全額負担するなどして、日本人のブラジル移住を促進した(18)。これにより、一九二四～一九三四年にかけて急激に日本人の移住者が増加し、そのためブラジル政府による移民制限がなされるほどであったが、太平洋戦争の勃発する一九四一年までブラジルへの国策移民の送出は続いた（表9）。
さて、戦時中、幾多のブラジル移民の本籍地における戸籍が消失していたことは、戦後長らく明るみに出なかった。日本の法務省および外務省が、海外定住者の戸籍再製問題について協議に着手したのは一九七六年一一月に在サンパウロ大使館からの申し出を受けてからであるが、両省で積極的にこの問題の解決に取り組む契機となったのは、同大使館を通じて次のような現地日系新聞の報道に接した時とみられる(19)。

表9　日本人移民ブラジル入国者数の推移（ブラジル国労働商工省移民局調べ 1908〜1941）

単位：人

年	日本人入国者数	年	日本人入国者数
1908	880	1926	8,407
1909	81	1927	9,034
1910	947	1928	11,162
1911	28	1929	16,648
1912	2,909	1930	14,076
1913	7,122	1931	5,632
1914	3,675	1932	11,678
1915	65	1933	24,484
1916	165	1934	21,230
1917	3,899	1935	9,611
1918	5,522	1936	3,306
1919	3,022	1937	4,557
1920	1,013	1938	2,524
1921	840	1939	1,414
1922	1,225	1940	1,471
1923	895	1941	1,888
1924	2,673		
1925	6,330		

出典：香山六郎編著『移民四十年史』香山六郎発行、1949、428頁より引用。

それは、一九七七年一月一五日付『サンパウロ新聞』に「戸籍トラブルひんぴん―いつの間にやら無宿人……戦時下原本焼失など影響」といった見出しでトップ記事として報じられた。記事によれば、例えば昭和初期に移住した女性が入植の二年後、現地で結婚し、在バウルー領事館に届け出た。この婚姻届は領事館を通じて外務本省に送付されたにもかかわらず、「不着の旨返信あり」と記載があったので、一九三二年に再度婚姻届を提出し、外務本省に送付された。しかし、その後、現地で生まれた三人の子の出生届を提出しても「両親の婚姻届未済」との理由によって返戻された。その都度あらためて領事館に出生届を出し、外務本省に送付されたにもかかわらず、本籍地にある戸籍に記載されないいまま現在に至っている。この女性は訪日するにあたり、婚姻は届出済みであるとの理由で婚姻後の氏による旅券の発給を要望しているが、そのためには婚姻して夫の戸籍に入籍した事実を記載した戸籍謄本が必要であることから困り果てている、ということであった。[20]

つまり、この女性は婚姻届が未受理となっているため、三人の子は出生届（「嫡出子」として届け出たと思われる）が受理されないまま無戸籍となったのである。外務本省と本籍地市町村との間で届書が送付未着となるというトラブルは海外に定住する当事者にはあずかり知らぬ話であり、忠実に適正な届出を履行したつもりが、行政側の過失が原因でいわれのない不利益を被ったわけである。

ここで移民の旅券について付言しておきたい。戦前、移民として北米、中南米諸国に渡航した日本人に発給された旅券は、「移民旅券」などと別称される特別なものであった。一冊の旅券に父母とその子だけでなく、兄弟姉妹や祖父母や従兄弟などの親族まで併記され、しかも一往復用の旅券（「一回旅券」ともいわれた）であった。このため戦後になり、移民旅券は現行の旅券法（一九五一年法律第二六七号）の定める旅券とは異なるものとされ、在外公館では出国希望者に新規の旅券に切り替えるよう指示していた(21)。また、一冊併記型であったため、移住国で紛失したり、所持者が所在不明となったら、その旅券に記載された他の親族がそろって無旅券となる可能性が高い。

在外公館では、海外定住日本人が帰国するにあたって旅券を所持していない場合には、緊急に日本旅券に代わる「帰国のための渡航書」を発給していた。だが、同渡航書はあくまで帰国用の一回限りのものなので、再び日本から外国に渡航するには、日本で戸籍謄本を提出して日本政府に旅券の発給を申請しなければならなかった。

戦前から海外に定住する日本人が戦後数十年経過して郷愁意識にかられ、久しぶりに祖国へ里帰りしようと考えるのは不思議なことではない。そこで旅券申請のために本籍地役場に戸籍謄本を請求したところ、戸籍原簿が焼失したまま再製されておらず、自分が無戸籍となっている事実を初めて知らされるという事件がしばしばみられるようになった。しかも、かかる事件の当事者はたいてい沖縄に本籍を有する者であった。

一例を挙げれば、一九七七年七月二七日付の『サンパウロ新聞』には「アナタもしや無籍者？ 戸籍なしで立ち往生　とんだ里帰り」という見出しの記事が出た。この記事によれば、昭和一〇年代にブラジルに移住した日本人女性が帰国用渡航書によって里帰りし、またブラジルへ帰ろうと思い立って旅券申請のために戸籍謄本を入手しようとしたところ、無戸籍であることを知らされたという。この女性は沖縄県出身であった(22)。

戦争に起因する戸籍喪失の被害者の大半が沖縄に本籍をもつ移民であったところに、問題の根深さが見出せるのである。次に、この点を掘り下げていこう。

戦争と沖縄戸籍の壊滅

第二次世界大戦の開戦以降、在外日本人が本籍地へ戸籍の届出を適正に履行することは著しく困難となった。とりわけ日本の敵国に在住する日本人は、現地の日本大使館・領事館が閉鎖されたために、従来のように在外公館から外務本省を経由して本籍地の役場に届出を送付することは不可能となった。一九四一年一二月八日に日本の真珠湾攻撃によって交戦国となった米国では、同年一二月二九日にワシントンの日本大使館が引き揚げたのをはじめ、ニューヨーク、シカゴ、サンフランシスコ、ホノルルなど、続々と在外公館が引き揚げた。

それまで日本との友好関係を維持してきた南米の国々も、米国に追従して日本に対して敵対関係へと転じた。ブラジルは一九四二年一月二八日、日本との国交断絶を通告し、日本人移民は「敵国人」としてブラジル政府による旅行・移住の制限や強制収容などの排日政策の標的となった。

既述のように、ブラジルをはじめペルー、アルゼンチン、メキシコなど南米の移民受入れ国は、国籍法において出生地主義を採用していた。よって、ブラジル移民二世は出生とともに日本とブラジルの二重国籍を保有していたわけであるが、排日の嵐が渦巻く中で国籍はもはや度外視され、ブラジルに帰化した移民一世も含めて官憲による差別やマスメディアによる攻撃にさらされた。いわれなき苦境に投げ込まれた日本人移民を置き去りにするかのように、一九四二年七月までにブラジルからサンパウロ総領事館をはじめ、すべての在外公館が引き揚げた(表10)。戸籍届書の第一次受付機関である

表10　戦時中引き揚げた主な北米・南米地域在外公館

	在外公館名（当時）	公館引揚日	戦後開設日
北米	在ワシントン領事館	1941年12月29日	1951年8月20日
	在ロサンゼルス領事館	同上	1950年5月5日
	在ニューヨーク領事館	1941年12月30日	1950年5月8日
	在シアトル総領事館	同上	1950年5月15日
	在サンフランシスコ領事館	1941年12月31日	1950年5月3日
	在シカゴ総領事館	1942年1月2日	1952年6月13日
	在ホノルル領事館	1942年2月8日	1950年5月27日
	在バンクーバー領事館	1942年5月4日	1952年5月20日
	在オタワ領事館	同上	1951年6月5日
中南米	在サンパウロ総領事館	1942年7月3日	1950年12月15日
	在リオデジャネイロ領事館	同上	1950年12月13日
	在リベロンプレート総領事館分館	1942年1月29日	開設されず
	在パウルー領事館	同上	同上
	在サントス領事館	同上	同上
	在キューバ公使館	1942年2月12日	1953年11月28日
	在メキシコ領事館	1942年2月17日	1952年4月6日
	在ペルー公使館	1942年4月14日	1952年6月8日
	在コロンビア公使館	同上	1954年11月16日
	在チリ公使館	1943年9月16日	1953年1月3日

出典：蘇武演「海外在留邦人等の焼失戸籍再製について（中）」『戸籍』第485号、1984年11月、および「在ブラジル大使館関係／4昭和17年9月9日」『大東亜戦争関係一件／交戦国外交官其他ノ交換関係／外交官、領事官ノ報告書関係（南米ノ部）第一巻』外務省外交史料館所蔵 A.7.0.0.9-24-3-1.

在外公館が不在となったことにより、否応なく在外日本人に関する戸籍事務は停止状態となった。

では、ブラジル移民の戸籍と沖縄の因果関係について説明しておこう。

表11　1940年度ブラジル日本人移民１世の出身道府県上位10位

単位：人

道府県	男	女	合計
熊　本	7,366	6,232	13,598
福　岡	5,802	4,894	10,696
沖　縄	5,128	3,833	8,961
北海道	4,362	3,822	8,184
広　島	4,330	3,542	7,872
福　島	3,967	3,414	7,381
岡　山	2,148	1,754	3,902
山　口	2,148	1,754	3,850
鹿児島	1,954	1,438	3,392
山　形	1,694	1,319	3,013
総　数	71,238	58,118	129,356

出典：永田稠『ブラジルに於ける日本人発展史』（下巻）、ブラジルに於ける日本人発展史刊行委員会、1941、336-337頁より作成。

沖縄県は、一八九九年のハワイ移民を皮切りに、北南米や東南アジアへ多くの移民を送り出してきた日本屈指の〝移民県〟である。一八七九年に日本領土に編入されたものの、琉球王朝時代からの旧慣尊重政策が一八九〇年代まで継続されたことで農業以外の経済産業基盤が勃興せず、重税の負担などにより零細化した農民は海外に新天地を求めた。また伝統的土地制度の改革により土地の私有化が進み、農民が土地の緊縛から解放されたこと、移民会社の設立が増えて移民斡旋事業がさかんになったことも、沖縄県民の海外移住への意欲を高めるものとなった。

こうした社会的・経済的要因により、沖縄県民の海外移住が明治末期からさかんとなった。特にその移住先として最も顕著であったのがブラジルである。まず、一九〇八年の笠戸丸でブラジルに渡った日本人移民約八〇〇人のうち、三〇〇人あまりが沖縄県民であった。以後、沖縄県は日本きってのブラジル移民送出県となり、表11のように一九四〇年時点でも、移民一世の出身道府県でみると、沖縄県は熊本県、福岡県に次いで第三位であった。

そして、第二次世界大戦において沖縄は、一九四四年一〇月に米軍の空爆を受け、翌年四月から米軍の上陸によって大規模な地上戦の舞台となったのは周知の通りである。その結果、戦災によって宮古島、石垣島を除き、沖縄本島の戸籍は原本も副本もすべてが焼失した。これが沖縄出身移民を無戸籍に追いやった元凶ということになる。

終戦を迎えた沖縄では、米国の占領統治の下、一九四六年から焼失戸籍の再製に取り掛かった。沖縄戸籍の復元は、沖縄住民の情報収集や物資配給のために米国からも要請されていた。だが、膨大な量の焼失戸籍を正確に復元することは不可能に近かった。そこで一九四六年九月一九日に沖縄民政府総務部長の通牒が出され、応急的な身分登録として管轄区域内に現住する者について「臨時戸籍」が作製された。

この臨時戸籍は、従来の戸籍の概念を破壊するに等しいものであった。まず戸主が死亡したり行方不明になったりして現住していない場合は、世帯主を筆頭にして世帯単位で編製するものとなっていた。そして現住主義が採られたため、もともと沖縄に本籍を置いていない者、さらには日本国籍でない者も現住区域の臨時戸籍に登載されることがあった。

さらに臨時戸籍に関連して、一九四七年三月五日、沖縄県総務部長名で各市町村長あてに「戸籍事務取扱に関する件」が通牒された。これによると、臨時戸籍の編製においては、終戦後に勝手に「改姓」した者がそのまま認められたり、外国人男性と沖縄人女性の間に生まれた子は「私生子」として戸籍に登載するなど、法律上許されない措置がやむを得ないものとして認められていた。[23]

したがって、この臨時戸籍は焼失する前の記載内容と相当に異なるものとなった。それというのも、終戦後の沖縄では誰もが食糧や住居や職業を求めて移住を重ねるという流動的な生活を強いられ、戸籍上の「家族」は解体していたのである。戸主が戦死して一家の大黒柱を失った家族や、肉親と離別した戦災孤児は数知れず、他人よりも豊かさをつかもうとして進駐軍の米国人やフィリピン人と同棲する女性も現れた。そうした沖縄住民を取り巻く混沌とした社会的事情を考慮すれば、やむをえない便宜的措置といえた。

だが、沖縄も次第に復興が進んで人々の社会生活も安定を取り戻し、本土の戦傷病者戦没者遺族等援護法(一九五二年法律第一二七号)や恩給法(一九二三年法律第四八号)が沖縄住民にも適用されることとなったので、非常時の配給台帳のような体裁の臨時戸籍ではなく、正式な身分関係の証明が必要となった。それに臨時戸籍は前述のように、本籍地市町村の区域内に現住していない者を対象外としていたので、沖縄に本籍を有していた者を網羅した内容とはいえなかった。

そこで一九五二年四月一日に「琉球政府」が発足したのを機に、一九五三年一一月一六日、「戸籍整備法」(立法第八六号)が公布、一九五四年三月一日に施行され、焼失戸籍の本格的な再製事業が開始された。だが、副本や届書など戸籍の再製に必要な関係資料もほとんど滅失している事情から、やはり当事者や関係者の証言などを参考とせざるを得なかった。かくして編製されたのが「仮戸籍」であり、これを基にして焼失した戸籍を再製する作業が進められた。その結果、一九六二年九月二五日までに一四万九〇〇〇に及ぶ戸籍が再製され、その一年後の一九六三年九月一九日には沖縄で「戸籍整備事業完了式典」が開催された(24)。ここに至るまでの流れをまとめると、表12のごとくである。

表12　戦後沖縄戸籍再製事業の流れ

年　月	関係事項
1945年6月	地上戦終結、米軍の施政権下に置かれる
1946年9月	沖縄民政府総務部長が「臨時戸籍事務取扱要綱」通牒、「臨時戸籍」作成開始
1954年2月	琉球政府は「戸籍整備に伴う在外申告義務者への連絡について」を各国の政府および在外沖縄県人会に送付、戸籍再製申出の呼びかけ
1954年3月	戸籍整備法施行、「仮戸籍」作成開始
1963年9月	沖縄で「戸籍整備事業完了式典」開催
1972年6月	沖縄が本土復帰

だが、こうして晴れて完了をみたはずの沖縄戸籍再製事業から取り残された人々があった。海外に定住する沖縄在籍者である。

海外定住者の戸籍再製については、一九五四年二月二二日、琉球政府が行政主席の名で「戸籍整備に伴う在外申告義務者への連絡について」と題した文書を、米国民政府を通じて関係国政府に送付するとともに、各国にある在外沖縄県人会にもこれを送付して戸籍再製の申告を呼びかけていた[25]。だが、ハワイ、ブラジル、ペルー、メキシコなど北南米に定住する沖縄在籍者の大半は、戦災によって戸籍が焼失したことを本籍地役場から通知されていなかったため、戸籍再製の手続きなど知る由もなく、沖縄が本土復帰した後も無戸籍のまま暮らしていた。

例えば、里帰りのために訪日しようと思い立った段階になってはじめて自分が無戸籍となっていることを知らされた者もあれば、日本に在住する親族からの申出によって戸籍が再製されたところまではよかったが、再製された戸籍に海外からの届出が未記載のままとなっている者もあった。それに、自分の戸籍が焼失した事実を知ったとしても、戸籍再製の申告についての法的手続きがわからずに途方に暮れ、訪日を断念せざるを得なかった者もあった。

また、日本国内に親族関係者が在住していれば戸籍再製の申告をさせる方法があるものの、すでに死亡している場合や、長年にわたって連絡不能になっている場合にはそれも期待しえなかった。

在外公館側としても、焼失戸籍の再製について日本人定住者から在外公館に問い合わせがあった場合、外務本省から在外日本人の戸籍再製に関する指導などの通達もなかったために対処に困惑していた。在外公館が行い得るのは、保管文書のなかで戸籍再製に役立つ資料があれば、これを本籍地市町村に送付するか、戸籍再製希望者あるいは関係者に送付することであった(26)。

国策に従って異国に移住した日本人の戸籍を積極的かつ慎重に保護することを日本政府は怠ったと考えるならば、無戸籍のまま放置されていた在外日本人の胸中に、「棄民」意識と祖国への幻滅が萌芽することはあったのであろうか。

消えたままの戸籍——ブラジルと祖国の間の溝

戦後三〇年が経っても海外定住者の焼失戸籍の再製が着手されなかった要因のひとつは、在外日本人の戸籍事務に関して法務省、外務省、本籍地市町村、在外公館をつなぐ統一的な事務処理系統が形成されていなかったことである。

沖縄が米国の占領下にあった時期、沖縄県外に住む沖縄在籍者の戸籍届出は、一九四八年一〇月に福岡市に設置された「沖縄関係戸籍事務所」が取り扱っていた。だが、一九五〇年一二月に再び開設された在サンパウロ総領事館が一九七七年に外務本省に報告したところによれば、ブラジルに住む沖縄在籍者からの戸籍届書を同領事館が沖縄関係戸籍事務所宛てに送付したものの、一九七七年時点で

表13　沖縄在籍移民の戸籍届書の未処理件数（1977年時点）

	沖縄本土復帰前に福岡沖縄関係事務所に送付されたもの	沖縄本土復帰後に市町村に送付されたもの	合　計
ブラジル関係	498件	339件	837件
ブラジル以外関係	1,162件	288件	1,450件
合　計	1,660件	627件	2,287件

※那覇地方法務局の調査による。

出典：蘇武演「海外在留邦人等の焼失戸籍再製について（上）」『戸籍』第483号、1984年9月、29頁。

戸籍に記載未了となっているものがかなり見受けられた[37]。

外務省の申し入れを受けて法務省が那覇地方法務局に調査を行わせたところ、表13のように一九七七年時点で二二八七件に及ぶ沖縄在籍移民における戸籍届書の未処理状況が確認された。この調査結果だけをみても、再製未了となっている沖縄の焼失戸籍は相当数にのぼり、その大半はブラジル移民関係のものと見込まれた。

法務省によれば、沖縄の本籍地に現住国から婚姻なり出生といった届書を出したものの、届出人の戸籍が再製されていないために記載できず、届書が未処理のまま市町村で保管されているという事件が予想をはるかに上回る多さであった。このような届書については、まず届出人に向けて戸籍が再製未了である旨を明記し、外務本省を経由して当該届書を受理した在外公館に返戻するのが基本的な取扱いである。だが、沖縄は一九七二年まで米国の占領統治下に置かれていたという国際政治に絡んだ特殊事情があったため、こうした取扱いが実施されずに沖縄復帰後も未処理の届書が保管されたままになっていたわけである[28]。

在サンパウロ総領事館ではブラジルに定住する沖縄在籍者の焼失戸籍を再製することを喫緊の課題と受け止め、一九七六年末から戸籍が未再製のために届書が未処理となっている者に、在外公館に対して戸籍再製の申出を行わせる措置を開始した。だが、そもそも在外公館にしても、外務本省にしても、戸籍再製を必要としている日本人が現地にどのくらい存在するのかという肝心な点を正確に把握しえなかった。把握しうるとすれば、在外公館―外務本省を経由して本籍地市町村に送付された届書が、本人の戸籍が焼失しているために未処理になっていることが判明した者ぐらいであった。

在外日本人一般の保護を職責とする外務省は、前述のような、戸籍を失った沖縄出身ブラジル移民の〝悲劇〟を報じた『サンパウロ新聞』記事を在サンパウロ総領事館から送付され、その上で一九七七年一〇月同館より「戸籍整備に関する申し入れについて」の要請を受けた。これによれば、戦争などに起因する焼失や届書の不着のため整備されずに現在に至っている海外定住者の戸籍を再製するにあたり、在外公館から届出人に戸籍再製の申告について連絡することさえも困難とする事情があった。

第一に、時間的な問題があった。すでに届出から数十年も経過しており、届出人に連絡がつかない例が多かったのである。運良く届出人の所在が判明しても、移民一世であれば一九七〇年代にはすでに死亡していることも多かった。一方、二世、三世では日本語の識字能力がなく、しかも申請に積極的ではなかった。いかんせん、年月を経過するほど調査や連絡が困難となるのは明白であった。

第二に、地理的な問題があった。届出人に事情を説明して戸籍再製手続きを行うように通知しようにも、その所在が容易に判明しなかった。よしんば届出人と連絡がとれたとしても、近隣の市区町村役場に出頭させればよい日本国内の場合とは訳が違った。在サンパウロ総領事館の管轄地域だけでも広大であり、その地域内に散在している届出人に鉄道やバスなどの不便な交通手段を用いて総領事館に出頭を求めたところで数日を要することになる。特に奥地に居住している者が出頭してくる例はほとんどなかったという[29]。

こうした海外定住者の戸籍再製を阻む現地の特殊事情が浮き彫りになり、在外公館では戸籍再製のために便宜的な措置を講じる必要があった。そこで在サンパウロ総領事館は、在外日本人の戸籍再製について、手続きの簡易化を早急に行うように外務本省そして法務省に要望した次第である[30]。その底意には、「官」の立場からしても、国策として移住を励行し、異国に渡った日本人移民が戦災というやはり国家責任に帰する原因によって失った戸籍を回復せぬままにしておくことは、祖国への失望感を増幅させるという懸念もはたらいていたのであろう。

在サンパウロ総領事館の要請を受けた外務本省は、これまで在外公館に対して訓令・通達することのなかった海外定住者の戸籍再製手続きに関する統一的な指針を示す必要に迫られた。そこで法務省に海外定住者の戸籍再製について初めて文書をもって申し入れ、両省間でこの問題の解決に取り組むことになったとみられる[31]。

折しも一九七八年は日本人ブラジル移住七〇周年にあたっていた。この節目に母国への里帰りを望む者が旅券を申請しようとして自らの戸籍が焼失していたことを知れば、どれほどの国家不信を招くことになるか、政府も危惧したであろう。

一九七八年六月一八日は、その七〇年前に笠戸丸が最初の日本人移民を乗せてサントス港に到着した日であり、日本の皇太子夫妻、ブラジルのカイゼル大統領を迎えての移民七〇周年記念式典がサンパウロで開催された。笠戸丸第一回移民の生存者二三名のうち一八名が出席したが、会場を埋め尽くした九万人の日系人の大半は日本語を解さない二世、三世であった（『朝日新聞』一九七八年六月一九日付）。その祝祭気分に浸る間もなく、同年七月一四日、在サンパウロ総領事館からあらためて未処理の戸籍届書の再製申出に関する手続きの簡易化について外務本省宛に申し入れがあった。そこには、次のような官僚の焦燥感が滲む記述がみられた。

> 「国策として移民を送り出したから、しかもコロニアに責任のない戦災によって失った戸籍の再製手続に手間ひまをかけさせる母国政府は、〝戦後は終わった〟と言明しているが、われわれ在外同胞を忘れ棄民に代表される如く棄ておかれた実状から、コロニアからみれば〝戦後はまだ終わっていない〟」ともいっており、したがって本件は早急に処理を要する重要案件であるといっても過言ではない。[32]（傍点、筆者）

サンパウロの日系新聞は、在外公館の事業に先んじて、日本人移民に対して戸籍の再製はもちろん、戸籍届出の励行についても積極的な啓発活動を行った。例えば、次のような具合である。

「あなたの戸籍大丈夫ですか」（一九七八年二月二三日付『パウリスタ新聞』社説）
「戸籍整備に協力を――総領事館、各地の団体に依頼書」（一九七八年三月三〇日付『サンパウロ新聞』）
「戸籍なし、連絡なし――訪日できぬ主婦、外相へ抗議の手紙」（一九七八年二月二四日付『パウリスタ新聞』）

「〝戸籍領事〟奥地へ行く――各地で説明会大成功」（一九七八年三月二八日付『日伯毎日新聞』）

「移民を〝無籍者〟にするな――戦争で焼失した戸籍の再製」（一九七八年一〇月一三日『サンパウロ新聞』社説）

「戸籍の再製未だに焼失したまま――沖縄県民」「さて回復の道は――総領事館躍起の〝戦後処理〟」（一九七八年九月二七日付『サンパウロ新聞』）

これらは一部であるが、総じて日本人移民に対して国民の証明たる戸籍が失われるという「棄民」意識を扇動するとともに、祖国政府に対する責任追及意識を喚起する意図もそこにうかがえる。

終わらない「戦後」――沖縄戸籍再製の困難

在サンパウロ総領事館から日本人定住者の戸籍再製手続きを簡易化するよう申し入れを受けた外務本省は法務省と協議し、戸籍再製未了となっている日本人定住者に戸籍再製の「申出書」を提出させるという従来の取扱いを改めることとなった。まず法務省は一九七八年一一月、本人からの戸籍再製の申出をさせるのが困難な場合、在ブラジル公館に保管してある戸籍関係資料（戸籍謄抄本、移民名簿、戸籍カード、身分関係届書目録など）を外務本省→那覇地方法務局→本籍地市町村と送付し、これに基づいて速やかに焼失戸籍の再製を図るという便宜的取扱いを行うように那覇地方法務局長に指示した。(33)要するに、焼失戸籍について、再製の申出人がなくても証拠資料が揃えば在外公館、外務省、那覇地方法務局、本籍地市町村という四者の連繋により再製手続きを進めるというものであった。

片や外務省は、一九七九年五月に関係する一六の在外公館に対し、管内の沖縄在籍者または関係者に対してすみやかに焼失戸籍の再製を申し出るよう指導することを指示した。[34] さらに同年一〇月に「沖縄在籍者等の戸籍再製（又は訂正）手続きについて」と題して、すべての在外公館に沖縄に本籍のあった海外定住者の戸籍再製手続きについて指示する通達を発した。

これによれば、焼失戸籍を再製するためには、原則として本人または親族等から戸籍に記載する内容について申出を行わせるが、申出の事実を立証する資料をできるだけ提出させて確認する必要がある。また、在外公館が保管している資料のなかに戸籍再製に役立つものがあれば、その資料を申出人に提供するように、という指示であった。申出書に添付する資料としては、移住当時を立証する資料、移住後の身分変動（出生、婚姻。死亡など）を立証する資料が挙げられていた。[35]

焼失戸籍の再製に確実に役立つ資料としては、焼失前の戸籍謄抄本をはじめ、日本旅券、当時の県知事が発行した渡航許可証、移民会社が作成した移民名簿、在外公館が保管する在留民登録カードなどがあった。とりわけ在留民登録カードは、移住当時および移住後の身分変動の両方を立証する重要な資料であった。

そのほかに在外公館では、戸籍謄本と移民名簿に基づいて移民者の家族ごとに「戸籍カード」（一九三四年まで個人単位であった）を作成・整備し、保管していた。この戸籍カードは、日本人移民の現地での婚姻、死亡、出生といった身分変動や移住地を記録したもので、戸籍代わりに利用された。特にサンパウロ総領事館では、笠戸丸第一回移民の時から累々と記録されてきた戸籍カード約一五万枚が保管されており、戸籍再製に不可欠な原簿であると同時に、日系コロニアの「歴史」を物語る貴重な資料であった[36]。

問題は、これらの関連資料が戦後、在外公館等にどれだけ保存されているかであった。

第二次世界大戦中、日本の敵国となった北南米の国では、多くの在外公館が現地を引き揚げる際に在留民登録カードなどの当館保存資料だけでなく、個人が保存する資料についても焼却処分を行っていた。ただし、ブラジルとの国交断絶の直前である一九四二年一月二五日、石射猪太郎在ブラジル特命全権大使は外務本省に宛てて「領事館閉鎖ノ場合ノ処置ニ関スル件」と題した公電を送っていた。ここで石射は、サンパウロ州にある在外公館の保管文書の処理について、日本人移民の戸籍謄本綴、渡航名簿、在留民カード、未済身分関係届書、一般図書は除いてすべて焼却する方針を伝えていたのである[37]。

しかるに、在リベロンプレート総領事館分館では、閉鎖の際に戸籍カード約一万枚、「在留民登録票」四〇〇〇通、「戸籍控簿」三〇冊など保存する資料をすべて焼却した。在留民登録票には在留民の居住、兵役関係、子弟の二重国籍関係などの情報が記録されており、同分館によれば「険悪ナル事態ニ於テ何時地方官憲ノ押収ヲミルヤモ慮《おもんぱか》ラレス、万一押収ノコトアルトキハ伯国官憲ノ邦人弾圧ニ好資料ヲ提供スルコトトナル虞《おそ》レ多分ニアリ」、大使館からの勧告もあって、これらをすべて焼却に付したということである[38]。在外公館としては、戦時下にあって日本人であることが判明して「敵国人」として迫害を受けることを危惧しての措置であった。

幸うじて、在サンパウロ総領事館にはリベロンプレート、パウルー、サントス、クリチバの各公館から戸籍カード二万枚以上が移管された。同総領事館では、撤退直前の一九四二年一月に戸籍謄本、戸籍カード、移民名簿などの資料をいち早く総領事公邸の地下倉庫に移転して焼却の難を逃れ、その後は同地のスウェーデン領事館などによって保存管理された。これらの資料が一九五〇年開設されたサンパウロ在外事務所（現サンパウロ総領事館）に引き継がれた。日本の在ブラジル公館が閉鎖されて以降、在留日本人の保護はスペイン領事館が請け負うものとなり、貴重な戸籍カードなどはスペイン領事館に移管し、他の資料はやはり焼却していた。(39)

また在サントス領事館の場合、その外務省宛報告書（一九四二年八月二八日付）によると、戸籍関係届書については一九四一年八月末日までの受付分は外務本省に発送したとあるが、(40)これが無事に到着したのかは不明である。

ブラジル以外の北南米の在外公館についてみても、在米各総領事館をはじめ、ほとんどが引き揚げるにあたって保存していた資料を焼却処分にしており、戸籍再製に役立つ資料としては、在ホノルル領事館において戦前に作成した「在留民登録カード」が約六万五〇〇〇枚保存されていたのが特筆されるくらいであった。(41)

したがって、在サンパウロ総領事館を除いては、戦前の戸籍関係資料が保存されていた在外公館はないといってよく、結局、焼失戸籍の再製にあたっては関係人の申出に頼らざるを得なかった。戦時の局面における判断とはいえ、在外公館がおびただしい数の戸籍関係資料を廃棄したことが、戦後の戸籍再製を大きく阻害するものとなった。

かくして戦後三〇年を経てから、外務省、法務省、在外公館、沖縄の関係市町村および地方法務局における緊密な連絡の下にブラジル定住者の戸籍再製事業が進められたものの、どれほどの戸籍が再製されたのか、その統計は明らかにされていない。ただし、現地では前述のような支障に加えて、対象である移民一世の減少もあり、在外公館が戸籍再製に関するあらゆる宣伝をしても、積極的な申し出はみられなかったようである。(42)

これまで述べてきた沖縄在籍ブラジル移民の戸籍消失は、法制度における戦争の後遺症がいかに広域的かつ長期的に及ぶものであるかを支配層に再認識させた。だが、同時に認識せざるを得なかったのは、海外定住者にとっての戸籍が有名無実と化していたことである。それは次の二点に集約できる。

第一に、近代における人の国際移動は、戸籍の国民管理装置としての限界を露呈させた。すでに国内で本籍地を離れて暮らす国民を把握することにさえ不便を抱えていたのであるから、これが外国に移住した国民となればその困難もひとしおである。戸籍の生命となる届書は適正に提出されず、また在外公館で受領しても本籍地市町村との連絡が不首尾となって円滑に送付されないことが多かった。

第二に、祖国を離れて海外に生活の本拠をすえた日本人にとって、戸籍の利用価値は無に等しくなる。海外生活において国際的に有効性をもつ国籍証明は旅券であり、戸籍ではない。それに居住国での登録あるいは定住許可を得ていれば、その国に滞在する限り、在外公館に戸籍謄抄本を提出して領事証明を交付してもらう必要も基本的になくなる。(43)何より、定住国での行政サービスを享有する上で重要になるのは、その国の行政機関に対する出生、居住、婚姻などの登録である。だからこそ、海外定住者が自分の戸籍が焼失したことを知っても、ただちにこれを再製しなければ大きな不利益を被るという危機感は生じなかったのである。訪日を希望したものの、戸籍が未再製のためにそれが実現しないとわかった時、初めて戸籍を喪失したことの現実的意味が理解できたのではなかったか。

海外で日本国籍を保有していても戸籍を利用しない生活が何年、何十年と続けば、戸籍への関心は風化し、戸籍を無用の長物とさえ感じる者もあろう。海外に定住する日本人にとって戸籍が価値をもちうるとすれば、戸籍に表示された祖先との血縁を通して、遠く離れた祖国との紐帯を想起させる点や、「日本人」としての国民意識の拠り所となる点くらいであり、すなわち精神的価値以上のものではないであろう。

第八章　無戸籍者が戸籍をつくる方法
――「日本人」の資格とは

1　就籍とは何か――「日本人」だけの権利

「権利」としての就籍

近年における無戸籍問題の報道でしばしば使われる「就籍」という言葉がある。この戸籍法上に現れる法律用語の意味を正しく理解している人はどれほどいるであろうか。

就籍とは、戸籍をもたない者、本籍が不明である者が家庭裁判所の審判を得て戸籍を創設する手続きのことである。本来、日本人が戸籍に記載されるのは出生届によるのが基本であり、子が成長していても父母などの届出義務者がある時は出生届によって子を戸籍に登録させる。だが、届出義務者がいない場合には、本人のなす就籍によって身分登録をさせようというものである。

出生届も就籍も、戸籍に記載されていない者を記載するという点で機能的には同じになる。だが、出生届は出生の事実の報告であり、この届出によって当然に戸籍がつくられる（親の戸籍に記載される）のに対し、就籍届は「戸籍をつくってもらう届出」である。また、出生届が出されていたとしても、入るべき戸籍が不明の場合は就籍の手続きによって戸籍を創設させるものとなっている。(1)

就籍は、法務官僚の説明によれば「本来本籍を有すべき者で未だこれを有しない者について本籍を設けることである。換言すれば日本人でありながら、未だ戸籍に記載されていない者について、その記載をする手続き(2)」ということになる。したがって、外国人や無国籍者も戸籍に記載されない存在であるものの、そもそも戸籍法の適用外にあるので就籍を行い得ないのは自明の理とされている。(3)

つまり、就籍を行うには、まず申請者が「日本人」であることが確認されなければならない。それには出生証明書や母子手帳などによって、日本人の子として生まれた事実を証明することが求められる。換言すれば、外国人や無国籍者は日本国籍を取得したいからといって、就籍許可を申請することはできない。就籍は、帰化のように直接に日本国籍を付与する手続きとは違うのである。

一九五〇年代、朝鮮人や台湾人など、かつて日本国籍であった旧植民地出身者が「日本人」を装って就籍許可を申請し、日本語も堪能で外見上の識別がつきにくいために家庭裁判所が就籍許可の審判を下したケースも少なくなかった。だが、一九五五年二月一五日、法務省民事局長は、他の資料により日本国籍でないことが明らかな者が就籍許可を得て就籍届を提出しても、「日本国籍でない者は、戸籍に記載すべきではないのはいうまでもないこと」であるから、市町村長は就籍届を受理すべきではないことを通達した。(4)

就籍を行いうる資格は日本国籍をもつ者に限られるという原則は、戦前・戦後を通じて一貫している。ただし、戦前の戸籍行政においては、無戸籍者が就籍しようとする時に日本人の子である証明を特別に要求されることはなかった。これは、家制度の原理により「日本人」の地位が決定されるという旧国籍法の精神に基づいていたと考えられる。

第五章で述べたように、一八九九年制定の旧国籍法においては、外国人でも婚姻、養子縁組、入夫婚姻等によって日本の家に入った者はすべて日本国籍となると規定されていた。日本の家に入ること、すなわち戸籍に登録されることが「日本人」となる要件とされていた以上、就籍を願う者が真正の「日本人」であるか否かは大して問題ではなかったのである。つまり、家制度の時代の方が「日本人」の門戸は開放的であったということもできる。

日本人でない者が就籍許可を申請し、家庭裁判所の審判を経て就籍を許可されたとしても、外国人であることが判明した場合は、就籍した本籍地の市区町村長は監督する法務局長・地方法務局長の許可を得て職権によりその戸籍を消除してもよいとされている[5]。日本国籍でないことが明白に認められる場合には、いったん付与した戸籍を剝奪することができるのである。

もうひとつ、就籍を行いうるための要件がある。それは「生きていること」である。明白に「日本人」と確認される者であっても、すでに死亡している者は就籍することは許されない。土台、死んだ者は戸籍をもたないのである。戸籍に記載されている者は、死亡したことが確認されれば戸籍から除かれるということはくり返すまでもない。したがって、すでに死亡していることが明白な者については、たとえ家庭裁判所から就籍許可が下りたとしても、そのような死亡者からの就籍届を市区町村長は受理すべきでないとされている[6]。

では、戸籍がすべての日本人について編製されるべきものとされている以上、戸籍のない日本人は就籍の手続きを行い、戸籍上に「日本人」としての存在を公示することが義務となるのであろうか。この点について、法務官僚の言葉によれば、「戸籍に記載されるべくして無籍のままであることは、戸籍制度の認容しえないところであるから、本来戸籍に記載されるべき者は、就籍の義務を負うものというべきである(7)」ということである。国民の身分関係を徹底して管理することを志向する権力の側としては当然の思考であろう。

では、戸籍法の規定はどうなっているのかをみてみよう。現行戸籍法の第一一〇条第一項には「本籍を有しない者は、家庭裁判所の許可を得て、許可の日から十日以内に就籍の届出をしなければならない」と定めている(8)。この戸籍法の規定は、就籍を希望する者について就籍の許可を得た後に就籍の届出を行う義務を負わせるものである。つまり、あくまで無戸籍者に対して就籍の権利を認めるものであり、就籍そのものを義務づけるものではない。したがって、無戸籍の「日本人」でありながら就籍の申請をしないからといって、これに対する制裁措置などはない。

明治国家における就籍のすすめ

近代日本における全国統一戸籍として一八七二年から壬申戸籍が編製された。ここにおいて「無籍者」というカテゴリーの範囲が拡大した。それまでの「無籍者」といえば、徳川時代の戸籍（人別帳）から離脱し、あるいは抹消された「脱籍浮浪人」をもっぱら指すものであったが、壬申戸籍以降は、華族・士族から平民に至るまで、届出の過怠などによって戸籍から遺漏した者すべてが「無籍者」となったわけである。

これまで述べてきたように、戸籍は個人の自発的な届出によって成り立つ公文書である。国民が身分にまつわるさまざまな事項について、煩わしさをいとわず積極的に「お上」に届け出るようにするには、戸籍登録と引き換えに獲得しうる利益が何かが問題であり、それは戸籍制度が円滑に機能しうるための要点でもある。

だが、古来より戸籍のもたらす利益は国家にとってのそれであり、徴兵・徴税といった「公」の義務を国民に賦課するための基本資料として役立てばよかったのである。第一〇章でも述べるが、明治国家においても、戸籍登録によって国民が得られる恩典はほとんど無に等しく、強いていえば旅券の発給くらいであった。民法、刑法、商法、民事および刑事の訴訟法といった近代法典が顔を揃えつつあった明治後期に至っても社会福祉法制は整備されていなかった。法制度上において、戸籍登録による恩典として宣伝しうる福祉的利益が皆無である以上、無戸籍者に就籍への自発性を喚起するような効果的な説得力は、政府も持ちあわせていなかった。

それを呑み込んだ上で明治三一年戸籍法をみよう。同法は、その第一九七条において「届出ノ闕漏《けつろう》其他ノ事由ニ依リ本籍ヲ有セズ又ハ複本籍ヲ有スル者ハ、就籍又ハ除籍ヲ為《な》サントスル戸籍役場ノ所在地ヲ管轄スル区裁判所ノ許可ヲ得テ其届出ヲ為スコトヲ要ス」と定めていた。これは、出生届の未届などにより本籍をもたない者、その逆に複数の本籍をもつ者（「複本籍」と呼ばれ、戸籍法において禁止されていた）は、本籍を設定しようとする地区、または除籍しようとする地区の管轄裁判所の許可を得てから就籍または除籍の届出をすべきことを規定するものである。

この第一九七条の趣旨については、司法官僚の筆による解説書をみてみよう。臼井水城著、倉富勇三郎補訂『戸籍法詳解』（一八九八年）によれば「日本には本籍を有せざる者ある可《べか》らず又本籍以外の本籍を有する者ある可らず[9]」、つまり日本人は単一の本籍をもつことが求められるという趣旨であった。また、樋山広業『改正戸籍法註解』（一八九八年）はより明瞭に、「世ニ本籍ヲ有セサルモノナキニ至ラシムルハ戸籍法ノ原則ニシテ何人モ日本臣民タル以上ハ必ス戸籍ヲ有スルニアリトス[10]」として、就籍を「日本臣民」のとるべき〝作法〟として位置づけている。

では、これについて戸籍行政の統一的指針とされる司法省の先例をみるとどうであろう。一八九八年九月の司法省民刑局長回答によれば、この第一九七条にいう「本籍ヲ有セス」とされる者は、出生の届出漏れのほか、「明治五年の戸籍編製に漏れたる無籍者又は一旦戸籍に記載せられたるも爾後或る事由に由りて其本籍を有せざるもの[11]」も含むものであり、これらの者が「其本籍を有せんと欲するとき」には就籍の手続きをなすべきことが法の趣旨とされている。

つまり、右の規定のもつ意味は、戸籍に記載されていない者が戸籍を創設しようとする時は、就籍という法的手続きを踏むべきことを周知させるものであり、無戸籍者は必ず就籍すべしと義務づけるものではなかった。この点は、明治国家の時代から今日まで一貫しているのである。

容易ならぬ就籍への道

「日本人」はすべて戸籍に登録されるべきことが、日本国家の建前である。とはいうものの、前述のように現行戸籍法では第一一〇条第一項により、無戸籍者が就籍を行うには家庭裁判所の許可を得なくてはならない。就籍申請許可の審判を受けた後一〇日以内に、新たに設定した本籍地を管轄する市区町村に就籍の届出をなすことで就籍は完成する。また、親子関係確認訴訟や国籍存在確認訴訟等において家庭裁判所の確定判決（つまり「日本人」であるという認定）を受けて就籍する場合も同様である（同法第一一一条）。

戸籍の管掌事務は市区町村長が負い、その監督はその市区町村を管轄する法務局または地方法務局に委ねられていることは、既述した通りである。にもかかわらず、就籍の許可については家庭裁判所という司法機関に委ねられているのはなぜであろうか。

周知のように、家庭裁判所は離婚や相続などの「家事事件」や未成年の犯罪などの「少年事件」を扱うところであり、個人の国籍有無の判断という国際関係にまで影響する審判を下すのは管轄外であるように思える。だが、これは、ひとえに戸籍は「日本人」について編製されるものである以上、就籍許可を申請する者が日本国籍をもつことが確認されなければならず、それにはさまざまな証拠資料の適正性を検証する能力と技術をもつ司法機関の判断を仰がねばならないためである。

この点について戦前の解釈をみると、前出の樋山著『改正戸籍法註解』によれば、就籍について裁判所の許可を必要とする理由としては「私権ノ伸長ニ関スルモノ」であるからとの解釈であった。[12] これは近代法の理論では、個人の権利は公法上の権利としての「公権」と、私法上の権利としての「私権」とに二分されるという考え方であったことに基づいている。「公権」とは対国家的な権利であり、参政権、請願権、裁判請求権、社会保障受給権などがそれにあたる。「私権」とは私人間の権利であり、財産権や相続権などを指す。この解釈に従えば、就籍は「私権ノ伸長ニ関スルモノ」であるがゆえに司法の慎重なる審判を要するのであり、裏を返せば、戸籍をもたないことは必ずしも「公権」の享有には支障をきたさないという意味になろう。

現実としては、家庭裁判所の審判を経て就籍許可が下りるのは容易なことではない。就籍を希望する者は、新たな本籍を設定しようとする地域を管轄する家庭裁判所に就籍許可を申請する。そこで自分が「日本人」であることを証明するために、現在に至るまでの自分の親族関係をめぐる適格な証拠資料を提出することが求められる。この場合、適格な証拠資料というのは、官公署が発行した公文書（母子手帳など）や、医師や助産婦など有資格者が作成した書面（出生証明書など）のように一般的に信用に値すると認められる限定的なものになる。

出生証明書など確証性のある証拠資料が十分に備わっていない場合、就籍許可を決する上で重要な参考材料として残されたものは、申請者の記憶である。しかし、家庭裁判所で就籍許可申請事件が審理される時、申請者が自己の半生に関する記憶を喪失していたらどうなるか。自分がいつ、どこで生まれたか、誰が親であったか、どこの学校へ通ったかなどを思い出せず、自らの氏名すらも答えられない場合もある。このように「自己の生活史」を一切忘れてしまう症状を「全生活史健忘」という。事ここに至ると、審判において精神医学の介入が必要とされる。就籍許可申請者の記憶に不明瞭な部分が多い場合、精神科医による鑑定が行われる。真性の全生活史健忘と認定されれば就籍許可が与えられるが、記憶喪失を偽装する「詐病」か否かの鑑別は相当に困難のようである[13]。

就籍は「日本人」として戸籍を創設する手続きであるから、その許可を得るには申請者が日本国籍者であるか否かについて、司法による厳格な審査を不可欠とする。これも次節で取り上げる出生届の場合と同様、「日本人」を偽装した外国人による就籍の申し出を封じることが政府の念頭にあり、その徹底を期すためには精神医学の介入までも必要とするのである。この点、後述する「棄児」に対する寛容な戸籍創設の扱いとはまことに対照的に映るところである。

2　戦後処理としての無戸籍問題――狭まる「日本人」の門戸

植民地支配の終焉と戸籍問題

さて、新戸籍法が施行された一九四八年から、二〇一五年までの年度別の就籍許可申請事件件数は、表14の通りである。このなかで目を引くのは一九五二～五四年であろう。就籍許可申請の新受件数が急増し、三年連続して一万件を超えている。就籍許可件数でみても、一九五三年は一万五三八四件、一九五四年は一万一一三四件と、他年度に比べて群を抜いている。

この一九五〇年代半ばというのは、日本の植民地支配をめぐる戦後処理が、植民地に出自をもつ人々の国籍に変動をもたらした時期の直後であることに注意すべきである。

日本は一九四五年八月一四日にポツダム宣言を受諾し、九月二日に連合国との間で降伏文書に調印して敗戦を迎えた。これをもって、「大日本帝国」の一部をなしていた朝鮮、台湾、樺太等は日本の主権から分離し、事実上、日本の領土ではなくなった。だが、朝鮮人、台湾人の国籍については、内地に居住している限り、日本と連合国との講和条約においてその帰属が決定されるまで、引き続き日本国籍を保持するものとされた。

表14　年度別就籍事件件数（1948〜2015）

年度	届出件数（新受）	許可件数	年度	届出件数（新受）	許可件数	年度	届出件数（新受）	許可件数
1948	676	498	1971	582	414	1994	179	158
1949	623	532	1972	638	402	1995	195	121
1950	621	505	1973	506	330	1996	183	121
1951	621	538	1974	470	299	1997	181	134
1952	10,007	8,348	1975	415	313	1998	202	150
1953	15,996	15,384	1976	333	211	1999	238	137
1954	11,105	11,134	1977	326	229	2000	555	188
1955	7,456	7,315	1978	276	188	2001	330	198
1956	6,097	5,865	1979	246	170	2002	657	165
1957	9,753	8,978	1980	252	171	2003	314	145
1958	5,035	5,135	1981	193	136	2004	224	164
1959	3,924	3,392	1982	207	106	2005	287	153
1960	2,913	2,628	1983	201	115	2006	212	173
1961	1,480	1,257	1984	259	142	2007	152	170
1962	1,343	1,081	1985	272	145	2008	120	181
1963	1,214	919	1986	313	186	2009	161	178
1964	1,044	763	1987	352	273	2010	179	202
1965	1,005	701	1988	338	264	2011	186	116
1966	919	702	1989	272	235	2012	190	105
1967	828	597	1990	292	213	2013	209	137
1968	776	566	1991	256	206	2014	156	110
1969	756	513	1992	197	161	2015	160	94
1970	725	461	1993	225	154			

出典：最高裁判所事務局編『司法統計年報　家事編』より作成。

ただし、朝鮮人・台湾人が保持する「日本国籍」というのは、あくまで名目的なものであった。それを裏づける事実としては、次の二点が挙げられる。

第一に、参政権の停止である。第一〇章でも触れるが、朝鮮人、台湾人は植民地時代、「帝国臣民」として条件つきながら選挙権・被選挙権を保障されていた。だが、一九四五年一二月一七日に公布された衆議院議員選挙法中改正法（一九四五年法律第二号）は、その附則第五項に「戸籍法の適用を受けざる者の選挙権及被選挙権は当分の内之を停止す」と規定した。「戸籍法の適用を受けざる者」とは、内地の戸籍法の適用を受けず、朝鮮戸籍または台湾戸籍に登録されていた者、すなわち朝鮮人および台湾人を指すものであった。

この戸籍条項は、参議院議員選挙法（一九四七年法律第一一号）附則第九条、地方自治法（一九四七年法律第六七号）附則第二〇条にもそろって挿入され、そして衆・参両選挙法を一本化した一九五〇年の公職選挙法（一九五〇年法律第一〇〇号）の附則第二項にも引き継がれて今日に至っている。

第二に、外国人登録の適用である。一九四七年五月二日、史上最後の勅令として公布施行された外国人登録令（一九四七年勅令第二〇七号）は、その第一一条に「台湾人のうち内務大臣の定めるもの及び朝鮮人は、この勅令の適用については当分の間、これを外国人とみなす」と規定していた。これに関して内務省調査局長は一九四七年六月二一日付の通達において、外国人登録令の適用を受ける「朝鮮人」とは、「朝鮮戸籍令の適用を受けるべき者」を指すことを指示した。(14)

このように、旧植民地出身者は平和条約による国籍確定までの時期、「日本国籍」を保持するものの、その実効性は停止されるという、限りなく不安定な地位に置かれた。

そして一九五二年四月二八日、サンフランシスコ平和条約が発効し、朝鮮・台湾・樺太が正式に日本領土から独立したが、同条約には分離する領土に帰属すべき者の国籍については何ら規定がなかった。だが、条約発効の九日前である一九五二年四月一九日付で「平和条約の発効に伴う朝鮮人、台湾人等に関する国籍及び戸籍事務の処理」と題した法務府民事局長通達（以下、「一九五二年通達」とする）が発せられた。これにより、内地に居住していた朝鮮人・台湾人は平和条約の発効をもって一斉に日本国籍を喪失するものとされた。いや、正確にいうならば、同通達にいうところの「朝鮮人」「台湾人」とは「もと内地人であった者でも、平和条約発効前に朝鮮人又は台湾人との婚姻、養子縁組等の身分行為により内地の戸籍から除籍せらるべき事由の生じたもの」（傍点、筆者）も含んでいた。これは、説明を要する文言であろう。第一章でも触れたが、あらためて植民地支配における戸籍制度について概説しておこう。

植民地政策の方向を探るなか、日本政府は植民地における「旧慣調査」に基づき、日本の法秩序や法文化と相容れない伝統や慣習が植民地に存在することを考慮した。そこで、内地の法を画一的に適用することを避け、植民地の民族的慣習に適合した内容をもつ特別立法の制定を認める「旧慣尊重主義」を採ったことにより、朝鮮、台湾、樺太といった植民地は帝国日本における異法地域としての「外地」となった。こうした統治方針は、戸籍制度に象徴的に表れた。日本は植民地に内地の戸籍法を統一的に施行するのではなく、異法地域ごとに個別の戸籍法令を制定していったのである。

朝鮮では、日本の保護国であった時期の一九〇九年に身分登録として民籍法（隆熙三年法律第八号）が制定されたが、一九二二年にこれに替わって朝鮮戸籍令（一九二二年総督府令第一五四号）が公布さ

表15 「帝国臣民」の区分——戸籍を基準とした「民族」の境界（1933年以降）

	「民族」の区分		識別の基準	根拠法
内地人	日本人		内地戸籍	戸籍法（1872年壬申戸籍～）
	樺太アイヌ（1933年～）			
外地人	台湾人	本島人	台湾戸籍	戸口規則
		蕃人（高砂族）	蕃社台帳	蕃社台帳様式
	朝鮮人		朝鮮戸籍	民籍法・朝鮮戸籍令
	樺太原住民（アイヌ以外）		土人戸口簿	樺太土人戸口規則

れ、内地の戸籍法に準じた朝鮮戸籍が実施された。

また台湾では、一九〇五年に戸口規則（一九〇五年総督府令第九三号）に基づき、戸口調査簿が編製された。これは警察や憲兵による治安取締りのための住民台帳に近かったが、一九三二年「本島人ノ戸籍ニ関スル件」（一九三二年律令第二号）により、台湾戸口調査簿は公式に台湾人の「戸籍」として扱われるものとなった。

樺太は朝鮮、台湾と異なり、住民のおよそ九割を内地人が占めていた関係から一九二四年に植民地では唯一、内地の戸籍法が施行され、一九四三年から内地に編入された。樺太アイヌについては、内地人との同化が進んだという理由で一九三三年から戸籍法が適用され、「内地人」に含められた。それ以外の原住民は戸籍法の適用外に置かれ、「樺太土人戸口規則」（一九〇八年樺太庁令第一七号）に基づく戸口調査簿によって管理され、「樺太土人」と総称された。

かくして異法地域ごとに固有の戸籍法令が施行された結果、「日本臣民」のなかで内地籍・朝鮮籍・台湾籍といった区分が生まれた。すなわち、いずれにあるかが「内地人」「朝鮮人」「台湾人」という「民族」の認証（「民族籍」）となったのである（表15）。

そこから帝国全体にまたがる法律問題として浮上したのが、内地人

—朝鮮人—台湾人の間で婚姻、養子縁組、認知などの身分行為を行う場合、それぞれ適用される身分法が異なるのでどうしたらよいかという問題であった。これについては、一九一八年に制定された共通法（一九一八年法律第三九号）に基づいて家制度の原理が準用されることにより、内地戸籍—朝鮮戸籍—台湾戸籍の間で入籍や除籍の処理が行われるようになった。例えば、内地人が朝鮮人や台湾人との婚姻や養子縁組などを通して朝鮮戸籍または台湾戸籍に入籍するものとなれば、内地戸籍から除籍され、「朝鮮人」または「台湾人」と扱われた。つまり「民族籍」の変換が生じたのである。

では、一九五二年通達にいう「内地の戸籍から除籍せらるべき事由の生じたもの」とはいかなる意味であろうか。終戦後、朝鮮および台湾は日本の施政権が及ばなくなったために、内地とそれらの地域との間の行政上の交通は遮断された（第七章第一節参照）。これにより、内地の市町村役場で朝鮮人または台湾人と内地人との間での婚姻や養子縁組などの届出があっても、その届書を内地から朝鮮や台湾の本籍地に送付することは、ほぼ不可能となった。やむなく司法省は、受理した届書を内地の役場で留め置くようにと一九四五年一〇月一五日に市町村に通知した(15)。

かくして、朝鮮または台湾の本籍地に内地から届出が送付されなくなったために、例えば、内地人と婚姻する朝鮮人または台湾人の戸籍（つまり朝鮮戸籍または台湾戸籍）には婚姻の記載がなされず、したがってその内地人は相手の戸籍に入籍する手続きがなされなかった。このため、内地の本籍地役場では内地人当事者の戸籍の身分事項に婚姻と記載するのみで除籍はしない取扱いをしていたが、こうした変則的な処理は戸籍行政上好ましくないということで、一九四九年一一月一八日付法務府民事局長通達により、当該婚姻があった時に内地の戸籍から除籍すべきものとなった(16)。

この扱いを受けて内地戸籍から除籍された「元内地人」は内地、朝鮮、台湾いずれの戸籍にも記載されない結果となり、これによって帰属する国籍の証明をもたない無戸籍者となったが、日本国籍であることに変わりはない。だが、日本政府の扱いでは、内地戸籍から除籍された者は前述の選挙法附則における「戸籍法の適用を受けざる者」となるので、参政権は停止され[17]、外国人登録令の適用も受けるものとされた[18]。その終着点が、前述の一九五二年通達による平和条約発効に伴う日本国籍喪失となったわけである。

一九五二年通達においては、元「帝国臣民」が喪失した日本国籍を再び取得するために簡易な日本国籍回復を認めるといった優遇措置はなく、一般外国人と同じく帰化の手続きを要するとされた。このため、一九五二年から一九五五年あたりにかけて日本への帰化を申請して許可された「朝鮮人」「台湾人」(元「内地人」も含めて)が「日本人」として就籍の手続きを行ったことにより、この時期の就籍許可件数に多少の影響はあったものと考えられる。

だが、やはり一九五二〜五四年に就籍の申請および許可件数が激増した最大の原因は、樺太、千島からの引揚者による就籍であろう。樺太からの引揚げは、一九四六年末の開始から一九四九年六月にソ連側が「終了」を宣言するまでに、内地人約三〇万人の帰還をもたらした。樺太は内地の戸籍法が施行され、内地に編入されたのは、前述の通りである。したがって、平和条約発効によって樺太および千島は日本の領土ではなくなったものの、これらの地域に本籍を有していた内地人は日本国籍を失うものではないことが一九五二年通達において確認された。樺太および千島に本籍を有していた者は、もともと内地からの転籍者がほとんどであるから、大体が血統的な「日本人」であると観念的に考えられていたということでもあろう。

しかしながら、樺太および千島に置かれていた日本人の本籍は、平和条約発効とともにすべて無効となったので、新たな無戸籍者を大量に生み出すこととなった。そこで樺太から内地に引き揚げた無戸籍者への救済として、日本政府は家庭裁判所の許可を得て内地に就籍することを認めたのであり、千島に本籍を有していた者についても、同様の措置を講じている。

一九五三年六月一日時点で、樺太引揚者にして樺太での本籍を喪失した者は、全国に四万三八九四人あった(19)。この数字に鑑みれば、一九五三年から数年間にわたる時期、就籍を許可された者の大半は樺太および千島からの引揚者であったと考えるのが自然であろう。

「残留日本人」の失われた戸籍

第二章で触れた「中国残留孤児」問題の核心は、戦争に起因して戸籍を喪失した元「日本人」がいかにして戸籍を回復し、再び「日本人」としての地位を確定するかという問題にある。

満洲国に移住した開拓民のうち、戦後になっても帰国できぬまま、一九五九年に「未帰還者に関する特別措置法」に基づく「戦時死亡宣告」を受けて戸籍から抹消された人々は、「日本人」たる証明を奪われた。また、開拓民の子として満洲国で生まれたものの、戦禍のなかで出生届が出されぬまま肉親と離別し、現地で中国人に養育された人々も少なくない。

一九七二年の日中国交正常化以降、自らが日本国籍であることの確認を求める元開拓民の一時帰国と肉親捜しが始まった。日本政府はおのれの責任を糊塗するかのように、元開拓民たちを「残留孤児」「残留婦人」と呼称した。

何より中国からの帰国者たちは、「死亡」として除籍された戸籍を回復しなければならなかった。そのためには、家庭裁判所に戦時死亡宣告の取消しを申し立てる必要があり、これが認められれば戸籍の訂正によって戸籍を回復できた。または、単なる死亡届によって除籍されていた場合は、戸籍訂正許可の審判を家庭裁判所に申し立て、審判が確定したら戸籍訂正を申請すればよかった。

身元不明などの理由でこれらの申立てが却下された場合は、就籍許可を申請し、戸籍を創設するという方法を採った。この就籍の手続きによって約一二五〇人の中国帰国者が、「日本人」の認定を受けた。

だが、いずれの方法を採るにしても、肉親との離別から相当の年月が経過しているため、出生証明書や関係者の供述など身許確認の資料をぬかりなく準備して自分が「日本人」であることを立証するのは難儀な作業であるのはいうまでもない。

また、「日本人」としての血統が確認されても、すでに中国国籍となっていることが判明すれば、戸籍訂正や就籍は認められなかった。一九五〇年まで施行されていた日本の旧国籍法は、家族国籍同一主義を採り、外国人の妻となった者、外国人の養子になった者、外国人の父から認知された者は日本国籍を失うと規定していた（旧国籍法第一八条、二三条。第五章第一節参照）。また、一九四九年一〇月の中華人民共和国成立前まで施行されていた中華民国国籍法でも、中国人の妻または養子となった外国人、中国人の父から認知された外国人は中華民国の国籍を取得すると規定していた（中華民国国籍法第二条第一・二・四号）。これら二つの法律の施行されていた時期に中国人の妻となったり、中国人に認知された日本人は日本国籍を喪失して中国国籍を取得したものとされ、いったん戸籍が回復された場合も、日本国籍喪失を理由に戸籍を消除すべきものとされた[20]。

まさしく血統上の「日本人」と国籍法上の「日本人」とは、一致するわけではないということが如実に浮かび上がる。

戦争による災禍として無戸籍となった在外「日本人」の問題は、フィリピンとの関係においても残されている。

二〇世紀初めから多くの出稼ぎ日本人が移住してきたフィリピンは、一九三〇年代後半には日本人人口が約二万四千人に達し、東南アジア最大の日本人移民の受け入れ国となった。だが、第二次世界大戦中、一九四一年一二月からフィリピンは日本軍の占領下に置かれ、過酷な戦場となった。その時までに、移民一世の日本人男性、あるいは兵士、労働者、商人などの一時的に滞在した日本人男性のなかには、フィリピン人女性との間に子をもうけた者も多い。だが、終戦後に日本人の父親が日本に強制送還されたまま消息不明となり、あるいは戦禍のなかで父母と離別し、子は現地に取り残された。かくして身許の定まらないまま成長した子は「フィリピン残留日本人二世」などと呼ばれている。

フィリピンの民主化が実現し、言論の自由が回復された一九八〇年代後半以降、在フィリピン二世たちは、自らが日本国籍であることの確認を日本政府に要求する声を上げ始めた。それには、就籍の手続きにより戸籍を創設する必要があった。父親が日本人であるという血縁関係を証明できれば、出生の時点で日本国籍を取得していることになるので、就籍申請の資格がある。

だが、父子関係の証明は、母子関係の証明よりも格段に難易度が上がるのはいうまでもない。日本人父の戸籍に子として記載されていれば問題ないが、事実婚であったり、あるいはフィリピン方式による婚姻のため、父の戸籍には記載されていないケースが多かったようである。また、戦争によって甚大な被害を受けたフィリピンでは、戦後長らく反日感情が渦巻いており、「侵略した側」に立たされた在フィリピン二世は報復を避けるために「日本人」である証拠を隠滅すべく、出生証明や父母の婚姻証明などを焼き捨てたりした。こうした特有の事情が彼らの就籍への道を困難なものとした。

ようやく二〇〇四年から、民間の支援団体の働きかけで在フィリピン二世が一時帰国し、就籍による日本国籍取得の手続きが始められたが、二〇一六年現在、在フィリピン二世のうち確認される生存者は八〇九人となり、そのうち就籍が許可されたのは一七二人にとどまる。「フィリピン日系人連合会」の会長が二〇一五年七月、二万八〇〇〇人の署名を添えて安倍晋三首相に早期解決を陳情し、フィリピン政府も調査の支援など問題解決に助力している（『産経新聞』二〇一六年六月一日付）。二〇一六年一月には、日本・フィリピン国交正常化六〇周年を記念して天皇・皇后夫妻が初めてフィリピンを訪問し、在フィリピン二世との面会を果たした。外務省は各方面からの陳情を受けて二〇一六年から現地調査を開始した。だが、総じて日本政府の腰は中国帰国者の場合よりもさらに重く、あくまで立法措置ではなく従来の就籍手続きに解決を委ねる方針である。

戦争は人の不規則な移動を促す結果、戦禍の混乱のなかでさまざまに家族関係を変化させ、それが複雑な法の規定と相俟って個人の国籍を左右するものとなってきた。戦後に現地に残された日本人二世が、生国よりも祖国の「国民」として生きることを選択しても、正式に戸籍上の「日本人」となるには、就籍手続きという冷然とそびえる壁を越えなければならないのである。

「日本人」偽装の防止——厳格になる出生届の審査

「日本人」として戸籍が創設される、最初にして最も基本的な機会は、出生届である。この出生届の受理に関して、法務省では一九五〇年代末から慎重に扱う方針へと改められた。既述のように日本の国籍法は血統主義を原則としているから、「日本人の子」としての出生届はその子に日本国籍を取得させるものとなり、たとえ届出期間を経過している場合でも届出を履行して戸籍に記載すべきものとしてきた（第一章第三節参照）。

だが、一九五九年八月二七日付で各法務局長、地方法務局長宛てに発せられた法務省民事局長通達は、届出期間を経過した出生届について、子が学齢（六歳〜一五歳）に達した後に届け出られた出生届については今後、市町村長はまずその受理・不受理について監督法務局・地方法務局の指示を求めるべきものとした。

この理由は、届出期間を長年経過し、子が相当の年齢に達した後に届けられた出生届は、届出が重複しているものを除き、日本国籍を有しない者が「日本人」として虚偽の出生届をなし、これを市町村長が受理して戸籍に記載された例が少なくなかったからである。そこで、そのような出生届を監督法務局の慎重なる調査に付することによって、日本国籍でない者からの虚偽の届出を防止することを主たる目的とするものであった。また、子が学齢に達した後の出生届についてこのような扱いとしたのは、出生届を出していないことに気付くのは子が学齢に達した時が最も多いという実情を考慮したものであった。[21]

つまり、出生届の審査を厳格化したその基底には、学齢に達して以後の年齢になって出生届を出してくるのは不自然であり、「日本人」を偽装した者に違いないという判断があった。同旨の通達はその後も一九六一年、一九六二年と再三、法務省民事局長から発せられている。

それにしても、なぜ一九五九年という時期にこのような通達が出されたのか。これも、やはり前述した一九五二年の平和条約発効に伴う「旧帝国臣民」の日本国籍喪失の措置が背景にある。植民地支配における戸籍の区分に基づいた「民族」の線引きをそのまま「国民」の線引きに利用した一九五二年通達により、朝鮮人、台湾人は元内地人も含めて一斉に「外国人」に追いやられた。そして平和条約発効と同日に公布施行された外国人登録法（一九五二年法律第一二五号）の管理下に置かれた。

だが、「外国人」とはいうものの、在日朝鮮人の「国籍」なるものは、その実効性に疑問符が付いた。一九四八年に朝鮮半島の南北分断が固定化して以降、外国人登録の国籍欄の「朝鮮」は、実体としての国籍を意味するものではなくなった。一九五〇年に韓国代表部の要請を受けて、日本政府は在日朝鮮人のうち、韓国国籍への変更を希望する者については外国人登録の国籍欄を「朝鮮」から「韓国」に変更することを認めたのであるが、韓国国籍に変更しなかった人々の国籍欄は「朝鮮」と記載されたままになっているにすぎない。したがって、それは日本政府がいまだ承認していない朝鮮民主主義人民共和国の国籍を意味するものでもない。

その上、周知のように外国人登録法は、一九五五年から指紋押捺義務が実施されるなど個人の尊厳を侵す内容であった。そして参政権、公務員就任のみならず、民間の就職においても国籍の壁が大きく立ちはだかった。かかる国籍差別による不利益と苦痛をせめて我が子には味わわせたくないと親が切願するのは不自然なことではない。例えば一九五二年に生まれた子は、一九五八年には学齢に達する年齢となる。そこで朝鮮人の男性がすでに学齢に達していた子を「日本人の子」と偽って出生届を出し（一九八五年まで国籍法は父系血統主義であった）、子に日本国籍を取得させようとした例が多く、こうした行為を防止することが法務省の念頭にあったのである[22]。

この問題に関連して、雑誌『戸籍』一九八四年九月号に掲載された、元法務官僚および現職の法務省職員による「座談会　現行戸籍法のあゆみ」第七回を引いておこう。このなかで島野穹子・東京法務局民事行政部戸籍課長が本籍不明者の子の出生届について「母親の本籍がわからない子というのは、日本人であって本籍がわからないだけというふうに考えずに、国籍も怪しいじゃないかと考えがちなんですけど、そういうのは考え過ぎでしょうか」と問うたところ、大澤孝司・東京法務局民事行政部長が「実情から言えばそういう事例のほうが多いと思います。だから元朝鮮の人と日本人との間の子供、それがたまたま虚偽の出生届で戸籍に載っかっていた事例のほうが多いんじゃないでしょうか[23]」と答えている。つまり、おのれの子を「本籍不明の日本人の子」と偽って出生届を出してくるのは、朝鮮人が多いという理解である。

右の議論では、そもそも、旧植民地出身者に対して日本国籍留保の選択権を与えることなく、立法によらず通達だけで、平和条約発効を境に一斉に日本国籍を喪失させるという戦後処理の方法に問題の元凶があることについて、法をあずかる官僚でありながら一抹の配慮をみせることはなかった。

戦後、帝国解体を受けて日本が「国民国家」として再編されていく過程は、旧植民地出身者が「国民」の構成員から除外される過程であった。その支柱となったのは「国民」の地位を有するのは内地戸籍に登録された「日本人」であるとする、いわば戸籍原理主義であった。

ここまで述べたところでは、戦後日本は「国民」の再統合とともに、戸籍の〝純化〟へと強く傾倒していったかにみえる。だが、次に述べるように、血縁はもちろん地縁さえも定かでない幼児が戸籍を付与されて「日本人」に編入される、という法と行政の実態も凝視しなくてはならない。

3 「棄児」から「日本人」へ――「地縁」が作る国籍

「棄児」とは誰か

近代社会では、血縁は共同体と個人を結ぶ紐帯としての力を弱めていく。個人の自由が家族の結合よりも尊重すべき価値として優先されたことの消極的産物として、人間にとって最も親近にして原初的な共同体である家族の絆を失った〝無縁〟の存在が発生するのは、各国に共通した現象であろう。「棄児」はその典型のひとつである。

腹を痛めて生んだわが子を捨てるという親の行為は、経済的貧困を主たる理由として説明されることが多い。江戸時代までは、「貧乏人の子だくさん」となった農民や下級武士の家庭、とりわけ凶作、飢饉、年貢負担などによって生活を圧迫された農家では、子が生まれても養育するだけの経済能力がないため、やむを得ず堕胎、捨て子、さらに「間引き」と呼ばれる嬰児殺害が行われた。生活困窮のあまりに人間性を喪失した結果の凶行といえよう。その動機や理由はどうあれ、間引きも堕胎も残酷な殺人として、幕府権力はその取締りに目を光らせた。

表16　明治前期５年間（1876～1880）における全国棄児収養人数

単位：人

年	合計	男	女	現在人数
1876	219	118	101	—
1877	288	134	154	—
1978	440	213	227	4,302
1879	351	202	149	4,739
1880	843	370	473	5,232

出典：「戸籍局年報」第１回～第４回より作成。

貧窮のなかでも多少なりとも人道意識が萌芽すれば、生まれて間もない我が子を亡き者とするよりは、裕福で篤実な人間に養育を託して幸せに生きてもらうという選択に走り、捨て子が横行する。

くり返すまでもないが、日本において誰を「国民」とするかは、「日本人」たる親との血縁によって決定されるのが原則である。では、親に捨てられ、親が日本人であるか否かも不明の子、いわゆる棄児は戸籍政策上、どのように扱われてきたのか。

明治維新の世を迎え、明治新政府は棄児の発生を国家の対処すべき社会問題として重視するようになる。一八九八年まで戸籍行政を管掌していた内務省は、「棄児ノ増減ハ専ラ民力ノ貧富ト人心ノ淳《じゅん》漓《り》（厚さと薄さ—筆者注）トニ由リ其関係スル所亦《また》以テ政跡如何ノ一端ヲ観ルニ足レリ[24]」という如く、棄児の問題はまさにその国家の民度を測り、政治の成否を問う試金石であると認識していた。

政府の棄児保護政策は、棄児に戸籍を付与することが第一とされた。壬申戸籍の編製を命じる太政官布告第一七〇号が出た直後の明治四（一八七一）年四月二三日、太政官布告として「脱籍無産ノ輩復籍規則」が発せられた、その第三条に「元来迷子棄児等生所不相分者《あいわからざる》ハ夫迄《それまで》居付《いつき》候《そうろう》地ノ籍へ編入可致事《いたすべき》」と定め、保護された場所を暫定的に本籍として戸籍を編製する扱いがとられた。さらに同年六月、大政宮布達「棄児養育米給与方」が発せられた。これは、戸長が身体・骨格を検査の上で推定した年齢で一五歳までを「棄児」と認定し、養育米を支給するなど物質的保護を与えるものであった。

これらの基準の下に「棄児」として扱われた子は一八七五年に二一九人、一八七九年に五二七人を数え、一八八六年にはその倍の一三六四人に達していた。[25] 参考までに、表16に内務省戸籍局による「棄児」の収養人数を掲げておく。

やはり核心となるのは、どのような者を「棄児」として認定するかという問題に尽きよう。「棄児」の法的な定義というのは今日まで存在しない。現在の一般的な観念として、「棄児」とはまずもって父母が誰か不明であり、そして出生届が出されていない（届出義務者が存在しないか、所在不明）と推定される者にして、生後間もない幼児と考えられている。[26] したがって、「棄児」として発見された子は、基本的に戸籍に登録されていない無戸籍児とみなされる。戸籍が日本国籍の血統の証明とされる以上、親が誰かもわからない無戸籍児となれば、国籍が確定されないので無国籍児と等しい。

政府は棄児の身柄を保護し、健全な養育を受ける環境を整えるために、棄児を戸籍に登録して「国民」としての身分を確定することを法制化した。明治三一年戸籍法では、その第七五条において「棄児を発見したる者は、二十四時内に其旨を戸籍吏に届出ることを要す」と定め、届出を受けた戸籍吏は、棄児に氏名を付し、発見年月日、発見場所、付属する衣類・物品などの概況、推定される生年月、性別、届出人氏名などについて調書を作成し、この調書をもって出生届書とみなすものとした。

しかし依然として、何を要件として「棄児」と認めるかの規定がないため、「棄児」と「迷子」の区別はどのように付ければよいのか、など各地の警察や管轄区裁判所でも疑義が拭えなかった。一八九八年九月、司法省は大宮区裁判所の問い合わせに対し、「発見シタル児《こ》ニ付キ、出生ノ届出アリタルヤ否ヤ分明ナラス、且届出義務者ナク又ハ其所在不明ナル場合ニ為《な》スコトヲ要スルモノトス」[27]と回答した。すなわち、本籍も父母も不明である上に、出生届の届出義務を負うべき者がいないことが戸籍行政上「棄児」として届け出る要件とされた。

したがって、父母が不明でも届出義務者（同居者や出産に立ち会った医師など）が存在することが明白に確認されれば、「棄児」にはあたらないという解釈になる。だが実際には、日本全国において届出義務者の有無はもちろん、出生届出の有無さえ正確に調査することは困難であるため、厳格な基準を維持しているわけではなかった。「棄児」として扱い、戸籍を創設させたところ、出生届が出ていたことがわかり、「棄児」の新戸籍を複本籍として消除した例もある。[28]

ことに、先例においても曖昧な扱いとなっていたのが、「棄児」の年齢である。何歳までを「棄児」として扱うか、そしてその年齢の推定をどうするかという問題である。この点について、前出の一八七一年「棄児養育米給与方」では推定一五歳までを対象年齢の限度と定めていたが、一八七三年四月太政官布告第三八号により、一三歳に引き下げられた。

戸籍法上の「棄児」の年齢について、その後も明確な基準は先例においても指示されていない。前出の一八九八年九月司法省回答は、大宮区裁判所からの「旧慣ニ在《あり》テハ路傍ニ彷徨《ほうこう》スルモノヲ発見シタル当時其者ノ年齢満十三歳ニ満タサルモノト村長ニ於テ認メタルモノ」は「棄児」として扱うべきなのか、という「棄児」の年齢の基準についての照会に対するものであった。だが、ここで司法省は「棄児」と認定すべき年齢の範囲については何ら回答していなかった。

つまり、今日まで「棄児」と扱うべき子の年齢の基準は確定しておらず、その対象範囲は融通無碍に解釈される可能性を伴っていたのである。

日本で発見されれば「日本人」――出生地主義による戸籍創設

一八九九年に制定された旧国籍法は父系血統主義を原則とした。法律上の父がいない子はというと、日本人の母が生んだ婚外子であれば、第三条において「父カ知レサル場合又ハ国籍ヲ有セサル場合ニ於テ母カ日本人ナルトキハ其子ハ之ヲ日本人トス」と規定し、日本国籍を取得させるものとした。

では、父も母もともにわからない嬰児は、日本国籍はもちろん、いずれの国籍も得られないことになるのか。否、旧国籍法はその第四条において「日本ニ於テ生マレタル子ノ父母カ共ニ知レサルトキ又ハ国籍ヲ有セサルトキハ其子ハ之ヲ日本人トス」と規定し、日本で生まれた棄児については、例外的に出生地主義を適用して日本国籍を取得させるものとしたのである。

なぜここでは出生地主義を採用したのか。旧国籍法案を起草したのは法典調査会（一八九三年四月発足）であったが、そこで提出された「国籍法案理由書」によれば、「其ノ理由ハ主トシテ無国籍人ヲ生セサラシメント欲スルニ在リ」というものであった。日本に限らず、血統主義を原則とする各国の立法でも、国内で生まれた、もしくは発見された棄児については無国籍とならぬように出生地主義を採用して、自国の国籍を付与するのが通例であった。

このような旧国籍法の規定は、戸籍法による棄児の新戸籍編製措置と連動していた。明治三一年戸籍法において、棄児に戸籍を創設させる手続きは次のようなものとなった。棄児は父母が不明であるため、当然ながら「子」として入籍すべき戸籍がないものとみなされる。したがって、棄児を戸主として新たに「家」を創立させ、その戸籍に入れるという「一家創立」の方法によらざるを得なかった。一家創立は、就籍が裁判所の許可を必要とするのと異なり、市町村長の許可で行うことができた。この棄児をめぐる一連の措置を公式に通知したものとして、一八九九年三月二三日に司法省民刑局長回答が出ている。[31]

棄児に一家創立させる際に本籍はどこに定めるかというと、当初は発見場所や発見者の住所などが本籍地とされていたが、結局棄児の戸籍を創設した市区町村役所の住所があてがわれるようになった。なお、朝鮮、台湾など植民地（外地）で発見された棄児の場合も、やはり発見された地域に本籍を設定することとなっていた。例えば、朝鮮で発見された棄児については、発見地を管轄する府尹（府の首長）または邑面長（邑または面の首長）が「棄児調書」を作成し、管轄地区内に一家創立させて戸主として朝鮮戸籍に記載するものとされた。[32] よって、この棄児はたとえ日本人（内地人）の生んだ子であったとしても、民族的には「朝鮮人」として育てられることとなる。

ところで、棄児の戸籍に記載する氏名はどうなるのか。これは、棄児の発見された地域の市町村長が、所在不明の親に代わってその子に氏名を与え、戸籍を編製するのである。

命名の一例を拾ってみよう。一九一六年七月一七日付『大阪朝日新聞』には、建仁寺の境内で棄児が発見され、棄児が届けられた京都市下京区が戸籍法の規定に従ってその子を「一家創立」の扱いによって新たに戸籍を編製したことが報じられている。この記事によれば、区役所では例によって下京区長が命名することとなり、「区長はこの児が建仁寺境内の松林に棄ててあったので此児《このこ》の幸を冀《こいねが》う上に於て常磐《ときわ》の色の千代かけて変られざれという（ママ）延喜《えんぎ》から松林操と命名して松林家を創立させた」という。ここに「松林操」を戸主とする戸籍が創設され、「日本人」が一人誕生したわけである。

このような棄児の戸籍創設手続きは、乳幼児よりも成長した段階で発見された、いわゆる迷子の場合にも適用されることがあった。一九一五年三月、東京市麴町区長から司法省に対して照会があった。すなわち、「警察官ヨリ迷児ノ引渡シヲ受ケ、相当時日ヲ経過スルモ身元判明セス、且氏名不詳ノ者本市ニアリテハ決シテ尠少《すくな》カラス」、こうした「迷児」についても、学齢に達していても戸籍法における「棄児」の扱いに倣って命名および戸籍創設の手続きをなすべきであるか、というものである。これに対し、同年六月に司法省はそのように取扱うべきことを回答していた(33)。だが、これも前述したように何歳までを「棄児」と扱うかの明確な基準がない以上、場当たり的な対応であったといえる。

要するに「棄児」の取扱いは、発見された子が「日本人」か否かを審査するのではなく、「棄児」として戸籍に登録することをもって「日本人」として認定し、その効果として日本国籍を取得させるものとする流れであり、実質的には戸籍が国籍に先行していることがわかるであろう。

再言するまでもなく、「日本人」の証明とされる戸籍は血統を根本基準として編製されるものである。だが、棄児は親が誰なのか判明しない以上、「日本人」としての血統を客観的に確認しえない。そこで日本国内で発見された子は、その血統はもちろん、はたして出生地も日本国内であるか否かを問われることなく戸籍が創設され、日本国籍を取得する。すなわち無国籍発生の防止という人道的見地から、例外的に地縁に根拠を置いた戸籍政策および国籍政策が確立されたのである。

戸籍に残る「棄児」なる履歴

戸籍は、通常と異なる経緯を経て「日本人」として承認を得た者について、その〝特異さ〟を簡明かつ冷徹に記録する。

棄児は「日本人」として戸籍を作成されるものの、戸籍には「棄児として生まれた事実」が厳然と残された。例えば、生年月日は役場が推定して記入するが、生年月日欄には「推定○○年○○月○○日生」と付記された。それに父母の氏名をはじめ、前戸主の氏名、前戸主との続柄といった必須事項はいずれも「不明」や「不詳」と記載され、あるいは空白とされた。

また、市町村長および役場が命名する氏名も、その「棄児」としての出自を察知させる点において問題となった。前出の新聞記事にあった「松林」や、東京市の例にみられる「日比谷某」「神田某」のように発見された場所にちなんで氏を設定したり、「捨吉」「捨三」など棄児であることに由来するのが明らかな名前をつけることが多々あったのである。東京市社会局の調査によれば、露骨な例として、「石原八千代」（本所石原町の映画館八千代館で発見）、「中里二三一」（瀧野川区中里町二三一番地で発見）、という具合に、氏名に発見場所の名や番地がそのまま使われるものもあった[34]。

その上、壬申戸籍を改正した一八八六年の明治一九年式戸籍から戸籍は公開が原則とされ、何人も閲覧が可能となったことで、戸籍における「棄児」の記録は社会的差別の温床となった。戸籍から「棄児」という二文字の記載が消えるのは、一九二八年九月に司法省民事局長通達が出されてからのことであった[35]。

以上のような棄児の取扱いをみると、戸籍法は個人の身分関係を公証する民法の付属法という役割にとどまらず、棄児の発見から保護に至るまでの行政措置を規定する、いわば行政法の役割も果たしていたことがわかる。

現行戸籍法でも、棄児をめぐる行政上の扱いは変わっていない。棄児を発見した者又は棄児発見の申告を受けた警察官は、二四時間以内に市区町村長に報告しなければならず、これを受けた市区町村長は棄児について氏名を与え、本籍を定め、発見の場所および年月日時その他の状況とともに、氏名、性別、出生の推定年月日及び本籍を調書に記載しなければならない（第五七条）。この第五七条に基づいて市区町村長が作成した「棄児発見調書」が出生届と同一の効果を与えられる点、棄児の本籍は発見場所のある市区町村に設定される点も従来と異なるところはない。

新たに編製された棄児の戸籍には、父母の氏名は当然なく、戸籍事項欄（その者の戸籍がいつ、どのように作成されたかを記載する欄）に例えば「何年何月何日〇〇村長の調書により本戸籍編製」（傍点、筆者）というように記載される[36]。また、父母との続柄欄には、単に「男」または「女」と性別のみ記載される[37]。この「調書により云々」という記述などは、戸籍行政に通じた者がみれば、当該戸籍に記載されている者が「棄児」であったことがそこから察知できる。

新戸籍を編製した後に、実の父または母が現れて子を引き取った場合には、一ヶ月以内に出生の届出と戸籍訂正の申請をさせ、「棄児」としての新戸籍は消除される。だが、子の名は市区町村長の命名したものでなければならないとされ[38]、別の名が好ましければ戸籍法に基づく改名の手続き（家庭裁判所の許可）が必要となる。

ただし、戦後は基本的人権を国家の尊重すべき価値として定めた日本国憲法の下、個人のプライバシー保護についても人権尊重意識が高まり、行政の側でも「棄児」であったことが一目瞭然となるような戸籍の記載（「線路上で発見」など）および戸籍名となることについては慎重な配慮がなされるようになった。例えば、市区町村による命名においては「捨吉」とか「道端何々」というような名前は避けるよう心掛けたそうである[39]。

また、一九五二年六月七日付法務府民事局長通達により、戸籍（除籍および改製原戸籍も含む）の謄抄本を交付する際には、棄児の文字をはじめ、生年月日欄における「推定」、父母欄における「不明」や「不詳」といった文字は塗抹すべきものとされている[40]。だが、これらの先例が全国で均しく遵守されているとはいえず、塗抹を施すことなく交付してしまい、人権問題を惹起することがある。

そうした問題点は伴うものの、「棄児発見」から新戸籍編製に至る一連の流れは、一般の無戸籍者が就籍の許可を得るために「日本人」であることの立証に困苦を要するのに比べれば、相当に寛大な措置である。もっとも、棄児を保護して創設される戸籍というのは、父母の引き取りによって消除されることを期待してのあくまで暫定的なものというのが戸籍法の思想であるとされる[41]。

だが、それは諸刃の剣でもある。国家としては、棄児を保護する上で戸籍を「権利」として与えることが必要であるという人道上の配慮である。一方、「棄児」と認定された者にとってみれば、「国民」としての地位は保障されるものの、引き取る親が現れないままであれば「棄児」という特殊な出自を戸籍に公示されたまま生きることになる。

〝戦災孤児〟の戸籍創設――紙の上の「日本人」

第二次世界大戦が終結し、焦土と化した日本にはいわゆる戦災孤児、引揚孤児があふれていた。年端もいかない時分に、戦災で親を失い、あるいは終戦後の引き揚げの途中で親と離別したために、父母が誰かという記憶も定かでない子どもたちであった。戦災孤児、引揚孤児は「浮浪児」とも呼ばれ、非行・不良児童のレッテルを貼られがちであった。一九四八年二月一日現在の厚生省調査によれば、全国の孤児は一二万三五一一人で、そのうち戦災孤児は二万八四一八人、引揚孤児は一万一三五一人であった(42)。大半は救護院などの保護施設に入れられたが、都会の路頭で靴磨きなどの稼ぎによって自活している孤児も少なくなかった。

全国各地に現れた「浮浪児」に保護を与えることは、人道上の救済と犯罪分子の根絶という二つの目的から対策が求められた。占領軍も治安および福祉の観点から「浮浪児」の解消を日本政府に要求した。日本政府は一九四八年九月七日に「浮浪児根絶緊急対策要綱」を決定し、「浮浪児」の施設収容や生活指導などの保護および取締りを警察および文部、法務、労働その他の関係各省の協力体制の下に全国的に行う方針を固めた(43)。

同要綱においては、「浮浪児根絶」のためには「浮浪性」の除去が根本問題であるとされていた。戦災孤児、引揚孤児の浮浪生活を防止し、就学や就職の道を開くには、まず戸籍を与え、「日本国民」として地位を確定した上で保護を与えることがその第一歩ととらえられたのである。そこで便宜的措置として講じたのは、彼らを戸籍法上の「棄児」とみなし、前述した棄児救済措置に準じて戸籍を簡便に創設させるという方法であった。そのような〝みなし棄児〟の戸籍創設は一九四六～四八年の時期

が最も多かったという。(44)

戦後の新戸籍法においても棄児の取扱いは変わらないことは先に述べた。加えて、一九五〇年七月に施行された新たな国籍法（一九五〇年法律第一四七号）も、その第二条第三号に「日本で生まれた場合において、父母がともに知れないとき、又は国籍を有しないとき」は日本人とすると規定し、旧国籍法第四条の無国籍防止を目的とする例外的な出生地主義の採用を踏襲した。

ただし、「棄児」の法的定義が存在しないので、戦災孤児などを保護した市区町長はその処遇について中央の指示を仰がねばならなかった。例えば、一九五〇年九月に福岡県八幡市長から法務府への照会があった。戦災、引揚げ等による孤児あるいは浮浪児などで児童相談所が調査しても、本籍、住所、生年月日、父母の氏名などが全く判明しない者については、前述した戸籍法第五七条に基づく「棄児」としての取扱いをしてよいか、というものであった。これに対して法務府民事局長は同年一一月、意思能力のない幼年者であれば、そうした取扱いをしても差し支えないが、「本人の将来に対する影響を考慮し」、なるべく戸籍法第一一〇条に基づく就籍の手続きをとらせるのが望ましいと回答している。(45)

「本人の将来に対する影響」というのは、前述のように「棄児」として扱う場合に「調書により本戸籍作成」というような、「棄児」であった事実が察知しうる記載を戸籍に残すことが成長後の本人に心理的負担を与えることを危惧してのことであろう。もっとも、一〇歳の戦災孤児について、年齢的にみて本来ならば就籍手続きによらせるべきところ、すでに「棄児」の扱いにより新戸籍が編製されていたので、あらためて就籍届を出させる必要はないとされたケースもある。(46)

このように相当に緩やかな基準のため、「棄児」として戸籍が創設された子の中には、外見上、明白に外国人の血統と思われる子も多々あったようである。

終戦直後から千代田区役所で戸籍事務を担当していた新田豊は、一九四六、四七年頃は「眼のブドー色をしたの、あるいは真っ黒な棄児、これは実に多かったです[47]」と証言している。日本人女性と占領軍兵士との間に生まれ、棄てられた嬰児も珍しくなかった時期である。たとえ明らかに「日本人」の子ではないと推定される者でも無国籍とならぬように、日本で「棄児」として生まれたものと認められれば、というよりむしろ積極的に認めることによって、属地主義に則って戸籍に登録し、日本国籍を取得させるという〝人道的措置〟であった。

一九八四年の改正までは父系血統主義であった国籍法の下では、母のみを日本人として生まれた子は日本国籍を与えられなかった。血統的に「日本人の子」でありながら戸籍がない成年後の「日本人」よりも、血統はおろか、出生地が日本であるかさえも定かでない迷子や浮浪児が、優先的に「日本人」としての地位が保障される。これは不条理であると行政側も認めつつも、就籍の手続きでは家庭裁判所による国籍の審査など煩雑な手続きを要するので、「棄児」とみなした方が「取扱いの実務の上では便利だ[48]」という料簡からの寛容なる措置であった。

まさしく戸籍は「日本人」の証明である反面、紙の上の「日本人」を創り出す装置でもある。

第九章　「無戸籍」と「無国籍」
――「籍」という観念

1　「籍」とは何か――帰属崇拝の社会

「無籍」＝「無国籍」か

巷では、しばしば「無戸籍」は「無国籍」と同じものであるという理解が見受けられる。法律的に考えて、戸籍のない人は「日本人」ではないのか。無戸籍問題の報道に接した時、このような疑問が脳裏をよぎる人も多いはずである。

だが、無戸籍と無国籍とは大いに意味を異にする。無国籍とは、いずれの国籍ももたないことが明らかな者である。一方、戸籍は日本国籍であることを公証する資料である。したがって、戸籍をもたないということは、厳密にいえば日本国籍を証明するためのひとつの手段がないという意味にとどまり、それがただちに日本国籍をもたないということを意味しないのは、すでに述べた通りである。

こうした無戸籍と無国籍の同一視は、日本の伝統的国民観念と深い関係をもつ現象であるといわねばならない。日本では近年まで、無戸籍者は一般に「無籍者」と表現されていた。官庁による通達や訓令といった行政先例はもちろん、議会審議、政府文書、自治体の通知などにおいても然りであった。それに従って新聞・雑誌の記事、小説や戯曲といった文学作品、そして学者・ジャーナリストの文章に至るまで「無籍」「無籍者」という言葉が当たり前のように登場してきた。

この「無籍」という語を「無国籍」の意味として解釈する例は、特に戦前までは学者においても少なからずみられた。例えば、国際私法学者の山口弘一は、『国際私法提要』（一九〇一年）において、「無籍」という項目を立てて説明しているが、「国際無籍人ハ孰《いず》レノ国籍ヲモ有セサル者ニシテ……」[1]（傍点、筆者）という記述からもわかるように、これは「無国籍」についての説明である。

同様の用法例は他にもみられる。日本の行政学の先達というべき有賀長雄は、『行政学　上巻』（一八九〇年）のなかの「統民事務」の章において、「除籍及帰化」という一節を設けている。この中で有賀は「除籍トハ本国ニ於ケル臣民ノ資格ヲ捨テ、外国ニ移住スルヲ謂フ」[2]と述べている。つまり、ここでいう「除籍」は「戸籍からの削除」という意味ではなく、「国籍離脱」の意味で解釈されている。また、有賀が「除籍」と「帰化」を並列して論じているところからも、それは戸籍ではなく国籍の喪失としての「除籍」であり、「籍」の語を「国籍」としてとらえているのが明らかである。

学術的権威とされる二人の学者が「籍」についてこのような用語解釈を示していたことは、「籍」の観念がいかに日本の「国民」観念において大きな要素を占めるものであるかを示唆している。

「籍」の意味するもの

そもそも「無籍」とは読んで字の如く「籍がない」という意味である。「籍」という一字から一般に想い浮かべるのは、やはり「戸籍」であろう。法律上の用語でも「入籍」「除籍」「分籍」といったものがあるが、いずれも「籍」とは「戸籍」を意味し、それぞれ「戸籍に入る」「戸籍から除く」「戸籍を分ける」という意味である。

日本語でいう「籍」は、英語においてはこれにあたる言葉が見つからない。だが、中国語において「籍」は個人が帰属する単位、という意味が込められている。ここから端を発して、「籍」という概念は戸籍にとどまらない、いわば「個」が帰属する公的な「社会集団の単位」としてとらえる考え方がここにある。(3) 例えば、「兵籍」「学籍」などの日本語において用いられている「籍」とは、そのような個人の帰属、しかも「公《おおやけ》」の帰属を表すものである。「国籍」も、ひとつの「国」に「籍」(帰属)があるという意味である。

さらに「無籍」という日本語は、「人」にとどまらず、「物」を表す名詞に付いて形容詞的に使用されることもあった。例えば、「無籍米」「無籍織機」といった言葉が戦後の一時期まで使われていたが、これらの用例では「無籍」は「無登録」という意味であり、「籍」が公的な登録先という意味で使われていることがわかる。

また、「戸籍」は原理的な意味で人の経歴を指す言葉として用いる場合もある。一九七六年一一月、衆議院総選挙を前にして、日本社会党の成田知巳委員長が総選挙後の保革対立を越えた野党連合を呼びかけた時、「目標と政策が一致すれば今日までの『戸籍』は問わない」(『朝日新聞』一九七六年一一月一七日付）と語り、世間の耳目を引いた。ここで成田は「戸籍」を文学的感覚で「履歴」、「所属」、「党派」といった意味で用いているとみてよい。

こうした日本語の用法から看取しうるように、「籍」とは、個人をめぐる公認された帰属を指す概念として、家族、ムラ、団体から国家にまで至る伸縮性をもって日本人の思考に影響を及ぼしてきた。個人が「籍」という帰属をもつことを常識化する風潮は、自我の突出を抑制して集団への同調ないし忠誠を美徳とする精神を内包している。

すなわち、「無籍」という二文字には公的な帰属をもたないことをもって、「根無し草」「よるべなきもの」といった非秩序的な存在とする含意がある。「無籍者」という言葉は、国家権力からは「まつろわぬ者」であり、除去すべき対象としての負のイメージで覆われたのは第四章で述べた通りである。明治初年に官民において用いられた「脱籍」という語も、帰属すべき「公《おおやけ》」の組織から逸脱したアウトローという含意が見出せる。

現在、マスメディアにおいて「無籍者」は、「無国籍者」との混同を避けるために「無戸籍者」と表現するのが通例となっている。そもそも戸籍がない「日本人」を意味するのであれば、「無戸籍」という方が明瞭である。しかるに、官庁用語として「無籍」は決して死語とはなっていない。依然として、法務省では「無籍者」が「日本国籍でありながら戸籍に記載されていない者」の略称として使用される場合が多々見受けられる。例えば、二〇一四年六月二四日第一八六回国会参議院内閣委員会において、「無戸籍問題に関する質問」（林久美子議員（民主党）提出）に対して出された政府答弁書には「無籍者の全員を正確に把握することは困難であるものの、現在、法務省において、その存在を可能な限り把握する調査方法について検討を行っているところであり……」[4]という具合に「無籍者」の語はたびたび使われている。

さらに同年七月三一日に法務省民事局が発した通知のなかで「日本国籍を有するものの戸籍に記載がない者」を以下「無籍者」と置き換えて表記している。[5]明治以来、官民において「無籍浮浪人」「無籍無産の徒」などの形でネガティヴな意味合いで使用されてきた「無籍」の語は、いまだに政府内では〝共通言語〟として通用しているようである。

このように、「無籍」は、「無戸籍」と「無国籍」の双方を想起させるだけでなく、「無籍者」は「籍」を失った者、あるいは捨てた者、すなわち「まつろわぬ者」という日本独特の国民観念を反映した言葉として使用されてきた。「籍」という一文字には、「個」の突出を抑制し、それが収まるべき帰属先としての「集団」「組織」を尊重し、崇拝するという日本固有の人間観、社会観が練り込まれている。とかく考えると「日本人」でありながら「無戸籍」であることは、「戸籍に登録されていない」という単なる法律的意味よりも、「帰属すべき籍をもたない」という社会的・倫理的意味において重みをもつものであることが理解できるのではないか。

2 「無国籍」と「無戸籍」のちがい

戸籍はシチズンシップではない

欧米では「国籍」はシチズンシップ（citizenship）と表現されることが多い。シチズンシップという と「市民権」またはその源泉という意味が強くなる。一方、ナショナリティ（nationality）という場合も少なくないが、この表現の場合は、国民／外国人の境界を画定することを念頭に置いている。

国籍は出生と同時に取得した後、自己の意思で変更したり、離脱することができる。これが「国籍自由の原則」と呼ばれる。ただし、誰を「国民」として選定するかは国家の主権に属し、また国民が無国籍となって無権利状態に置かれることを防ぐため、個人の国籍の変更は国家の許可を必要とするというのが国際法上の共通理解である。米国の政治学者ウィロービーは、「個人が国籍（citizenship）を法的な権利として要求したり、何らかの方法で国籍を離脱することは、それを妥当とする国家の同意を措いてはありえない。これはすべての主権国家が実施している公法の原則である」(6)と述べているが、これも主権国家がシチズンシップの与奪権をもつことの合理性を説くものといえる。

近代国民国家においては、個人は国籍をもたなければ多大な不利益を被るものとされてきた。無国籍ではどこの国で暮らそうとも、国籍の保有に基づいて一定の国家が保障するシチズンシップを享有できないからである。旅券の発給、参政権の行使、国家公務員への就任などがそうであるし、何よりどの国家にも帰属していないということは、その個人の権益を保護する国家がないことを意味した。

例えば、国家はその領域外にある自国民の身体や財産上の権利を一定の限度において保護する、外交的保護の権利をもつことが国際法上に認められている。だが、無国籍者は滞在する国家から不当な差別待遇や非人道的な措置を受けても、外交的保護を求めるべき国家がどこにもないのである。

無国籍者という存在が世界的な人道問題として認識されるようになったのは、一九一七年に始まるロシア革命によって生じた数百万の亡命ロシア人（いわゆる白系ロシア人）がソビエト政府から国籍を剥奪されてからと考えてよい。政治学者アレントは、「無国籍というのは現代史の最も新しい現象であり、無国籍者はその最も新しい人間集団である」ととらえていた。彼女によれば、無国籍者が「第一級の政治問題」となったのは、亡命ロシア人が発端であり、それは「国民国家の崩壊の最も明白な徴候」(7)であった。

だが、第二次世界大戦後、基本的人権をめぐる国際秩序は著しい発展を遂げ、国籍の有無にかかわらず個人は人権を保障されるべきであるという規範が生まれた。無国籍者の権利についても、各国家ができうる限り保障すべきことが国際法上に規定されるようになる。

一九五四年に国際連合で採択された「無国籍者の地位に関する条約」は、例えば第二三条に「締約国は、合法的に領域内に滞在する無国籍者に対して、公的救済及び公的援助に関して、自国民に与える待遇と同一の待遇を与えなければならない」と規定し、無国籍者が困窮していれば、その滞在国はこれを自国民と同等に扱うことを義務づけている。さらに一九六一年に「無国籍の削減に関する条約」が国連で採択された。これにより、無国籍者を保護するとともに、無国籍の発生を防止・削減することが国際社会の取り組むべき課題として位置づけられた。だが、日本はまだいずれの条約も批准していない。

一方、戸籍はあくまで国家による国家のための身分登録であり、個人のシチズンシップとは次元の異なるものである。次章でみるように、日本国民に対象を限定している権利（旅券の発給、国家公務員への就任など）については、その申請において国籍の公証資料となる戸籍が必要とされてきた。だが、戸籍はあくまで国籍保持に付随する証明書であり、戸籍それ自体が国民としての権利の享有を保障するものではない。

それに、個人がどの戸籍に入るかは出生時における父母の意思や家庭環境などによって決まるものであり、当然ながらまだ嬰児である個人の意思が介在する余地などない。戸籍に登録されてからも、国籍のように個人が自由意思に基づいてこれを変更したり、離脱したりというような個人の選択権は戸籍法において基本的に認められていない（成年に達すれば、「分籍」により現在の戸籍から分かれて自分が筆頭者の戸籍を新設できるが、氏はそのままである）。

それというのも戸籍は氏に基づいて編製されるので、どの氏を名乗るかはそのままどの戸籍に入るかを意味し、氏の変更が当然に戸籍の変更になるのである。よって、氏の変更は家庭裁判所が「やむを得ない事由」と認めて許可審判を下さない限り不可能である（現行戸籍法第一〇七条第一項）。

ことに、序章で述べたように、民法第七七二条の規定によって離婚成立後三〇〇日以内に出生した子は、生みの母ではなく母の前夫の戸籍に入り、前夫の氏を名乗らねばならない。これは、当事者の意思や現実の生活環境に反して戸籍への登録が決定されることさえあるという明瞭な例証であろう。それによって人生を歪められた当事者の精神的苦痛は、第三者にははかり知れないものである。

無国籍・無戸籍の「日本人」――父系血統主義のひずみ

無戸籍者は日本人の子として生まれた以上、事実上の「日本国籍者」であり、法的意味でいう「無国籍者」ではない。だが、日本人の母から生まれながら、無戸籍のみならず無国籍となった人々がいる。

既述のように日本国籍法は、一八九九年の制定以来、父系血統主義を維持していた。一九五〇年に新たな国籍法が施行されたが、ここでも「出生の時に父が日本国民であるとき」（第二条第一号）および「父が知れない場合又は国籍を有しない場合において、母が日本国民であるとき」（第二条第三号）、子は日本国籍を取得するものとされていた。このため、日本人である母による分娩という事実に基づき生物学的血統からみて明白に「日本人」の子と確定される子でも、父が外国人である場合は日本国籍を取得できなかった。その場合、子は外国籍となるから母の戸籍にも記載されることはない。例外として法律上の父がいない婚外子（つまり「父が知れない場合」）や父が無国籍である場合のみ、右の第二条第三号に基づき、日本人の母の「血」が継承されて日本国籍となった。

一九五〇年に国籍法が全面改正された時も父系血統主義が維持された理由は、父母両系血統主義にすると国際結婚で生まれた子が重国籍になるおそれがあり、父系血統主義の方が重国籍防止に有効であるという理由からであった(8)。そこには前提として、どんな時も子は父の国籍を必ず継承するので子は無国籍となることはないという了解があったと考えられる。

しかるに、この父系血統主義の下において、法の谷間に置かれて無戸籍かつ無国籍となる子が生まれた。「アメラジアン」と呼ばれる、アメリカ人とアジア人の間に生まれた子である。米軍基地の集中する沖縄では、米国人男性と日本人女性の間で多くの「アメラジアン」が産み落とされた。

なぜ沖縄のアメラジアンが無国籍となるに至ったのか。まず米国人男性と日本人女性との婚姻によって生まれた子は、日本国籍を取得することはできないので戸籍にも登録されない。一方、地縁を「国民」の紐帯として重視する米国の国籍法は出生地主義を原則としているので、出生地が米国国内であれば米国国籍を取得できた。だが、生まれた場所が日本であったことが子を不運に導いた。米国の国籍法には次のような複雑な規定がある。父母の一方がアメリカ人で、もう一方が外国人である場合、子が米国国外で生まれたらアメリカ人の親が子の出生前に米国国内に一〇年間（そのうち五年以上は一四歳に達した後）居住していなければ、その子は米国国籍を取得できない。そのため、沖縄の在日米軍に勤務して日本に居住していた期間に日本人女性との間に子を設けたアメリカ人男性の場合、本国で一〇年の居住要件を満たしていなければ、その子は米国国籍を取得できず無国籍となる。当然、戸籍にも記載されない。日本人の母から生まれた以上、日本人の血を引く潜在的な「日本人」でありながら、正式に「日本人」となるには外国人と同様に帰化するか、あるいは前述の国籍法第二条第三号を利用して、あえて父の知れない婚外子として届け出るしか手立てはなかった。

こうした法の不備が災いして生まれた無国籍児の問題は、米軍基地という重荷を負わされてきた沖縄という地域の特殊性に起因する人権問題として認識され、本土復帰後の一九七〇年代後半から立法による解決を求める市民運動が沸き上がった。要望される解決策は、日本の国籍法を父母両系血統主義に改正することを措いてほかにはなかった。

日本政府を国籍法改正へと突き動かす大波となったのは、一九七九年に国連で採択された女子差別撤廃条約である。この第九条第二項に「締約国は、子の国籍に関し、女子に対して男子と平等の権利を与える」として、出生による国籍取得に関する男女平等が規定された。日本は一九八〇年に同条約に署名したことで、この批准に備えて国籍法の父系血統主義の見直しが必要となった。かかる〝外圧〟の効果として一九八五年一月一日に施行された改正国籍法（一九八四年法律第四五号）によって、「出生の時に父又は母が日本国民であるとき」、子は出生と同時に日本国籍を取得する父母両系血統主義へと改められた（第二条第一項）。

くり返すが、血統主義国籍法において重要なことは親が「日本人」であるか否かであるが、これは戸籍に記載された「日本人」との血縁関係によって証明されるのが慣例となっている。父系血統主義の時代は、父との親子関係を証明するには戸籍が必要であった。だが、父母両系血統主義となってからは、戸籍がなくても出生証明書や母子手帳によって日本人の母親から生まれたことを証明すれば、子は事実上の日本国籍であることの証明となる。戸籍は日本国籍の証明書として重要な証拠資料とされるものの、戸籍の有無をもってただちに日本国籍の有無を判断することは臆断というものである。

凝視すべき点は、すべての「日本人」が戸籍に登録されているわけではないということである。日本人の子として生まれ、事実上「日本国籍」でありながら、さまざまな事情により戸籍に記載されなかった人々があり、それが無戸籍者なのである。まさしく無戸籍者は、実質的に日本人でありながら、形式的に日本人ではない存在、なのである。

戸籍を与えられる無国籍者

無戸籍の「日本人」が戸籍を創設するためには、前述のように就籍という司法手続きを必要とし、家庭裁判所の審判において「日本人」であることが立証できなければ就籍は許可されない。これと対照的なのは、日本で生まれた無国籍者の扱いである。

父母両系血統主義である現行国籍法の第二条第三号には「日本で生まれた場合において、父母がともに知れないとき、又は国籍を有しないとき」は日本人とすると規定されている。つまり、無国籍の親が日本で生んだ子に対しては、特例的に出生地主義を適用して出生と同時に日本国籍を取得させるのである。これにより、肌や眼の色などから明白に「日本人」ではないと推認される子でも、右の条件に適合すれば「日本人」として戸籍が創設される。これは戸籍法における「棄児」の扱いを準用するもので、日本における無国籍者の発生を防止するための救済的措置である（第八章第三節参照）。

父系血統主義であった時代の一九六九年には、法律上の父がおらず、国籍不明の母が日本で生んだ子が就籍許可を申し立てたものの、日本国民たる証明がないとして却下され、「無国籍」として外国人登録を受けていたが、この国籍法第二条第三号を準用して日本国籍として認めるのが適当とした先例がある。(9) すでに「棄児」に関して述べたところと同様、迅速な救済という点に重きを置くならば、就籍の手続きをさせるよりも「無国籍者の子」として扱う方が便宜的なのである。

もっとも、ある人間が「無国籍」であるか否かを認定する上で、法的に厳密な規定があるわけではない。前述した「無国籍者の地位に関する条約」第一条においては、「無国籍者」とは「いずれの国家によってもその法の運用において、国民とみなされない者」と規定されている。強いてこれに従えば、

「無国籍」と認定される要件は、各国の法律に照らして有効な国籍を保有していない者ということになろう。ここで最も明快な基準となるのは、国籍を保持する証明となる旅券を所持しているか否かである。だが、これも無旅券の者について、発給を受けられない環境にあったのか、あるいは紛失したりして所持していないだけなのかといったところまで踏み込んで判断する必要がある。

日本において「無国籍」であることの有力な根拠とされるのは、外国人登録証、そして二〇一二年からこれに替わった在留カードにおける国籍・地域欄が「無国籍」と記載されていることである。ただし、日本に入国した外国人が外国人登録をする際に、形式審査において一定の国籍を保持することを証明できない場合については「無国籍」として登録していた。したがって、本来は一定の国籍を有する者でありながら、それを証明すべき資料を用意できないために登録上「無国籍」として取り扱われる場合もありうる。つまり、日本の入国管理行政において「無国籍」というのは、国籍が不明または確認できない者も含んでおり(10)、はじめから正当な旅券を持たないといった法的な「無国籍」のみならず、そうした「みなし無国籍」をも含む広範な概念となっている。ちなみに法務省の在留外国人統計によれば、二〇一五年度の在留外国人二六八万八二六八人のうち「無国籍」として五七三人が登録されている。

繰り返すように、無戸籍者は日本人の母親が生んだ子であり、事実上の日本国籍であることは血統的に明白である。にもかかわらず、これよりも無国籍者の子の方が戸籍政策の上では優先的な扱いになっている。それ自体は人道的な措置であることは疑いのないところであるが、無戸籍の子と比べて「人道」のさじ加減が相当に異なる。血統を「日本人」の系譜の根幹とするという戸籍の本質は、ここに矛盾をあらわにする。

このように戸籍は地縁を基に「国民」を創り出す場合もあり、戸籍に与えられてきた「日本人」の証明という意義は、血統主義が貫徹されていないという点で大いに擬制的なものとなるのである。

3　なぜ外国人には戸籍がないのか――国民登録と排外主義

戸籍のもつ〝排外主義〟の由来

戸籍をもたない「日本人」の意味を考える上で、さらに焦点を当てるべきは、戸籍が日本国籍の証明であるとされる、その理由である。ひとえにそれは、戸籍に登録されるのは日本国民に限定されているからである。しからば、一般に外国人も「無戸籍者」なのではないか、という声が多分に挙がりそうである。

だが、そもそも外国人は戸籍に記載されてはならないというのが戸籍法を貫く原則である。幾度も述べてきたように「無戸籍者」とは、本来であれば「日本人」として戸籍に記載されるべきにもかかわらず、記載されていない者を指す概念である。

したがって、日本人が日本国籍を喪失したならば、戸籍から抹消される。現行国籍法では、次の場合はいずれも日本国籍を喪失するものと定めている（第一一・一二・一三条）。

A―自己の志望により外国籍を取得した者
B―国外での出生により日本国籍と同時に外国国籍も取得しながら、日本国籍を留保する旨を届け出なかった者
C―法務大臣への届出によって日本国籍を離脱した者
D―日本と外国の国籍を有していたが、外国の国籍を選択した者

これらの理由により日本国籍を失った者は、国籍喪失の事実を知った日から一ヶ月以内（届出人が外国にいるときは三ヶ月以内）に在外公館または本籍地市区町村へ国籍喪失届を提出することが、戸籍法により義務づけられている（現行戸籍法第一〇三条）。国籍喪失届が受理されれば、その者は現在記載されている戸籍から除籍される。

だが、ここでもうひとつの疑問にぶつかる。戸籍は日本人しか記載しないという旨の明文規定は、現行戸籍法のどこにも存在しないのである。外国人は戸籍をもたないということは、それほどに自明の原則であるということなのであろうか、そこで、外国人と戸籍の関係をめぐる歴史的経緯を振り返っておきたい。

一八七一年の太政官布告第一七〇号に基づき、「全国総体ノ戸籍法」（同布告前文）として制定された壬申戸籍は、現在の戸籍法の源流である。この太政官布告の前文において「戸籍人員ヲ詳《つまびらか》ニシテ猥《みだり》ナラサラシムルハ政務ノ最モ先《さきん》シ重《おもん》スル所ナリ。（略）去レハ其籍ヲ逃レテ其数ニ漏ルルモノハ其保護ヲ受ケサル理ニテ自ラ国民ノ外タルニ近シ。此レハ人民ノ戸籍ヲ納メサルヲ得サルノ儀ナリ」

（傍点、筆者）と述べられていた。つまり、戸籍の記載から外れた者は「国民」として保護を受けられず、それが困るならば戸籍をつくるべしという趣旨であった。

さらに同布告の第一則において「臣民一般（華族士族卒祠官《しかん》僧侶平民迄《まで》ヲ云《いう》以下 準 之《これにじゅんず》）其住居ノ地ニ就《つい》テ之ヲ収メ専ラ漏《もら》スナキヲ旨トス」（傍点、筆者）と定めている。ここに、近代日本における「臣民」なる観念が創出されたのであり、その「臣民」を画定するものとなるのが壬申戸籍であった。このように壬申戸籍は、「臣民一般」について「専ラ漏スナキ」こと、すなわち「日本人」を余すところなく登録することを志向するものであった。

そして第五章で述べたように、一八九八年に施行された明治民法をもって家制度が確立した。「家」とは、氏を同じくする戸主とその家族によって構成され、同一の氏を称し、同一の戸籍に記載される親族集団である。家は日本国家の基盤とされ、日本人は必ず一つの家に属することが求められた。裏返していえば、日本の家に入れるのは日本人のみであった。明治民法の第九六四条第一項には、家督相続の発生する事由として「戸主の死亡、隠居または国籍喪失」を定めていた。つまり、戸主が日本国籍を喪失したら、戸主でなくなる。換言すれば、外国人は戸主になることができないのである。家督を継ぐ資格のない者は家の一員ではない。それに加えて、外国人は戸籍の編製基準となる氏というものをもたない。まさしく家＝戸籍は日本人にしか生存を許さない空間なのであった。

このことを裏打ちするように、明治民法施行日と同じ一八九八年七月一六日に施行された明治三一年戸籍法は、次の通り、戸籍を作成されるのは日本人に限られるという〝排外主義〟を宣明した。

第一七〇条　戸籍ハ戸籍吏ノ管轄地内ニ本籍ヲ定メタル者ニ付キ之ヲ作成ス
日本ノ国籍ヲ有セザル者ハ本籍ヲ定ムルコトヲ得ズ（傍点、筆者）

これは、外国人と日本人の混合世帯が本籍を定める、つまり一つの家を構成するという事態を明確に否定するものであり、家の〝純血〟を貫徹させる趣旨から周到に挿入したものであった(11)。

日本国家の礎となる家に属する者はすべて「日本人」でなければならないという思想は、明治民法施行の翌年に制定された旧国籍法にも根を下ろした。第五章第一節で述べたように、本法では、外国人は日本人との婚姻や養子縁組などを通じて日本の家に入る時は日本国籍を取得し、逆に日本の家を出た時は日本国籍を喪失すると規定されていた。これらは当事者の自由意思とは無関係な国籍変更であり、日本の国籍法は家の原理による制約に服したということである。

不文律となった〝排外主義〟

右に挙げた明治三一年戸籍法第一七〇条のうち、第二項の「日本ノ国籍ヲ有セザル者ハ本籍ヲ定ムルコトヲ得ズ」という規定は、一九一四年の改正戸籍法の第九条「戸籍ハ市町村ノ区域内ニ本籍ヲ定メタル者ニ付戸主ヲ本トシテ一戸毎ニ之ヲ編製ス」（傍点、筆者）という規定に一本化される形で削除された。

これは、司法省の説明によれば「戸主ヲ本トシテト云フ文字ガアレバ、モハヤ外国人ト云フコトハ削ツテモ宜《よろし》カラウ、ノミナラズ此事ハ実ハ当然デアル」（傍点、筆者）(12)というごとく、日本の家において外国人は戸主となりえないことが当然の了解事項とされていたからである。かくして、例えば島田鐵吉の『戸籍法正解』（一九二〇年）が述べるように、「日本ノ国籍ヲ有スル者ニ非《あら》サレハ日本ノ家ノ戸主又ハ家族タルコトヲ能《あた》ハサルカ故ニ戸籍ニ記載セラルヘキ者ハ日本ノ国籍ヲ有スル者ニ限ル[13]」という戸籍法を貫く純血主義は、自明の不文律として確立されたのである。

敗戦後、総司令部による占領改革において家制度は打破すべき旧体制の象徴と目され、男女同権や婚姻における両性の自由尊重を定めた新憲法によって廃止となった。家制度を支えていた戸籍法も、総司令部によって民主的改革のメスが入れられた。

一九四六〜四七年、司法省は総司令部との間で戸籍法の改正について幾度も審議を交わしている。そのなかで、前述したような戸籍がもつ〝純血主義〟も総司令部から批判の的にされた。例えば、一九四七年一〇月一三日、総司令部民政局と司法省の間で戸籍法改正案をめぐる会談が行われた。そこで民政局のマコーミックは、「非日本人」は日本人の女子と結婚しても新しい戸籍が編製されないということを司法省から説明されると、「それでは戸籍法の対象は日本人のみか」と問えば、司法省は「大体そうである」と答えた。マコーミックは「それでは何故それを規定しないのか」と問い詰めると「大体全体の条文から推定出来る。例えば第二二条等である」と司法省は答えていた。ここで具体例として引き出された「第二二条」というのは、現行戸籍法第二三条の国籍を失った者は除籍されるという規定を指している。この司法省の回答に対してマコーミックは「大体戸籍法は日本人のみに適用して外人を締め出すという家の観念を備えている様に思う[14]」と述べ、戸籍制度がもつ排外主義の本質を家制度に由来するものとみなして鋭い指摘をぶつけた。だが、総司令部はそれ以上、この問題について追及することはなかった。

司法省はこの排外主義の他にも、「戸籍」という名称や、戸籍を個人単位でなく家族単位で編製するなどの戸籍制度の大枠について、総司令部による追及の矛先をかわしつつ守り切ったのである(15)。

また、現行戸籍法は第六条において「戸籍は、市町村の区域内に本籍を定める一の夫婦及びこれと氏を同じくする子ごとに、これを編製する」と定めている。これも、家の表徴としての「氏」は外国人と無縁のものである以上、戸籍をもつのは日本人のみであるという立法精神を継承する規定である。もはや明文規定はなくとも、戸籍は日本人だけの登録であるということは日本法の不文律としてゆるぎない地歩を占めているのである。

敗戦による「民主化」という潮流の中で、家制度の廃止とともに改正された戸籍法であったが、氏の規定とともに〝純血主義〟がそこに温存されたことは、戦後の戸籍法が家の観念と訣別できなかったことだけでなく、戦後日本の「国民」観念に守旧的な色合いを大きく残したことをも明快に示すものであろう。

第一〇章　戸籍がないと生きていけないのか

――基本的人権と戸籍

1　戸籍が必要とされる機会

戸籍が「日本国民」の身分証明として至極重要なものであるならば、戸籍をもたないとどのような不利益を被るのであろうか。この素朴な疑問について、大半の人が正しい答えをもたぬまま生きているといってよい。そこで、まず公私において戸籍が個人の身分証明として提出を要求される場面というものが、日常においてどれほどあるかを考えてみよう。

一般に、婚姻、相続、就職、就学、銀行口座の開設など、法律関係を発生させる行為の際に、本人確認または家族関係証明のために戸籍の提出が必要となると考える向きが多い。だが、本当にことごとくそれらの機会において、戸籍が根本的に不可欠なのであろうか。

現代の社会生活において、個人の戸籍を確認する目的として考えられるのは、主に以下のようなものがある。

① 本人確認

個人が雇用、売買、貸借、口座開設などのいわゆる契約行為に及ぶ場合、就学、入学、会員登録などのように一定の組織に帰属する行為に及ぶ場合、警察による職務質問や取り調べなど公権力による身許調査を受ける場合など、いずれにおいても「自分が何者であるか」を証明する必要があるのはいわずもがなである。個人を特定し、他人と区別するための最低限必要な情報は、まず氏名、生年月日であり、次いで住所（住居）、職業というところであろう。

とりわけ刑事分野においては、容疑者がはたして本人であるか否かは重大なところである。検察官が容疑者を訴追する際に作成する起訴状には、被告人の氏名、年齢、住居、職業、そして本籍を記載すべきものとされている（刑事訴訟規則第一六四条）。このうち、氏名と年齢以外は、いくらでも変更できるし、不明あるいはそれらがない場合も多々あるので、本人の特定に必ずしも役立たない。特に本籍などは出生地や現住地と無関係に設定できることは、すでに述べた通りである。

では、もし「あなたが戸籍に記載されている本人であることを証明してみせよ」と要求された場合、一般的にどのような証明の方法があるだろうか。戸籍そのものを提示するだけでは不十分であることは論をまたない。最も容易にして比較的確実な本人確認の方法は、顔写真を添付した証明書を提示することであろう。旅券、運転免許証、学生証等には顔写真が添付されているが、戸籍にはそれがない。ただし、写真といえども、加齢や疾病による容貌の変化、撮影時の環境などによって、現在の本人との同一性を確認するには完璧とはいえない点がある。

そこで「終生不変、万人不同」とされる指紋を本人識別に利用すれば完璧に近づくであろうが、指紋押捺を身分証明に課することは人道上、問題があるので通常は採用されていない。戦前、司法省内では戸籍に指紋登録を導入して個人識別を徹底すべしという要望もあった。[1] また、戦後の一九四〇年代後半に国民指紋法を制定しようという提案が国会審議などで取り上げられたが、いずれも具体化することはなかった。その反面で、一九五五年から外国人登録法において指紋押捺を義務づけたが、当然ながら多くの拒否者を生むとともに日本国民も加わっての指紋押捺反対運動が巻き起こり、外国人の人権を侵害するものという批判を受けて、二〇〇〇年に外国人指紋登録は廃止になった。

とにかく、ひとたび戸籍に記載された内容は「事実」として通用するため、昔日から戸籍の盗用による「なりすまし」事件は後を絶たなかった。その手口もさまざまである。他人の戸籍を盗用し、学歴などをそっくり詐称して入社し、定年まで勤務していた事件や、東京に住む老人の戸籍を盗用した北海道にいる別人が四〇年にもわたって本人になりすました挙げ句に死亡し、盗用された老人が区役所で自分がいつのまにか「死亡」したものとして戸籍から抹消されていた、という事件も起こっている。[2] また、知らない間に縁もゆかりもない第三者との婚姻や養子縁組といった虚偽の届出がなされるという事件も珍しくはないが、このような虚偽届出事件の場合、戸籍に不実の記載がされることで戸籍盗用による被害はより多くの関係者に及び、単なる「なりすまし」をしのぐ深刻さを帯びる。

それというのも従来、役所で婚姻、養子縁組などの届出を行う際に、窓口で届出人が本人であるか否かの確認を行うことは市区町村の任意であった。だが、戸籍への虚偽の届出を防止する目的から、二〇〇三年三月に法務省民事局は通達を発し、届書の持参者に対する本人確認の実施については、原則として顔写真付きの身分証明書の提示を求めるようになった。具体的には、運転免許証や旅券など官公署の発行する証明書を提出すればよく、それ以外に市区町村長が本人確認を行うに足りると認める方法でも差支えないものとなった(3)。

とどのつまり、戸籍それ自体は本人確認のための証明書として有効なものではない。国家もようやくこのことを公に認めざるを得なくなったのである。

② 国籍関係の確認

再述するまでもないが、戸籍に記載されるのは日本人だけであるから、必然的に戸籍は国民登録としての役割をもつ。よって、国際的な国籍証明となる旅券の発給や、国民固有の権利とされる国家公務員採用への応募などの場合、本人が日本国籍であることを確認する必要から戸籍の提出を求められることがある。

「無戸籍」が「無国籍」と混同される原因のひとつとして考えられる一因は、日本の国籍法が一貫して血統主義を採用していることであろう。日本人である親との血縁関係を証明するものが戸籍であるから、戸籍による血縁証明がないと日本国籍を親から継承できないと考える向きが多いのではないか。

だが、あくまで戸籍は、日本国籍を有することを認定するための証拠資料のひとつにとどまるものである。ある人が日本国籍を有するか否かを確認するには、特に戸籍でなくても住民票があれば十分可能である。住民票をもたない場合でも、日本国籍であることを証明するには日本人との親子関係を証明できればよいのであるから、それは出生証明書、母子健康手帳などを利用すれば可能である。決して戸籍のみが排他的な公証力をもつ日本国籍の証明というわけではない。

③　年齢の確認

社会生活において年齢の確認が求められるのは、婚姻（男子一八歳以上、女子一六歳以上）、養子縁組（養親は二〇歳以上など）、運転免許交付（普通免許は一八歳以上）、刑事未成年（一四歳未満）か否かなど、法定の年齢規制が関係する場合である。年齢のみを確認するのであれば、戸籍でなくとも住民票、運転免許証、健康保険証、学生証などで事足りる。だが、未成年の就業を避けるために事業主が就業者の年齢確認をする法的義務がある場合、かつては最も公信力のある証明書ということで戸籍の提出を求めることが通例となっていた。これについては後述する。

④　能力関係の確認

ここでいう「能力」とは、法律上にいう「行為能力」のことである。ある法律行為が有効に成立するためには、当事者が主体的にその行為をなす能力を備えているかが問われる。とりわけ、未成年であるか否かは多くの法律に関係するので、③で述べた年齢の確認はここでも必要となる。

民法では行為能力のない者の法的関係についての取扱いを規定している、これが「禁治産者・準禁治産者制度」と名付けられていた時代は、家庭裁判所から禁治産者または準禁治産者の宣告を受けた者は戸籍にその旨が記載されたので、契約等の法律行為をなすにあたり、当事者が「無能力者」であることを証明するには戸籍の提出が必要であった。

また、職業や国家資格によっては「欠格事由」として「無能力者」であることが規定されているものがあり、そのような場合には自分が「無能力者」に該当しないことを証明する上で戸籍の提出が有効とされた。

だが、戸籍は一九七六年まで公開が原則とされ、誰でも手数料さえ納めれば閲覧が可能であったため、「禁治産者」といった記載事項は社会の差別や偏見を招くものとなった。「禁治産者・準禁治産者制度」は二〇〇〇年より「制限行為能力者制度」へと改正され（「無能力者」は「制限行為無能力者」へ、禁治産者は「成年被後見人」へ、準禁治産者は「被保佐人」へとそれぞれ名称が変わった）、プライバシー保護の観点から当該認定を受けた旨を戸籍に記載することは廃止された。これに伴い、後見、保佐等に関しては法務局および地方法務局による登記事項となり、それらの關係事項を証明することが必要な場合は登記事項証明書を提出すればよいものとなった。

⑤　親族関係の確認

主として戸籍の目的とするところは、身分関係の公証であるとされる、第一章で述べたように、ここでいう身分関係とは、民法に基づく身分関係、いいかえれば親、配偶者、子といった親族関係である。この親族関係に基づいて発生する権利義務は多くある。未成年者は親の親権に服する、親は子に普通教育を受けさせる、死亡者の親族は遺族年金の支給を受ける、などである。

とりわけ重要なのは、相続の問題である。戸籍が国民にとって現実的に有用となる最大の機会がこれであろう。財産や債権などの相続の手続きを行う場合、誰を相続人とするか、相続の開始（死亡、失踪宣告の有無）はいつか、などの点を把握するために、被相続人、相続人両方の戸籍謄本を確認することが必要とされる。被相続人の戸籍謄本だけではすべての相続人を確認できない場合、被相続人の除籍謄本や原戸籍謄本の提出も求められることがある。

また、婚姻や養子縁組をするにあたり、重婚ではないか、再婚禁止期間にあたっていないか、養子縁組の実質的要件を備えているか、などの点について確認する目的から、役所では届出を受理する前に届出人の戸籍情報を確認しようとする。ただし、これらの届出の際に戸籍謄本を提出することは法律上の義務ではない。そして、無戸籍者は戸籍がないという理由でそれらの身分行為が一切不可能なのかというと、否である。この点については後述する。

そして重要なことは、戸籍による親族関係の確認は、国籍確認の意味をあわせ持っている点である。日本の国籍法は一貫して血統主義を採用しており、生来の日本国籍の有無は、父または母の国籍いかんによって決まるからである。したがって、戸籍による親子関係の登録は、必然的に国籍関係の証明となる。

以上の要点をふまえた上で、基本的人権の享有と戸籍の具体的関係について、次にいくつかの論点ごとに検討してみたい。

2　社会生活における権利と戸籍

（一）就職

日本国憲法では、第二七条に国民の勤労の権利を保障している。これに連なる権利として第二二条に職業選択の自由を保障している。これらの権利が戸籍の有無によって、いかなる影響を受けるのであろうか。

一八七二年に全国統一戸籍としての壬申戸籍が編製され、一般に戸籍が「日本人」の身分証明として浸透したことにより、官民いずれにおいても就職しようとする者は、その身許を明らかにする公証資料として雇入れの際に戸籍の提出を求められる機会が増えるようになった。

だが、近代社会における個人主義の勃興、資本主義化の進展と相俟って、個々人の生産活動の形態は多種多様なものへと広がっていく。ここまで幾度も述べてきたように、元来、戸籍が管理の対象として最も確実に把握しうるのは、定住を必然とする農耕民であった。日雇い労働者をはじめ、行商人、漁民、狩人、木地師、大道芸人、遊女といった移動を常とする職業民は、おのずと戸籍の埒外に置かれがちとなるのである。

例えば、縁日などに見世物や露店を開く「香具師《やし》」と呼ばれる行商人があった。大正期から昭和戦前期にかけてその生活を追跡したルポライター・和田信義はこう記している。「行商人には一定の住居を持たない渡り者が多い。たとへ家を持つてゐても、其の家に縛られない。これが又彼等を強くする」「行商人─殊に住居をもたない浮浪商人には支配根性がない。たゞ自由を冒されない前の吾々《われわれ》の祖先が持つてゐた野性をもつてゐる。国境を知らないコスモポリタンだ」(4)。

和田は、行商人の果てしない移住生活を家に縛られない「自由」ととらえ、それがたくましい行商人の原動力であると指摘していた。そして「コスモポリタン」という表現をもって、戸籍と無縁に生きることが常態化した人間は、国家への帰属意識、つまり国民意識も希薄となることを示唆している。

政府は、こうした流浪の職業民に「国民」としての共同意識を扶植するためにも、彼らを戸籍の秩序に組み入れたいところであった。だが、戸籍に目もくれずに日常を生きてきた者に自発的な戸籍登録を求めることは、相当な苦心を要する。やはり、それらの人々に戸籍登録を生活上に不可欠であると理解させるような制度上の強制力をつくり出す必要があった。

例えば、遊女については一九〇〇年に「娼妓取締規則」が発せられた。同規則により「娼妓」となれるのは一八歳以上に限定された。稼業を希望する者は「娼妓所」所在地の警察に出頭して「娼妓名簿」に登録することが義務づけられ、登録申請の際に戸籍謄本を提出すべきこととされた(第三条第二項)。これは、少女の人身売買が横行することを防止する目的からでもあった(第六章第三節参照)。

だが、放浪の職業人が、おしなべて従順に戸籍の支配に服するわけではなかった。また服する必要もなかった。それというのも、戦前の日本は後述のように、貧民扶助を除いて一般的な社会保障制度も整備されておらず、戸籍に背を向けた生活を続けても日常に格段の支障は生じなかったのである。

「労働者名簿」に戸籍は必要か

現在でもなお、戸籍がない者は就職ができないなどという流言が、市井に飛び交うことがある。また、いったん企業から採用内定をもらっても無戸籍であることが露見するや内定取り消しにあうのではないか、採用選考のために提出した履歴書の本籍欄に「なし」と記載したら不採用となるのではないかといった、より具体的な疑問も聞かれる。前者の就職できない云々は論外としても、後者についてはあながち杞憂として片づけられないのは、採用内定後に戸籍謄本を提出させる企業がいまだに少なくないからである。そもそも、なぜ事業主が採用にあたって戸籍を確認する必要があるのか。

採用希望者に対して事業主が戸籍の提出を要求する主な理由とされてきたのは、「労働者名簿」を作成するためというものである。労働者名簿は、事業主が従業員の管理のために生年月日や家族関係や現住地といった個人情報を記録するものであり、明治期から業種によっては慣例的に各事業所において作成されていた。

例えば炭鉱では、一九一六年制定の「鉱夫労役扶助規則」（一九一六年農商務省令第二一号）において、鉱業権者は鉱夫を雇い入れる時、「鉱夫名簿」に氏名や生年月日などとともに本籍を記載することが定められた。このことに関して、一九一八年一月七日付『大阪朝日新聞』の記事には「例の労役扶助規則が励行されるようになってから従来丸で無籍者のように思われてゐた坑夫も戸籍謄本がなくては山に入れられぬというようになり、粒も代物も精選され」とある。あたかも戸籍の確認を原則化したことで、身許の確かで良質な労働力が集まるようになり、作業の能率も向上したといわんばかりの書き振りであるが、これは戸籍が身許証明としての信頼性を保っていた時代の反映ともいえよう。

また、日常的に水上での生活が多い漁業労働者の雇用においても、戦前から「漁業労働者名簿」が作成され、その様式には「本籍」の欄が設けられていた(5)。

無論、本籍の確認によって採用希望者の労働力としての適性と能力を判断する材料が供されるわけではない。本籍の記載が労働者名簿において必要と規定された意図は、本籍を知ることでいかなる出自の人間であるかを調べるためであり、いわば身許調査に尽きる。特に、鉱業や漁業などのように、出稼ぎ労働者が中心を占める上にその移動率も高い業種では、従業員の家族関係や出身地などの情報を把握しておくために、採用時の戸籍謄本の確認が慣例化していたものと考えられる。

一般的に事業主に労働者名簿の作成が義務づけられたのは、戦後の一九四七年に労働契約の基本原則を法制化した労働基準法(一九四七年法律第四九号)からである。同法の第一〇七条により、使用者は各事業場ごとに労働者名簿(日雇いは除く)を作成することが義務づけられた。労働者名簿の記載事項については、労働基準法施行規則(一九四七年厚生省令第二三号)第五三条に定められ、性別、住所、従事する業務の種類、雇い入れの年月日、本籍などであった。ここに本籍が加わったのは、戦前からの慣例が惰性として存置されたものであろう。

これらの法規定があるために、企業は採用予定者や従業員に戸籍謄本の提出を要求することが認められた。だが、採用時における戸籍確認は、日本国憲法によって確立された人権尊重の原理に照らせば、個人のプライバシーを脅かすものとなる。かつ戸籍の提出によって出自を知られることを望まぬ人間にとっては、これを拒めば勤労の権利を侵害されかねない。そこで二〇〇七年二月一四日に労働基準法施行規則が改正され、本籍は労働者名簿の記載事項から削除されたのである。

守られるべき労働の機会

そのほかに、採用において戸籍の提出を要求する目的とされてきたのは、年齢の確認である。法律で禁止されている年少者の雇用を避けるためである。

例えば、一九一一年に制定された工場法（一九一一年法律第四六号、施行は一九一六年から）に基づき、工業主は職工が同法の定める就業禁止年齢（一二歳未満）に該当しないことを証明するものとして、戸籍を提出させる必要が生じた。しかし、戸籍謄本の交付には手数料がかかるので、職工および工場主の双方で戸籍の提出そして確認を怠りがちになった。そこで工場法では第一六条において、工業主は職工、徒弟、または職工徒弟希望者の戸籍に関しては、戸籍吏に無償で証明を求めることができると定めていた。

戦後は、労働基準法の規定する最低年齢（現行法では満一五歳に達した日以後の最初の三月三一日まで）に達しない児童を雇用することは違法になるので、事業主はこれを避けるために採用希望者の戸籍を確認することが正当化されてきた。また、外国人の不法就労を防止する目的から国籍を確認するという名目で戸籍を提出させることもあるが、国籍の確認は住民票でも足りることは先に述べた通りである。

やはり事業主が授業員に戸籍を提出させるのは、依然として本籍や出生地を通して本人の出自を調査する目的も強くはたらいているといえよう。いうまでもなく、出自は労働における適性や能力と無関係な要素であり、それを理由として個人の勤労の権利が奪われることがあっては不条理である。

こうした戸籍確認の要求に基づく就職時の人権侵害を防止するため、労働省は、一九七五年二月一七日に労働基準局長および婦人少年局長の名で通達を発した[6]。これによれば事業主は、入社前に戸籍謄本の提出を求めてはならず、戸籍謄抄本および住民票の写しが必要となった時（冠婚葬祭に際して慶弔金を支給する場合など）に、氏名・生年月日・住所の記載された住民票記載事項証明書を提出させれば足りるものとすべきこととなった。その場合も、本人にその具体的な使用目的を十分に説明した上で提示を求め、確認後は速やかに本人に返却すべきものとした。また、年少者の年齢確認についても、今後は戸籍謄抄本、住民票の写し、または年少者の氏名および生年月日を本籍地市区町村長が証明したものに代えて、住民票記載事項証明書による確認で足りることとし、戸籍謄抄本および住民票の写しは画一的に提出を求めるべきではないことが指示された。

さらに、右の通達では、企業が作成する就業規則等において、採用時に戸籍謄抄本、住民票の写し等の提出を求める旨を規定することも規制されている。これを徹底するべく、一九九九年一一月一七日付厚生労働省告示により、事業主は採用時に「人種、民族、社会的身分、門地、本籍、出身地その他社会的差別の原因となるおそれのある事項」については収集してはならないとされ[7]、本籍や出身地などの個人情報を記載した戸籍や住民票の提出を求職者に義務づけることは原則禁止となっている。

他方、「風俗営業法」（一九四八年法律第一二二号）では「善良な風俗と清浄な風俗環境を保持し、及び少年の健全な育成に障害を及ぼす行為を防止するため」（同法第一条）という目的に立ち、風俗店、ゲームセンター、パチンコ店等の営業を行う者は「従業者名簿」を作成および保存する義務が定められている。同法に基づく内閣府令により、従業員名簿の記載事項として本籍が必要とされたため、従業員に本籍の記載された住民票の写しの提出を求めることが認められていた。だが、本籍の記載がな

表17　現行法において国籍条項のある職業または免許資格

職業または免許資格	根拠法	応募または受験申請時の戸籍の提出義務についての規定
国会議員・地方議会議員	公職選挙法（1950年法律第100号）	あり[i]
外務公務員	外務公務員法（1962年法律第41号）	なし
公証人	公証人法（1908年法律第53号）	なし
無線局の開設	電波法（1950年法律131号）	なし
水先人	水先法（1949年法律第121号）	あり[ii]（本籍を記載した住民票の写しでも可）

i 公職選挙法施行令（1950年政令第89号）第88条第４項第２号。
ii 水先法施行規則（1949年運輸省・経済安定本部令第１号）第14条第１項第１号。

くても本人確認は可能であるという理由により、二〇一四年一〇月に風俗営業法に基づく内閣府令が改正され、本籍は名簿の記載事項から削除された(8)。

かくして、事業主が採用にあたって戸籍の提出を要求する法的根拠は基本的にほとんどなくなった。例外的に戸籍の提出が必要とされる場合があるとすれば、「公権力の行使」に関わるものとして国籍条項を設けている職種や国家資格への応募においてである。

現在、日本国籍者であることを採用または免許交付の要件として法律上規定しているのは、国会・地方議会議員、外務公務員、公証人、水先人、無線局の開設者などである。もっとも、このうち応募や受験申請にあたって戸籍の提出を法令上義務づけているのは、国会および地方議会の議員と水先人のみである（表17）。なお、重国籍者については、外務公務員を除き、いずれも採用および免許交付において禁止されていない。

一般の国家公務員の採用については、法律上の国籍条項はない。だが、一九五三年三月二五日に内閣法制局により、

「公務員に関する当然の法理として、公権力の行使または国家意思の形成への参画にたずさわる公務員となるためには、日本国籍を必要とするものと解すべきである」とする見解が示された。これに従い、国家公務員となる者は日本国籍が必要であるということが「当然の法理」となって、日本社会を規律し続けている。いずれにしても、国籍の確認は住民票で足りることは先に述べた通りである。

要するに、雇用において（他の場合も同じであるが）必要なのはあくまで本人証明であるから、最低限の要確認事項を証明する公文書として住民票記載事項証明書があれば十分である。にもかかわらず、依然として戸籍の提出を命じるような会社や事業所があれば、そのような要求は労働基準法第三条が禁止している出自や人種に基づく差別を志向するものとみなされよう。

（二）就学

国際人権規約B規約は第一三条において、すべての個人が平等に教育を受ける権利があると規定している。周知のように日本国憲法では、第二六条において教育を受ける権利とともに、保護者の義務として子女に普通教育を受けさせることを規定している。保護者に対して就学の義務を履行させることは、学齢に達した子（満六歳～満一五歳）が住所を有する市区町村の事務である。

教育行政の点からみれば、将来における就学予定者の人数を把握することによって、教員の確保や施設の拡充といった計画を立てることができ、円滑な就学児童の受入れが可能となる。そのために自治体にとって就学児童の把握に資するものとなるのは、戸籍よりも住民登録である。市区町村がその管轄内に住所を有する、学齢に達する児童（小学校相当）および生徒（中学校相当）について編製する名簿が「学齢簿」である。

一八七三年の学制発布に始まる日本国家の就学事務において、この学齢簿は重要な役割を担ってきた。一八八六年に小学校令が改正され、子女が尋常小学校を卒業するまでは、その教育の機会を保障することが父母の義務となった。ここに日本の義務教育制度が発祥をみた。一九〇〇年八月に公布された小学校令施行規則（一九〇〇年文部省令第一三号）、翌年三月公布の中学校令施行規則により、尋常小学校および中学校の校長は、入学する児童の学籍簿を編製すべきものとされた。中学校令施行規則第三五条によれば、学籍簿の記載事項は、氏名、族籍、居所、生年月日、学歴、徴兵事故、保証人の居所、氏名等であった。このうち族籍とは、壬申戸籍以来、戸籍に記載されていた平民、士族、華族などの族称のことであり、これを確認するという名目もあり、学校は入学時に生徒の戸籍謄抄本の提出を義務づけていた(9)。

戦後になり、学齢児童および学齢生徒については、その住所の存する市町村の教育委員会が「学齢簿」を編製し、就学の通知等の手続きを行うべきこととなった。一九五二年七月に住民登録法（一九五一年法律第二一八号）が施行されたことに伴い、一九五三年二月に法務省および文部省は、教育委員会が学齢簿を編製する場合における学齢児童および学齢生徒の入学時の戸籍の提出義務について、これを住民票に取って替える旨の通達(10)を発した。

一九六七年一一月、住民登録法に替わり、住民基本台帳法が施行された。これに先駆けて同年九月に学校教育法施行令が改正（一九六七年政令第二九二号）され、その第一条で学齢簿の編製は、住民基本台帳に基づいて行うこととなった。さらに同年一〇月二日、文部省は住民基本台帳に記載されていない者についても、当該市町村に住所を有していれば、学齢簿を編製し、就学手続きをとることを通達した。[11]したがって、戸籍に記載されていない児童でも、一定の住所があればその市区町村において就学の機会が保障されるようになった。

だが、そもそも憲法の定める義務教育である以上、戸籍も住民票ももたない児童であろうと就学の手続きは認められるのが当然である。

この点について文部科学省は、二〇一四年七月に各都道府県・各指定都市教育委員会教育長、各都道府県知事等に通知を出した。ここでは、戸籍の有無にかかわらず学齢児童に就学の機会を確保するために、各市町村教育委員会は、戸籍や住民基本台帳に記載されていない学齢児童生徒を把握した時は、ただちに当該児童生徒に係る学齢簿を編製して丁寧に就学の案内を行うとともに、戸籍担当部局と連携して当該児童生徒の就籍手続の支援を行うことを指示している。[12]

就学支援措置をより確実なものとするには、やはり適正な出生登録が確保される必要がある。それには、幾多の問題を抱える戸籍への出生届という形式にこだわらず、出生登録を戸籍と切り離して住民登録制度と結合させ、出生の届出によって直接に住民票が取得できるような法制度の整備が望ましいであろう。

(三) 旅券の交付

国際的な国籍証明となる旅券の発給を受けることは、個人が国籍国に対して認められる当然の権利である。そして、日本国憲法第二二条では、海外渡航の自由を保障している。いうまでもなく、これは日本国民が日本政府から旅券の交付を受ける権利が保障されていることが前提である。外務省ホームページによれば、二〇一五年末現在で日本における有効旅券数は約三〇五八万冊で、国民の四人に一人が旅券を所持している計算になる。

日本では旅券の交付を申請する時に、日本国籍の証明として戸籍を提示しなくてはならない。一九〇〇年六月公布の「外国旅券規則」(一九〇〇年外務省令第二号)では、第二条に「旅券ノ下付」を申請する者は、申請書に戸籍謄本または本人の氏名、本籍地および身分を証明すべき文書を添付することが定められた。この時代は、国籍証明となるものは戸籍しか存在しなかったためである。だが、現行旅券法(一九五一年法律第二六七号)においても、旅券発給の申請に必要な書類として戸籍の謄本または抄本の提出を義務づけている。一九五二年から住民票が日本国籍の証明としても意味を有するものとなったのであるが、住民票は旅券の申請手続きにおいて戸籍に替わるものとは認められなかった。

これでは、無戸籍者は憲法の保障する海外旅行の自由を享受できないままとなる。そこで人道的配慮として、外務省は二〇〇七年六月に「旅券法施行規則に関する省令」を改正し、民法第七七二条に起因する無戸籍者については、戸籍作成を求める訴訟手続きを起こしているなどの条件を満たせば、旅券を発給する特例措置を行うようになった。しかし、その他の原因によって生じた無戸籍者への旅券交付の問題は置き去りにされている。

(四) 社会保障

無戸籍として育った「日本人」が、自分が無戸籍であることを知る機会となるのは、旅券の交付申請の手続きと並び、健康保険への加入の手続きが多いようである。

日本における社会保障制度の発端といえるのが一八七四年の恤救規則であることは第六章で述べたが、そうした貧民救助とは別に、軍事援護事業が明治前期に生まれた。この「援護」とは、国防の任務を通じて国家との雇用関係にあった者への扶助を意味する。一八七三年徴兵令に基づいて国民軍が編制され、一八七四年の「佐賀の乱」での不平士族反乱の鎮圧、翌七五年には台湾出兵に動員された。これらの戦争で生じた、軍務に伴う死傷者に対して、一八七六年陸軍恩給令（一八七六年太政官達第九九号）により、軍事援護が法制化された。そして明治後期から日清戦争、日露戦争と対外戦争が続き、戦死者や戦傷病者が一気に増加したことで、国家による軍事援護は拡充されていった。

これらの援護法制は戸籍法の関連法として位置づけられていた。要援護者が援護の給付を受けるためには、戸籍が本人証明および遺族との親族関係証明として必要となるからである。特に、陸軍恩給令の第六条第二項には「事故アリテ日本人タル分限ヲ失フ時」は恩給を停止するものと定められ、「日本人タル分限」すなわち日本国籍を喪失した者は受給資格を失うという「国籍条項」が設けられた。このため受給の申請には、日本国籍を保持することを証明する意味でも戸籍が必要となった。

だが、そもそも明治憲法では、社会保障の受給権は基本的人権として認められておらず、社会保険も国家による動員への反対給付という意義が強かった。戸籍との関係をみると、まず医療保険制度としては、一九二二年に健康保険法（一九二二年法律第七〇号）が制定された。工場や鉱山などで働く従業員本人を対象とした限定的な内容であったが、被保険者の資格に戸籍の有無は無関係であった。また、労働者以外の一般国民も加入できる地域保健として一九三八年に国民健康保険法（一九三八年法律第六〇号）が制定されたが、これも被保険者となるのは戸籍上の家族ではなく、世帯を単位としていた。

戦後、日本国憲法は第二五条第一項で「健康で文化的な最低限度の生活を営む権利」を保障し、同条二項で「国は、すべての生活部面について、社会福祉、社会保障及び公衆衛生の向上及び増進に努めなければならない」と規定し、国および地方公共団体の社会福祉・社会保障を実現するための責任を明記した。これに基づき、戦後日本では諸種の社会保障制度が制定されてきたが、戸籍はそこにどのように関係しているのであろうか。

① 生活保護

生活困窮者に対する最低限度の生活保障としての生活保護制度は、周知の通り生活保護法（一九五〇年法律第一四四号）によって確立された。同法によれば、生活保護は「世帯」を単位として保護の要否や具体的内容を決定するのが原則である。生活保護事務の主体は市区町村であり、対象となる世帯の構成員を証明するものは住民票である。だが、住居がない場合や、住民登録した場所と異なる地域に住んでいる場合も、現在居住している地域で生活保護を申請できる運用となっており、生活保護の受給において住民基本台帳への記載は要件ではない。すなわち、戸籍も住民票も有しない者であっても、生活保護を受ける権利は保障されている。

② 国民健康保険

「国民皆保険」の方針に基づき、一九五八年に新たな国民健康保険法（一九五八年法律第一九二号）が制定された。これによれば、被保険者となり得るのは「市町村又は特別区の区域内に住所を有する者」（第五条）とされており、これに従って市区町村では住民票のない者を保険に加入させない扱いがとられていた。

だが、二〇〇七年三月二二日付厚生労働省通知により、やむをえず出生届が出せない場合に限り、出生届に記載されている母親と同一の住所地において住所が認定されれば、被保険者資格を取得できるものとされ、住民票のない無戸籍者も国民健康保険に加入できるようになった。

③ 児童扶養手当

一人親世帯への支援を行う児童扶養手当については、児童扶養手当法施行規則（一九六一年厚生省令第五一号）の第一条において、支給申請には戸籍の提出が必要であると規定している。このため無戸籍者は支給対象としない運用が続いていた。だが、二〇〇七年三月二二日、厚生労働省は、戸籍および住民票に記載のない場合であっても、出生証明書により対象児童およびその母が確認でき、当該児童が国内に居住している実態を確認できれば支給対象とするように告示した。

また、民主党政権の下で、子どもの養育の経済的負担を軽減するために二〇一〇年から実施された児童手当（当初の名称は「子ども手当」）は、養育者に支給されるものであるが、これも戸籍および住民票がなくても居住地域で支給を申請できる運用となっている。

④　遺族年金

国民年金、厚生年金などにおける遺族年金の請求手続きを行う際、死亡者と請求者との親族関係を証明する必要がある。このため請求者は戸籍謄本の提出を求められることがある。例えば、戦傷病者戦没者遺族等援護法に基づく旧軍人・軍属死亡者の遺族への遺族年金支給については、申請の際に戸籍の謄本または抄本の提出が同法施行規則（一九五二年厚生省令第一六号）により定められている。だが、死亡者との親族関係を証明できればよいのであるから、例えば世帯全員が記載された住民票で足りる場合は、これに代えるよう便宜を図ることも適切であろう。

3　無戸籍者の婚姻

婚姻届と戸籍の関係

「社会あるところ法あり」という格言があるが、本来、結婚は個人の間で営まれる自然な恋愛の結実であり、夫婦や親子の本質的関係は法に先行して形成されてきた歴史をもつ。共同生活を営む男女の結婚は、国家の公認する手続きに即して執り行われる社会制度となることで「婚姻」と称されるものとなる。

婚姻をめぐる法の規定も国によってさまざまである。日本において「婚姻」といえば、「法律婚」のことである。それも第五章第二節で述べたように、戸籍法に基づく婚姻届が本籍地市区町村長に受理されることをもって婚姻が成立するという厳格な届出婚主義が採られている。

巷間、戸籍がないと結婚はできないという言説をしばしば耳にする。たしかに、無戸籍のまま生きてきた人は、無戸籍では婚姻は認められないと断念してしまうことがあるようだ。序章で取り上げた大阪府に住む無戸籍の女性は、両親から無戸籍では結婚できないと告げられ、絶望したという（『産経新聞』二〇一四年一〇月二九日付）。

これは端的にいって誤解である。憲法をみても、その第二四条において「婚姻は、両性の合意のみに基いて成立し」と規定し、婚姻の自由を国民に保障している（憲法上の「婚姻」が「届出婚」に限定されるのかは議論を要するところであるが）。だが、役所に婚姻届を提出しに行ったら無戸籍の人間では受理できないという事務対応がみられたという話も聞かれる。婚姻など新たな身分関係を創設する届出を行う場合には戸籍謄本の添付が必須である、戸籍がない者はそれが不可能なのだ、などと役所で〝説明〟されたならば、法律の知識によほど通じた者でなければ鵜呑みにしてしまうおそれはある。

まず戸籍法をみると、婚姻届を提出する上で戸籍謄本を添付する義務は規定されていない。現行戸籍法の第二六条では、「本籍が明かでない者又は本籍がない者について、届出があつた後に、その者の本籍が明かになつたとき、又はその者が本籍を有するに至つたときは、届出人又は届出事件の本人は、その事実を知つた日から十日以内に、届出事件を表示して、届出を受理した市町村長にその旨を届け出なければならない」（傍点、筆者）と規定するにとどまる。だが、これは、無戸籍者または本籍不明者でも婚姻や養子縁組等の身分行為に基づく戸籍の届出ができることを想定していることが明らかであり、戦前の先例でもこれを認めている(13)。

ただし前述のように、婚姻届が受理されるには、当事者の年齢や身分関係が婚姻要件を満たしているかを審査するために戸籍情報を確認する必要がある。そのため、戸籍法施行規則の第六三条において「市町村長は、届出又は申請の受理に際し、戸籍の記載又は調査のため必要があるときは、戸籍の謄本又は抄本その他の書類の提出を求めることができる」と規定している。だが、これは非本籍地の市区町村で婚姻届を提出した時に、届出人の年齢等を確認するために、戸籍謄本提出の協力を求められる場合があるということである。つまり、本籍地で届け出れば、市区町村は保管する戸籍によって届出人の婚姻要件をただちに確認できるが、非本籍地で届け出た場合は、非本籍地の市区町村は本籍地の市区町村に届出人の戸籍情報について照会するなどして審査に時間を要するので、届出の円滑な受理のためには戸籍謄本を提出してもらうのがよいという便宜上の理由からにすぎない。

無戸籍者が結婚する権利

そもそも無戸籍者が婚姻することは、何ら法によって妨げられるものではない。この精神は、とうに一八九九年一〇月四日の司法省民刑局長回答において示されている。これによれば、「無籍ノ男子」は婚姻、婿養子縁組、入夫婚姻を行うことができるし、さらには「無籍者ト無籍者カ婚姻ヲ為ス」ことも妨げないとしている。[14] 無戸籍者同士が婚姻しようという場合、婚姻届は受理されるものの双方が戸籍をもたないので婚姻事項は戸籍に記載されない形となるが、婚姻自体は有効なものと扱われたのである。

ただし明治民法の定める家制度においては、無戸籍であるのが男子か女子かによって、婚姻に伴う戸籍の処理が異なっていた。

男子が無戸籍である場合、まず女子が入っている戸籍に婚姻の事実を記載しておき、男子が就籍を完了した後に、その新戸籍に女子を妻として入籍させるという扱いがなされていた（一九〇一年三月司法省民刑局長回答）[15]。つまり、夫に戸籍を創設させて、そこに妻を迎え入れるという形であった。また、入夫婚姻や婿養子縁組であれば、夫が妻の戸籍に入籍するものとなるので、あえて就籍手続きをする必要はなかった。

一方、女子は、家制度の下では男子よりも従属的な存在である。婚姻によって妻は夫の家に入るのが家の常道であるので、女子が無戸籍であっても婚姻すれば（ただし戸主の同意が必要なことは第五章で述べた）、夫の戸籍に入籍してただちに無戸籍は解消された。しかし、その後に離婚となったら婚家の戸籍から除籍されることになるので、再び無戸籍に戻ってしまう。そこで司法省は一九一五年一〇月二日に通達を発し、無戸籍のまま婚姻または養子縁組して入籍した者が離婚または離縁する際は、就籍の手続きをさせた上で（本人がその手続きを行わない場合は市町村長が職権をもって就籍による新戸籍を編製する）除籍すべきものとした[16]。

無論、こうした無戸籍者の婚姻をめぐる扱いは、家のイデオロギーに立脚したものにほかならない。第五章で述べたように、戦前日本の家族国家思想の下では、個人は必ず一つの家に属すべきものであり、それが「皇国臣民」としての承認につながった。無戸籍者が婚姻等を通じて戸籍に入ることは、「日本」という家の一員すなわち「日本臣民」として統合されることに帰するのであった。そして、右の先例をみてもわかるように、最終的に男子が戸主となるように配慮がなされており、家制度が家父長原理に貫かれたものであったことが理解できる。

家制度が廃止された戦後は基本的人権の保障という新たな規範に立ち、法務省においては基本的に無戸籍者からの婚姻届でも役所は受理すべきものとする扱いが維持されている。これは、戸籍を有することが婚姻成立の要件ではないということを示しており、そればかりでなく、無戸籍者や本籍不明者であるからといって婚姻できないとすることは、基本的人権として認められている権利を侵害するものと考えられるからである。[17]

婚姻届受理の厳格化――純化される戸籍

無戸籍者からなされた婚姻届について、無条件でこれを受理するという先例に変化がみられたのが、一九五四年一一月二六日に発せられた法務省民事局長通達である。これにより、無戸籍者および本籍不明者の婚姻届については、その者が日本国籍を有すること及び婚姻要件を具備していることが確認しうる資料を提出すれば、受理されるものとなった。だが、この通達は、無戸籍または本籍不明の届出人が真に「日本人」であるのか、疑義のある場合の取扱いについて出されたものである。[18]

この点に関しては、第八章第二節でも引いた「座談会　現行戸籍法のあゆみ」第七回の中に証言がある。大澤孝司・東京法務局民事行政部長は「(昭和―筆者挿入)二十九年の先例が出るまでは、従来婚姻届を受けるときにも本籍不明とか無籍者をあまり問題としないで婚姻届を受けていた。ところが平和条約発効後はそうはいかんということで、二十九年に、その後は日本国籍があることを、本籍が明確にならなきゃ婚姻届を受けちゃいけないというふうに扱いを改めたわけです[19]」と語っている。

すなわち、法務省が一九五四年通達で取扱いを改めた背景には、当該時期がサンフランシスコ平和条約発効に伴い日本在留の朝鮮人および台湾人が日本国籍を一斉に喪失した後であったという事情が深く絡んでいる。つまり、一九五四年通達において婚姻届の審査を厳格化する対象としている「無戸籍者」「本籍不明者」とは、「日本人」を偽装している疑いのある朝鮮人、台湾人を想定していた。朝鮮人または台湾人が「無戸籍者」などと自称して婚姻届を出して戸籍に記載されれば、帰化の煩雑な手続きを要することなく「日本人」として扱われることになる。法務省関係者によれば、一九五四年通達は、こうした日本政府にとっての「不都合を是正するための措置にほかならない[20]」ものであった。第八章第二節でみた、外国人と思わしき者からの出生届の扱いに関する一九五九年法務省民事局長通達もこれと同じ理由からであり、まさしく戸籍の〝純化〟という要請からである。

要するに、無戸籍者、本籍不明者とは潜在的な「日本国籍者」として確認される存在をいうのであるから、婚姻によって戸籍に記載するためには、「日本人」であることが疑わしい者については「日本人」たることが推認しうる証明資料を求める方針となったということである。

したがって、「日本人」であることが確認される無戸籍者については、戸籍を有する婚姻相手の氏を名乗る（つまり相手の戸籍に入る）形の婚姻として、婚姻要件を具備していれば婚姻届を受理するというのが法務省の取扱いである。しかし、法務省民事局ではこの取扱いは各市区町村において十分に周知していなかったものとみて、二〇一四年七月三一日に、あらためて市区町村長等に周知を図るよう法務局民事行政部長および地方法務局長に通知を出している。これによれば、①無戸籍者が母の戸籍謄本または抄本を添付しないで出した婚姻届でもこれを受領すること、②受け付けた市区町村長は

図２　妻が無戸籍である場合の夫の新戸籍（記載例）

	全部事項証明
本籍 氏名	東京都千代田区平河町一丁目10番地 甲野　義太郎
戸籍事項	【編製日】平成25年10月24日
戸籍に記載されている者	【名】義太郎 【生年月日】昭和59年６月21日 【父】甲野幸雄 【母】甲野松子 【続柄】長男
身分事項 出生	【出生日】昭和59年６月21日 【出生地】東京都千代田区 【届出日】昭和59年６月28日 【届出人】父
婚姻	【婚姻日】平成25年10月24日 【配偶者氏名】乙野梅子 【配偶者の戸籍】無籍 【従前戸籍】東京都千代田区平河町一丁目10番地　甲野幸雄

出典：2014年７月31日民一第819号法務局民事行政部長、地方法務局長宛て民事局第一課長通知。『民事月報』第69巻第９号、2014年９月、112頁。

これを受理するか否かを法務局長または地方法務局長に照会すること、③受理が相当であると指示されたら、無戸籍者の婚姻について戸籍に記載すること、という取扱いになっている。[21]

地方法務局に確認してみたところ、現在、この法務省民事局通知に即した形で、無戸籍者および本籍不明者が戸籍を有する者と婚姻しようとする場合、次のように事務処理がなされる。将来は戸籍を創設して無戸籍状態を解消するという前提で、ひとまず婚姻届を受理しておき、相手の戸籍の身分事項に無戸籍の配偶者と婚姻した事実を記載するにとどめるという扱いである。

その記載例は、法務省民事局が見

本として示したところによれば、無戸籍の妻が夫の新戸籍に入る場合、夫の新戸籍には図2のように記載される。つまり「戸籍に記載されている者」の欄には夫のみが記載され、日本人の夫と外国人の妻が婚姻した場合と同様の扱いになる。身分事項のなかに「配偶者の氏名」は記載されるが、「配偶者の戸籍」の欄は「無籍」と明記されるので、無戸籍であることを表沙汰にされたくない場合は配慮が必要であろう。

逆に、無戸籍または本籍不明の男子が戸籍を有する女子と婚姻する時、夫の氏を妻が称する婚姻届である場合は、夫となる者に戸籍がないので、就籍の手続きをさせてから夫の戸籍に妻が入るという扱いを一九六〇年二月に法務省民事局は指示している[22]。現在もこの先例は維持されていると考えられる[23]。

結局、日本における婚姻が戸籍法に規律された制度である以上、こうした無戸籍者の婚姻をめぐる取扱いは、無戸籍者に将来的に戸籍を創設させる前提に立つものである。しかしもちろん、そもそも戸籍法に基づく婚姻届を出さずに事実婚を選択するという方途があるのはいうまでもない。

4　参政権と戸籍

近代国家における国民固有の権利の代表として位置づけられてきたのが、参政権である。

だが、グローバル化による人の国境を越えた移動が日常化している現在、ＥＵなどでは、居住要件によって定住外国人にも地方参政権を認める国が増えている。

日本では、「国民主権」の原理に基づくものとして日本国民に参政権行使の資格を限定しているのは周知の通りである。だが、無戸籍の日本国民は参政権が認められない、といった言説がまことしやかに聞かれることが多い。マスメディアもご多聞に漏れず、二〇一四年八月一九日付『毎日新聞』社説は無戸籍児への対応を政府に促すものであるが、そのなかに「戸籍がなければ、年齢の証明ができず、選挙権が認められない」という記述がある。これをそのまま読めば、戸籍をもたないと「国民」として法律上、参政権を享有できないものと理解する人も少なくないであろう。こうした記述には、第九章で述べたような「戸籍」と「国籍」の混同も関係していると考えられる。

はたして日本における参政権は、戸籍に登録されていることが行使の要件なのであろうか。この疑問点については、憲法や選挙制度の研究者においてもほぼ素通りされている。そこで、日本における参政権と戸籍の関係について、歴史をさかのぼって検証してみたい。

戦前の参政権と戸籍の関係

日本では明治維新以降、薩長藩閥による専制政治が敷かれてきた。民衆の政治参加を制度的に保障し、民意を政治的決定に反映させる代議制民主主義が確立されるのは、自由民権運動を経て一八八九年に明治憲法が制定され、翌年に帝国議会が開設されるまで待たねばならなかった。

その間、一八七三年に始まる町村会や、一八七八年制定の郡区町村編制法・府県会規則・地方税規則の「三新法」に基づき設置された府県会のような地方レベルでの公選議会制度は存在した。町村会については、選挙人の資格は戸主であること、あるいは府県内で地租五円以上を納付する満二〇歳以上の男子に選挙権が、地租一〇円以上を納付する満二五歳以上の男子に被選挙権がそれぞれ与えられるものとされていた(24)。

注意を引くのは府県会規則において、選挙人要件として府県内に本籍を有することが定められていた点である。既述のように、一八七二年の壬申戸籍編製において、日本国内に本籍を置く者が「日本人」として登録された。この時に戸籍編製のための行政区画として「戸籍区」が創設され、戸籍区にある住所が本籍として登録された。このため、府県内に本籍を有する者はすなわち選挙区域に生活の本拠をもつ者であるという解釈が成り立ったのであろう。

さて、明治憲法は第一九条に「日本臣民ハ法律命令ノ定ムル所ノ資格ニ応シ均ク文武官ニ任セラレ及其ノ他ノ公務ニ就クコトヲ得」と定め、選挙権および被選挙権をもつのは「日本臣民」に限定されることを憲法上に明文化した。だが、これに基づき一八八九年に制定された衆議院議員選挙法（一八八九年法律第三七号）では、選挙権および被選挙権の資格は日本国籍者のみに認められるといった国籍条項はなかった。これは「国の公務に参加する者は、唯《ただ》その国を構成する一員たるものに限るべきが当然」（美濃部達吉(25)）と考えられたためで、書かずもがなの不文律であったということである。

戸籍との関係でいうと、選挙人の資格について衆議院議員選挙法第六条第二項に「選挙人名簿調製ノ期日ヨリ前満一年以上其ノ府県内ニ於テ本籍ヲ定メ住居シ仍《なお》引続キ住居スル者」（傍点、筆者）を選挙人名簿に登録することを定めていた。これは、前述したように壬申戸籍が現住地に定めた本籍を基準に「日本人」を登録したことにより、「本籍＝住所」という観念と、「本籍をもつ者＝日本人」という観念が両立していたことを反映した規定であるといえる。もっとも、この選挙法では、選挙人は直接国税一五円以上を納めた満二五歳以上の男性に制限されていたため、選挙権を有する者は全国民人口の一％（約四四万五四〇〇人）しかいなかったのは有名な話であり、重点は本籍の有無よりも納税の多寡にあったといえる。

衆議院議員選挙法は一九〇〇年に改正（一九〇〇年法律第七三号）され、第八条において、選挙人資格は「選挙人名簿調製ノ期日迄《まで》引続キ満六箇月以上同一選挙区内ニ住所ヲ有スル者」（傍点、筆者）へと改められた（さらに一九二五年の改正で「住所」の文言は「住居」となる）。この法改正は、既述のように国内の人口移動が進んだ明治後期の社会において本籍は現実の居住地と乖離しがちになっており、そうした国民の生活実態の変化に対応した修正であった。よって、選挙人名簿の記載事項は、選挙人の氏名、職業、官位、住所、生年月、身分、納税額、納税地となり、本籍は必要なくなった。

また、戦前日本においてはまだ住民登録制度がなかったので、市長および町村長は毎年一定日にその管轄内に住居を有する者の選挙人資格の有無を調査し、選挙人名簿を調製することが衆議院議員選挙法により義務づけられていた。だが、どこに住居があるか、いつからそこに住居を定めたかなどは綿密な調査が必要であり、これを完璧に行うのは大事業であった。このため、実際は選挙人に用紙を配布して申告させ、その真否を調査するという方法が普通となっていた(26)。

したがって、住所のある市町村において選挙人調査の際に日本国籍として確認され、選挙人名簿に登録されれば、本籍の有無は関係なく選挙権を行使できる仕組みであった。

例えば、朝鮮人、台湾人は日本国籍を有する「帝国臣民」であったが、それぞれ朝鮮、台湾に本籍を有する者であり、内地に本籍を移すことは認められていなかった[27]。よって、朝鮮人、台湾人は内地では「本籍をもたない者」となるが、衆議院議員選挙法の施行区域内に一定期間住所を有していれば選挙権を行使できた[28]。したがって、「帝国臣民」の選挙権は戸籍ではなく居住地によって定まるものであったといえる[29]。

ただし、衆議院議員選挙法は一九四五年四月まで朝鮮、台湾、樺太には施行されず、これらの植民地に居住する者は選挙権を行使できなかった。よって、美濃部達吉曰く「議会は全国民の代表者であるといつても、実は植民地を除いて内地の人民だけの代表者であるに過ぎないのである[30]」。

一方の被選挙権についてはどうであったか。

被選挙権を行使するには、まず満三〇歳以上の「帝国臣民」であることが要件であり、納税要件は一九〇〇年の改正法から撤廃された(同法第一〇条)。居住要件についてみると、被選挙人は選挙人の場合と異なり、自らの住所を定めた市町村以外でも立候補することができた。それゆえ、当該選挙区に住所はおろか、出生地や本籍を含めて何の地縁ももたない候補者を指す「輸入候補」という言葉が生まれたのである。

もっとも、日本国籍を有し、戸籍に登録されていても、旧国籍法第一六条により「帰化人、帰化人ノ子ニシテ日本ノ国籍ヲ取得シタル者及ヒ日本人ノ養子又ハ入夫ト為リタル者」は帝国議会議員となることは禁止されていた。国政をあずかり、政府の要職に就く可能性もある職業だけに、国籍の内なる「血」を重視したのである。

一九二五年の衆議院議員選挙法改正(一九二五年法律第四七号)、いわゆる普通選挙法により、立候補者または推薦人は選挙の期日七日前までに選挙長に立候補の届出を行うことが義務づけられた。届出制の導入は、俗にいう泡沫候補を排斥し、選挙運動の混乱を防ぐ趣旨からとされていた。[31]届出と同時に供託金を納付することが新たに義務化されたのも同じ目的からであった。

届出の際の記載事項は、氏名、住所、生年月日、職業であり、本籍は含まれていなかった。そして、日本国籍確認のための戸籍謄抄本の提出も義務づけられていなかった。

なお、府県会議員選挙、市長村会議員選挙における選挙権および被選挙権は、衆議院議員選挙と同様であった。ただし、選挙人名簿に記載される府県内の「市町村公民」(二年以上市町村に住所を有する者)がその資格を有する者であった。

現在の参政権と戸籍の関係

上述のような歴史をたどってきた国政選挙および地方選挙における参政権資格であるが、現在は公職選挙法に一本化されて規定されている。同法の第九条第二項によれば、都道府県知事、都道府県議会議員、市区町村長、市区町村議会議員の選挙において選挙権を行使するには、その選挙区を確認するために三ヶ月以上住所をもつことが要件である。衆議院議員および参議院議員の選挙についてはこの住所要件はないが、同法第二一条により、地方選挙と同じく選挙人名簿に登録されていることが要件となっている。

ただし、「住所」の定義については議論の余地があった。一九五二年に住民登録法が施行されたが、公職選挙法上の「住所」と住民登録法上の「住所」が必ずしも同一ではなく、住民登録に基づいて選挙人名簿登録が行われてはいなかった。なぜならば、「国民」の最も重要な基本権のひとつである選挙権行使の可否をめぐり、まだ試行錯誤の段階で制度的にも経験的にも正確さを保証し得ない住民登録によって選挙法上の住所を決定することは極めて危険と考えられていたのである。[32]

しかし、一九六七年に住民登録法は住民基本台帳法へと装いを改め、住民の居住関係を公証する公簿として住民基本台帳が確立された。これに伴い一九六九年に公職選挙法が改正され、選挙人名簿は選挙管理委員会が住民基本台帳の記録に基づいて作成するものとなった。現行公職選挙法の第二一条によれば、選挙人名簿に登録されるのは、ある市区町村に住所をもつ満一八歳以上(二〇一六年から)の日本国民で、住民票がつくられた日から引き続き三ヶ月以上その市区町村の住民基本台帳に記録されている者となっている。

これに関して、公職選挙法施行令(一九五〇年政令第八九号)の第一〇条第二号によれば、市区町村の選挙管理委員会は、選挙人名簿に登録される資格をもつ者を常時調査し、被登録者について整理をするものとされている。

日本国籍を喪失した者は選挙人名簿から抹消されるが、当該区域内から転出して四ヶ月を経過した者も同様に抹消される(公職選挙法第二八条第一・二項)。すなわち、「日本国民」であっても選挙権を行使するには、一定の住所を有することが不可欠の要件なのであり、これは有権者にとって生活の本拠となる、いわば地縁的結合性の強い地域において一票を投じるのが妥当とされるからである。

一方の被選挙権についてはどうか。

まず、戸籍との関係である。国政選挙・地方選挙いずれにおいても、立候補する時に当該選挙の選挙長（選挙管理委員会に選任される）に提出する届出書類として、日本国籍の証明となる戸籍の謄本または抄本を添付するように定められている（公職選挙法第八六条第三項第三号、第四項第四号、第五項第六号、公職選挙法施行令第八八条第四項、第八九条）。

次に、住所との関係である。国政選挙における被選挙権は、選挙区内に住所を有することは必要とされていない。国会議員は「国民の代表」なのであって「選挙区の代表」ではないという理由からである。[33]地方選挙での被選挙権については、知事および市区町村長と、都道府県および市区町村の議会議員とで若干異なる。前者は当該選挙区内に住所を有することは必要ではないが、後者は必要とされている。また、選挙人名簿への登録は、国政選挙および地方選挙のいずれにおいても立候補の要件とはされていない。

以上のように、「日本国民」が参政権、特に選挙権を行使するには選挙人名簿に登録されている必要があり、それには「住民」たることの証明である住民票の有無が重要となるのである。換言すれば、戸籍をもつ者であっても、住民基本台帳への登録がなければ選挙人名簿にも登録されないので参政権を行使できないことになる。

総務省に問い合わせてみたところ、戸籍に記載されていない者は選挙人名簿に登録しないという明確な先例があるわけではなく、無戸籍者が選挙人名簿に登録されるには「日本国民」であることを確認しうる証拠資料があれば問題ないもののようである。[34]よって、戸籍がないという理由のみをもって、ただちに国民固有の権利である参政権がないと結論づけるのは不正確であり、戸籍支配の呪縛にとらわれている証左とさえいいえるであろう。

5　戸籍と住民票の関係――「住民」の資格と権利

ここまで述べてきたところからわかるように、戸籍がないことによって被る公的な不利益というのは、住民票が作成されないことに起因する、あくまで間接的なものである。

表18　最近5年間の本籍人口・住民基本台帳人口（2011～2015）

単位：人

	本籍人口	住民基本台帳人口（日本人）		
		総人口	男	女
2011	129,115,581	126,230,625	61,658,202	64,572,423
2012	128,858,727	126,659,683	61,842,865	64,816,818
2013	128,607,872	126,393,679	61,694,085	64,699,594
2014	128,254,692	126,434,964	61,727,584	64,707,380
2015	127,904,865	126,163,576	61,584,613	64,578,963

（注）　本籍人口は全て各年３月31日現在のもの。また、住民基本台帳人口は、2013年までは各年３月31日現在、2014年からは各年１月１日現在。

出典：法務省戸籍統計。

戸籍はあるが、住民票はないという日本人はどれくらい存在するのであろうか。表18は、最近五年間の本籍人口と住民基本台帳人口の動向を掲げたものである。二〇一五年一月一日現在の住民基本台帳に基づく日本人人口は一億二六一六万三五七六人である。本籍人口は同じ二〇一五年三月三一日現在で一億二七九〇万四八六五人である。本籍人口はそう変動することはないから、単純にこの数字に即してみれば日本人中、住民票をもつ者は戸籍をもつ者より一七四万一二八九人少ないということになる。

戸籍は身分関係の証明であり、住民票は居住関係の証明である。本来、目的を異にする両者がなぜ結びつけられているのであろうか。そこで以下、戸籍と住民票の関係について歴史をたどってみたい。

表19　壬申戸籍に基づく全国戸数・戸主・人口調査（1872〜1876）

年度	戸数	戸主人数	人口	増減
1872	7,107,841	6,945,204	33,110,825	
1873	7,101,325	6,987,368	33,300,675	189,850
1874	7,131,070	7,054,442	33,625,678	325,003
1875	7,220,548	7,167,887	33,997,449	371,771
1876	7,293,098	7,263,478	34,338,404	340,955

出典：「内務卿第三回年報」『内務省年報報告書　第5巻』、35頁。
「内務卿第四回年報附録二」『内務省年報報告書　第6巻』、351頁。

寄留簿から住民基本台帳へ

明治国家において、戸籍は国民の身分登録であると同時に、人口調査の役割をも担うものとされていたことは、第六章第一節で述べた通りである。

一八七二年から編製された壬申戸籍は、現住地（地番）をそのまま本籍と定めて登録したので、初期の段階においては、戸籍に登録された者の住所と本籍は一致する形となっていた。よって、壬申戸籍実施以降は、本籍を持たない者や本籍不明の者は「住所不定者」とほぼ同じ意味で認識されるようになった。

もっとも、壬申戸籍は当初から大多数の調査漏れを生じていた。戸主による届出の期限や、届出の過怠に対する処分などについて規定がなかったため、届出は緩慢かつ杜撰になり、政府内でも壬申戸籍は「有名無実ノ徒法タルヲ免レス」[35]との批判を受けていた。

表19は、壬申戸籍の下での初期の戸籍調査結果である。戸数が戸主数を一〇万以上も上回る年（一八七二、一八七三年）があるのは住人のいない家屋も「一戸」とみなすなど調査基準が一定でなかったことも原因であった。また、一八七四年から三年連続で三〇万以上の増加がみられる。だが、この数字にしても、例えば一八七六年度は内務省調査によれば出生数八六万九一二六人、死亡数六五万四五六二人で、これによれば自然増加は二

一万四〇〇〇人あまりということになる。

内務省戸籍局はこの急激な「人口増加」の原因について、戸籍から脱漏していた者の届出が漸増したことによるものと解釈していたが、「然《しか》ラハ之ヲ戸籍調査ノ不完全ヨリ生スト謂《い》フト雖モ、其実《そのじつ》ハ人民ニ於テ戸籍法則ノ在ルヲ知ラスシテ叨《みだ》リニ届出ヲ等閑ニスルノ致ス所ト謂ハサルヲ得サルナリ」[36]（傍点、筆者）として、戸籍法に対する国民の無知を痛嘆せざるを得なかった。

人民の定住を安定の条件としていた封建社会が解体し、土地の緊縛から解放された農民が農村から都市へと移動する動向は、近代世界に均しくみられる潮流であった。農村―都市間の人口移動の形もひととおりでなく、①農村から小都市に移動し、さらに大都市へ移動するパターン、②出稼ぎ労働者や季節工として往復的に都市―農村間を移動するパターン、③「立身出世」の足がかりを求めて地方から都会に出てきたものの、都市生活に適応できぬままあえなく帰郷するパターン、という具合に多様化をみせていた。

そして日本では明治以降、社会は人の移動志向を刺激するものへと変わった。明治維新における職業の自由化とともに商売や奉公などによる生活環境の変化により、本籍を離れて暮らす人間が増えていった。ますます本籍は住所と乖離するものとなり、壬申戸籍が登録単位としていた「戸」が現実的意味をもつための条件であった土地と個人の結合はすでに失われつつあった。

そこで「戸」に替わり、個人を登録管理する基盤に据えられたのが「家」であった。既述のように、明治三一年戸籍法から戸籍は家の登録簿となった。だが、「家」は「戸」とちがい、元より現実の生活世帯を反映しない観念的な単位である。日露戦争後になると、第二次産業革命が軌道に乗り、工業化した都市への資本集中が地方農村から都市への人口移動を加速した。また、既述のように非定住生活者となるのは、漁民や芸能民など職業上の理由からもあれば、日常的に住居をもたない浮浪者の場合もあった。本籍と住所、または現住地の乖離が顕著となっていくにつけ、戸籍行政においても本籍の設定を寛容に扱わざるを得なくなった。

例えば、一九一六年四月、広島県から、「漁船ニ居住シ年中陸上ニ生活セサルモノ又ハ乞食等ニシテ一定ノ住居ナキ者」を戸籍に登録しようとすれば、新たな本籍には地番を付けられないのでどうしたらよいか、との伺いがあった。さすがに水上に地番を付けるのは無理である。この問いに対し、同年一〇月に司法省法務局長は「住居ト本籍トハ必スシモ一致スルコトヲ要セス。之等《これら》ノ者ト雖《いえども》一定ノ地、例ヘハ其ノ出生地、其ノ地縁故ノ地ニ本籍ヲ定ムルコトヲ得ヘシ(37)」と回答していた。つまり、水上生活者や乞食など非定住生活を日常とする人間に戸籍を創設させる上で、新たに設定させる本籍は住所と一致しなくてもよいという柔軟な対応をとらざるを得なかった。官僚の思考においても、本籍への理解は単なる〝家(戸籍)の所在地〟として記号的なものへと傾いていたわけである。

本籍と現住地が不一致となるという戸籍の避けがたい弊害を除くべく、国内の居住動態を的確に把握するために導入されたのが「寄留制度」である。これは壬申戸籍において始まり、そこでは、九〇日以上本籍地を離れて生活する者については「寄留」の届出を行うよう定めていた。次いで一八八六年九月、「出生死去出入寄留者届方」(内務省令第一九号)に基づき、他県に寄留する者は一〇日以内に寄留地の戸長に届け出るとともに、本籍地の戸長に寄留の届出を発送するよう定められた。

この寄留制度は、一九一四年三月公布の寄留法(一九一四年法律第二七号)、同年一〇月公布の寄留手続令（一九一四年勅令第二二六号）において法律として確立された。寄留法により「本籍ナキ者、本籍分明ナラザル者及日本ノ国籍ヲ有セザル者ニシテ九〇日以上一定ノ場所ニ居住スル者」（第一条第一項）は、「寄留者」として市町村長の編製する寄留簿に世帯単位で登録された。

基本的に内地における「寄留者」といえば、本籍地以外の一定の場所に居住する日本人（内地人）であった。それ以外に、内地の戸籍法が適用されないために内地に本籍を置くことが許されない朝鮮人、台湾人等の植民地出身者（外地人）も、内地に住んでいれば「本籍地以外に住む者」として寄留法が適用された。さらに、寄留手続令の第五条には「住所寄留簿」における記載事項として「日本ノ国籍ヲ有セサル寄留者ニ付テハ其ノ者ノ国籍又ハ其ノ者ガ国籍ヲ有セサルコト」と定められていたように、在日外国人も寄留者として登録された。外国人は戸籍に載らないが、日本での生活において世帯主となっている場合、寄留届書および寄留簿には「世帯主」としてその氏名が記載されていた[38]。

すなわち寄留制度は、国内住民の居住動態を把握することで戸籍の管理機能を補完する役目を負うものであり、これが戦後に誕生する住民登録制度の母体となった。

住民基本台帳の成立——「住民」としての把握

現住人口を把握する目的において本籍と住所の不一致という、戸籍が不断にはまる穴は、寄留制度が埋め合わせるものとなっていた。だが、国家が広範な行政事務を遂行する上で寄留制度はどれほどの利便性があったかといえば疑問符が付いた。「官」の側にいわせれば、一九一四年の寄留法施行以降、寄留制度が行政事務において利用されるとすれば、せいぜい徴兵と就学くらいであったというのが実情である。[39]また前述のように、社会保障などの救済的な行政サービスが居住地と関係づけて制度化されていなかった時代であることも絡んでいる。

それも敗戦を境に大きく変わった。日本の「民主化」を象徴するものとなる新憲法は第二五条に生存権の保障を規定し、福祉国家としての責務を明示した。そして、従来の選挙人名簿の編製、学齢簿の編製だけでなく、食糧配給、公衆衛生、予防接種といった、終戦後の混乱期における多様なサービスが地方行政において要求されるにあたり、いかんせん戸籍と寄留によって正確な現住人口を把握することは不可能と考えられた。

その上、総力戦の終結がもたらした、引揚者や孤児の増加による人口流動という特殊状況に対応するには、もはや「国民が全然無関心という状態[40]」にあった寄留制度は廃止し、新たな居住登録制度の整備が緊要とされた。実際、この時期に各市町村では寄留制度とは別に世帯台帳、物資配給台帳といった独自の身分登録を実施し、人口把握をはじめ、徴税、食糧配給、選挙人登録といった相互の行政事務に連絡を図っていた。[41]

敗戦後の混沌のなか、実質的な住民の居住関係を把握する法制度の整備は、占領軍からの強い要請でもあった。占領統治の円滑化・効率化の上で正確に人口を把握したい総司令部としては、戸籍と寄留を結合させたところで、はたして国勢調査に比較してどれほどの実益があるのかと日本側に疑問を呈していた。[42]

かくして住民登録法案は一九四九年から起草が開始されたが、その立案過程をみると、当初は寄留法の内容を踏襲し、外国人も住民票に記載する立法方針であった。だが、住民登録の正確性を確保するために戸籍との連絡を結ぶことが求められた。戸籍が「日本人」の登録であることは「自明の理」であるから、戸籍を貫く〝排外主義〟が住民登録にも扶植されたのであろうか。一九五一年六月に成立した住民登録法は、第二七条に「この法律は、外国人登録令により登録すべき者その他政令で定める者については、適用しない」と規定した。一九五一年時点で外国人登録令の適用対象とされていたのは九割が朝鮮人（韓国籍含め、約五六万人）であり、政治運動を活発化させていた朝鮮人に対する治安的観点もはたらき、外国人は住民登録によらず外国人登録による管理が要求されたと考えられる[43]。

戸籍と結びついた住民票

では、戸籍をもたないことがなぜ住民票を作成されない理由となるのであろうか。

住民基本台帳法をみると、戸籍に記載されていることが住民票が作成される要件であるという明文規定はない。むしろ、住民基本台帳法第七条の第五号では、住民票の記載事項として「戸籍の表示」を定めているが、「ただし、本籍のない者及び本籍の明らかでない者については、その旨」を記載するものとなっており、これをみる限りでは無戸籍者や本籍不明者でも住民票が作成されると解釈しうる。

しかし、住民基本台帳法施行令（一九六七年政令第二九二号）の第一二条第二項の第一号には「戸籍に関する届書、申請書その他の書類を受理し、若しくは職権で戸籍の記載若しくは記録をしたとき」をもって住民票に記載する旨が定められている。これに基づき、行政の実務では、出生届が市区町村に受理されて、それが戸籍に記載されることをもって、その市区町村の住民票が作成されるというのが慣例となってきた。記載の正確性の確保や二重登録の防止という目的から戸籍と住民票を連携させることが必要とされ、戸籍がない者に住民票を作成しないという制度運用がなされてきたのである。

再述するが、住民票と戸籍は本来、目的を異にする制度である。住民票は居住関係の証明であり、一定の住所をもつ市区町村の「住民」としての記録である。住民登録は市区町村の区域内に住所をもつ者の居住関係を登録する属地主義的制度である。一方の戸籍は、住所に関わりなく、市区町村の区域内に本籍をもつ者の身分関係を登録し、公証することを目的とする、属人主義的制度である。

地方自治を第九二条において保障した日本国憲法と同じ一九四七年五月三日に施行された地方自治法（一九四七年法律第六七号）は、「市町村は、……その住民につき、住民たる地位に関する正確な記録を常に整備しておかなければならない」（第一三条の二）と規定している。これに基づいて作成される住民基本台帳は、住民に関する記録の適正な管理を行うことにより「住民の利便を増進するとともに、国及び地方公共団体の行政の合理化に資すること」（住民基本台帳法第一条）を目的とするものである。

ここでいう「住民の利便」とは、選挙人登録、健康保険への加入、就学の通知、運転免許の取得、印鑑登録、予防接種など、市区町村がその管轄地域に住所を有する住民に対して付与するサービスである。よって、住民票がない者はこれらの行政サービスの享有がほとんど困難になることは、先に述べた通りである。一方の戸籍は、住民票のように市民に対する行政サービスの適切な給付に資することを目的としたものではない(44)。

要するに、戸籍と住民票とで両者の使命は本質的に異なる以上、住民登録は戸籍から独立した制度であってしかるべきである。しかるに、戸籍の補完役という寄留法のもつ性格が住民登録法に継承され、戸籍と住民票は相互に検索できるように結び付けられた。住民登録法第一一条により、戸籍には

「附票」が添付され、この戸籍附票には戸籍に記載されている者の住所の変更が逐一記載される仕組みとなった。こうして住民票と戸籍が相互の情報を確保し得るように連繫することにより、本来は人の移転を追跡できない静態的な身分登録制度である戸籍も、国民の居住実態を間接的に把握することが可能となった。いうなれば個人よりも国家にとっての利便が優先された結果、戸籍の有無が「住民」としての地位および権利を左右する実質的要件とされたのである。

だが、無戸籍の「日本人」が住民票を得られないことによって多大な不利益を被ることに対し、救済の手立てはないものかと、全国の法務局・地方法務局およびその支局から法務省に問い合わせが寄せられた。そこで二〇〇八年七月に総務省自治行政局は各都道府県に通知を発し、民法第七七二条の規定に起因する無戸籍者について、戸籍作成のための手続が進められている場合には、市区町村長の職権で住民票の記載を行うことができるとした(45)。

そもそも住民基本台帳事務は自治事務とされており、市区町村長は職権により戸籍の有無にかかわりなく住民票の作成を実施することが可能である。だが、戸籍に登録されていない者については住民票を作成しなくてよい、という前例墨守の機械的対応が依然として続いている市区町村もまだみられるのが現状である。住民の権利と福祉の保護を請け負う市区町村長は、自発的に無戸籍者に対する住民票作成の対象範囲を拡大することが望まれる。

また、法務省民事局は二〇一四年七月、無戸籍者を適正な手続きによって戸籍に登録させるために、全国市区町村の戸籍担当部署に無戸籍者に関する情報の把握に努めさせるとともに、住民基本台帳、児童福祉、学校教育等の戸籍以外の業務を行う過程でも、市区町村長、児童相談所長、教育委員会委員長等が無戸籍者の情報（通称、生年月日、連絡先等）を把握したら市区町村の戸籍窓口に連絡してもらうように法務局、地方法務局に通知した(46)。

だが、先決すべき課題は、何よりもまず、所在を把握できない人間を生み出さないことである。それには、出生登録のあり方を見直すことも必要であろう。第一章で述べたように、個人の人権を終生、保障する最も重要な基盤となるひとつが出生登録である。しからば、これまで述べてきたような矛盾を抱える戸籍法に基づく出生届ではなく、住民登録の一環として、住所を置いている市区町村において子が出生した事実証明をもって住民票を確実に作成するような出生登録の制度を設けることが、国民および国家の双方にとって実効的となるであろう。

終章　戸籍がなくても生きられる社会へ

「無籍者」の位置づけ――「まつろわぬ日本人」

「日本人」でありながら戸籍に登録されていないのが無戸籍者である。その存在は、歴史的にいかなる意味をもってきたのか。

戸籍は、国家が人民に対する徴兵、徴税を実行するためにその身分を把握する行政上の記録台帳として発祥した。このため、戸籍に記載されない者は課役を逃れて浮浪する罪びとを意味し、戸籍に登録されない者＝定住しない浮浪人＝犯罪者、という公式が出来上がった。この公式は江戸時代の封建的な身分秩序の確立とともに社会に浸透していき、幕府権力の公認する身分を逸脱して各地を流亡する「無宿」は厄介者や背徳者というレッテルが付いて回った。

明治維新において戸籍は、個人を水平な「臣民」として登録し、かつ「元祖日本人」を公式に画定する「臣民簿」という姿で新生を遂げた。帰属意識の定まらぬ民衆に「日本国籍」という観念を生起し、同時に封建的身分秩序を解体して「一君万民」という形で「臣民」として平準化する。これが壬中戸籍をもってする国民統合の出発であった。無論、実効的な面では、戸籍は国家の資源として国民を動員するという目的を前面に出し、徴兵制をはじめとする富国強兵に向けた国家建設のための施政を支える基盤とされた。

その戸籍に背を向けて生きる浮浪人は「無籍無産の徒」として権力から「駆逐」の対象とされた。明治維新の時期、脱籍浮浪人に戸籍への内面的服従を促すべく、明治新政府は戸籍の登録を天皇の「ご趣意」にかなうものであるとし、皇国への帰一という理念に結びつけた。その効果はともかく、「臣民簿」として戸籍がもつ道徳的意義が強調されればされるほど、戸籍から脱落して浮浪する人間は、反国家的生活を送る「まつろわぬ者」と位置づけられ、潜在的犯罪者という汚名すら着せられた。

やがて福祉国家への変容と人道思想の向上とともに、「無籍者」は社会事業における救済の対象となった。救済の方法は物質的な支援ではなく、戸籍を創設させるための指導であった。それを促した契機は、やはり漂泊する貧民を放置しておくことの治安上、風紀上の危険を予測したからであった。都市の方面委員による戸籍整理事業がそうであったように、社会の底辺に生きる「無籍者」に戸籍を創設させることは精神的救護であり、「感化」であると意義づけられた。経済的貧窮が法の無知のみならず、国家意識の欠如をもたらす結果として無戸籍に至らしめたものとみなされ、戸籍への登録が「文明」への門戸とされた。

まさに国家の公認する「籍」を脱却した「無籍者」という存在は、物質・精神両面における〝貧困者〟として環視の的とされてきたのである。

〝道徳律〟としての価値

戸籍を創設することは、国民の「権利」であるのか、それとも「義務」であるのか。歴史的に考えるに、国民の意識においては前者が「客」で後者が「主」であり、この主客関係が転倒することはなかった。もちろん、戸籍に登録されることが国民としての「義務」であるということは、戸籍法に明文規定されてきたわけではない。また、明治以来、今日まで司法省、法務省等から発せられた通達や訓令にも、そのような「義務」を明示したものはない。

にもかかわらず、戸籍をもつことが「正しき日本人」の姿であり、「日本人」の徳義として理解されてきた。いうなれば「日本人」にとって戸籍は暗黙裡に、法的な「義務」としてよりも道徳的な「義務」として存在し続けているのである。

そうした戸籍への服従意識がつちかわれたのは、家の思想によるところが大きい。近代日本国家は明治民法の施行以来、家を単位として人民を統制し、家の継続と安定が国家発展の土壌となるものと国民に教育してきた。そして必ず一つの家に属し、一つの氏を持ち、一つの戸籍に登録されること、つまり「一家一氏一籍」が「日本人」の生活上の原則となった。家の構成員は、それぞれ戸主、父、母、長男、二男……という戸籍上の身分に振り分けられ、「分相応」に生きることが美徳とされた。そして個々の家をひとまとめに統率するのが、「日本」という家の家長である天皇であり、個人は戸籍に登録されることで「天皇の赤子」として包摂されるものとなった。

家制度の下では、戸主を頂点とする支配服従関係が成立し、戸主の裁量によって婚外子や、離籍または復籍拒絶に処された家族は無戸籍となった。だが、入るべき家を失った無戸籍者も「一家創立」

の便法によって新たな戸籍が作成される道が敷かれ、結局は家に回収されるのであった。これもやはり、国民は必ず一つの家に帰属することが天皇を宗家とする日本国家の安寧を導く、すなわち「国体」の護持に資するものとなるという家族国家思想に根ざした国民統合の方法にほかならなかった。

家の秩序において、個人はどこまでも家の一員として把捉される存在でしかない。そこでは西欧近代の社会契約説に依拠した自律的な「国民」という想定は生まれず、個人は忠良なる「臣民」として同質化・画一化された。戸籍は日本人と家の関係を「臣民」と「国体」との関係にまで拡大して社会に浸透させる役割を担ってきたのである。

しかしながら、戸籍の精神的価値を導く家の秩序といえども、すべての国民を帰服させるような普遍性を獲得することはできなかった。何しろ、利益と欲望の赴くままに多様な社会生活を営み、国内外において移動を重ねる人々が躍動するのが近代社会である。定住生活を選ばない職業人、住所もなく浮浪する貧民、山地を移動しつつ国家に背を向けて生きる「サンカ」など、家の秩序と無縁に生きる人々は戸籍の徳義など理解する余地もなかった。また、徴兵という苦役から逃れようとする者は戸籍法への順法意識などかなぐり捨て、躊躇なくおのれの戸籍を消そうと手練手管を用いた。

ことに、国境を越えて海外に移住した日本人からすれば、遠隔の本籍地にある戸籍の存在意義はおのずと風化していった。本籍地にある戸籍が戦災で焼失し、あるいは海外から出した出生届が本籍地に送付できていなかったりして無戸籍となった在外日本人の多くが、その一連の事実を関知せず、戸籍を創設ないし再製しないまま戦後を長らく生きてきた。これは、海外に生活の本拠を置いた日本人にとって戸籍は現実的な必要価値をもたなかった証左である。

戦後、家制度が廃止されたものの、一つの「氏」によってたばねられる「家族」を単位として国民を管理する性格は温存され、戸籍法における家の観念が払拭されたわけではない。現実生活との切実な関係をもたない戸籍に日本人が何らかの価値を見出すとすれば、それは何なのか。やはり、国家の見地からは「家族」の規格化による国民の統合であり、国民の見地からは家の系譜、血縁の証明という心理的保障である。いずれもその道徳的価値観の支柱にあるのは、家の観念にほかならない。

国家の機会主義で決まる「日本人」

戸籍は、すべての「日本人」の身分関係を登録することを役割とするものである。国籍法において日本国籍を付与する原則は一貫して血統主義が維持されているので、戸籍は「日本人」としての血統を証明するものとして重視されてきた。

明治以来、「日本人」と認められる者は余すところなく戸籍の管理下に収めることが日本国家の平和と安定に帰する、というのが戸籍行政を牽引してきた理想ではあった。国民登録という戸籍制度の趣旨を貫徹するならば、強制力をもってでも無戸籍者を戸籍に登録し、国家意識を扶植して統合しなければならないはずである。だが、基本的には日本国家が無戸籍者に対して用意した道は、就籍という厳格な司法手続きを通して戸籍を創設する権利を認めるものにすぎなかった。しかも無戸籍者が願い出た就籍が成就して、国家から「日本人」としての承認を受けるまでに乗り越えるべき壁は高い。

「大日本帝国」が解体した戦後の日本は、内向きな国民国家として再編された。その過程において確たる基軸となったのは戸籍にほかならない。ことに、一九五二年四月のサンフランシスコ平和条約発効を契機として、無戸籍者または本籍不明者からの婚姻届や出生届の受理について審査を厳格にしたのはなぜか。「日本人」の証明としての戸籍の〝純度〟を高める意図であった。戸籍が画するナショナリティの境界線は従前よりも堅固になり、その外側に置かれた外国人に対しては指紋登録による警察的な管理も正当化された。さらに「日本人」でありながら、そのような戸籍の境界線の外側に追いやられたのが、植民地の戸籍に入籍したために平和条約発効に伴う「国民」再編時に「外国人」とされた人々や、戦後に戸籍を抹消されて「日本人」たる証明を喪失した中国帰国者たちであった。

その反面、青い目や黒い肌など外見的に「日本人」でないことが明白でも、日本で「棄児」として保護された子や、父母が無国籍と推定された子は、〝人道的措置〟として就籍の手続きによらずに簡便に戸籍が創設され、「日本人」として承認される。

また、家制度の時代にさかのぼれば、家族国家思想に立脚した独特な国籍観念が生まれていた。婚姻や養子縁組などを通して日本の家すなわち戸籍に入籍した外国人は、「家の一員」となることにより、その自由意思に関わりなく「日本人」になった。これは家の原理が個人の国籍をも変動させるものであり、帰化の場合と違って日本国家に対する愛国心などは不問であった。

つまり、血統上の「日本人」と戸籍上の「日本人」が決して一致するわけではない。戸籍は「日本人」を記載するのではなく、そこに記載された者を「日本人」とする、いわば〝結果的な「日本人」の証明〟にすぎない。戸籍に記載されているのは形式的な「日本人」であって、必ずしも実質的な「日本人」ではないということである。

まさに誰を「国民」とするか、その輪郭は、国家のオポチュニズム（機会主義）によって画定されるのであり、それを最も堅実に支えるものが戸籍なのである。

問われる戸籍の価値

一体、これから戸籍は何のために生き残っていくのであろうか。否、生き残るべきなのであろうか。

二一世紀を迎えて一〇年余り、グローバル化の波に乗って、国家の支配領域の境界を往来する人の移動は、移民、出稼ぎ、転勤、留学など時間軸も長短さまざまに常態化している。日本人の海外での出生や国際婚姻などの越境的な身分変動は輪をかけて増加している。そして、難民や無国籍者や重国籍者など、国籍の谷間に生きる人々が珍しいものではなくなり、「国民」の内実は多様化・流動化の一途をたどっている。

今や「国民」「外国人」の別を画する境界線は希薄になったかにみえるが、これを国家はテロ対策など治安管理の要請から再び厳格にする方向へと舵を切り直そうという構えもみせている。そうした不穏な流れのなかで、国家による個人管理はますます精密化し、指紋や顔認証などの「生体認証」という最新の科学技術を駆使した「身体」管理へとめざましい進化を遂げている(1)。

だが、科学は人間を記号化し、その「身体」を効率的に管理することはできても、国家意識や道徳観念といった人間の「精神」までも管理することは無理である。その点、戸籍は個人の内面に介入する。すなわち戸籍は、科学が統御しきれない国民の「精神」を管理し、個人の生活を家の価値の下に秩序化する道徳的な装置とされてきたのである。

再三、述べてきたように、戸籍は静態的に人を管理する制度である。血縁的統合に基づく定住型農耕社会には適しているが、多様な人の移動を与件とした地縁的統合社会には適さない制度である。本書でみたように、すでに明治期から、戸籍における国民管理機能の実効性を疑う声が官僚たちから聞こえていた。

それでも戸籍制度が廃止されることなく、それどころか制度的な大枠をほとんど維持したまま今日まで存続してきたのは、国民管理制度としての機能以上に、〝道徳律〟としての役割を託されてきたからである。「日本人」としての国民意識を形成し、「血」を共同体の絆とする風土を醸成し、「家」の一体性を維持するという役割である。例えば、日常においても祖先を敬い、祖孫の血の紐帯を尊ぶ人々は、「家の系譜」として戸籍を重宝する。戸籍に離婚や婚外子の記載があると「籍が汚れる」として不道徳とみなす。戸籍に表示される「氏」の同一化によって感得される家族の絆こそが日本における〝淳風美俗〟と考える。さらには戸籍をもつことを通じて日本国家との結合性を強く意識する。こういった類の信仰心をもって戸籍とともに生きようとする人々があるのも否定しえない。

とはいえ、もはや戦前のごとく、戸籍に「臣民簿」として多大な価値を与えてきた家族国家イデオロギーが復活の雄叫びをあげる可能性はないであろう。そのような思想の闊歩は「個」の自由と平等を価値基盤とする民主主義の根幹を揺るがすものとなる。このことを学んだ日本人の家に対する崇拝や服従は今後、脆弱になりこそすれ、強固になることは考えられない。自民党が二〇一二年四月に起草した憲法改正草案をみると、第二四条第一項に「家族は、社会の自然かつ基礎的な単位として、尊重される。家族は、互いに助け合わなければならない」という条文が新設されている。これなどは、個人の国家意識における「家族」の価値の再生を図ろうという切迫した目的の産物と考えられる。

ここでいう「家族」とは、〝血縁〟にこだわらない現実的な生活共同体としての「家族」なのか、それとも従来の「氏を同じくする夫婦と子」という規格化された戸籍上の「家族」なのか。後者に固執して戸籍の管理機能の再強化を図ろうとするならば、戸籍をますます国民の実態と乖離した形骸的なものと化すであろう。

何しろ、現代の国民管理は戸籍に基づく「家族」を単位とした形ではなく、「個人」を単位とした形の方が利便性の高いことを国家も認識しているはずである。そのれっきとした証拠がマイナンバー制度である。マイナンバー制度は、日本国民が初めて経験する、国家による個人単位の情報管理システムである。戸籍は個人と直接向き合う装置ではない。これに対し、マイナンバーは国籍を問わず、すべての住民を「個」として多目的に管理するものである。しかも法務省では、戸籍事務にもマイナンバーを導入することにより、情報提供ネットワークシステムを介して関係行政機関に戸籍情報を提供し、行政の効率化を図ることも検討している(2)。早晩、戸籍情報までも包括したマイナンバーによる国民管理体制が本格化すれば、国民は「個」として国家に向き合う新たな緊張感に覚醒するのではないか。それは同時に、戸籍に管理されることが「日本人」にとって自明の理としてきた「戸籍意識」の解体につながる導火線に火を点けることになるかもしれない。

結局のところ、繰り返しになるが、戸籍制度は実効的機能よりも、道徳的機能という部分でしか生き残る道はなくなりつつある。

無戸籍でも幸せになれる国

本書の執筆を促す動因となったのが、無戸籍のまま生きてきた人々が〝不幸〟〝不憫〟であり、「日本人」として安定的な市民生活を確保するためには戸籍を取得しなければならない、という言説や風潮への強い疑問であった。戸籍があればこそ参政権、旅券発給、婚姻、就学、社会保障受給といった権利が保障され、あまつさえ自分のアイデンティティが保持される。あたかも戸籍が「日本人」としての幸福や尊厳の源泉であるかのように過大評価するこうした言説こそが、無戸籍者に対する社会の差別的視線を誘引し、また助長するものとなってきたのではないか。

戸籍は「日本人」「外国人」の間のみならず、「日本人」の間にも境界線を設定し、かつ公示することで、社会的な差別や格差を再生産してきた。無戸籍者が社会から白眼視されるようになるほど、戸籍を取得せねば無権利状態に陥り、かつ「非国民」として誹謗を受けるという強迫観念を生む。

戸籍の画する境界線の内側に安住したいと願う人間、すなわち戸籍の秩序に自己を適合させようとする人間を創出し続ければ、戸籍による国民管理は安泰となろう。

戸籍法において維持されている「夫婦同氏」の制度や、出生届における「嫡出」「非嫡出」の記載義務など、多くの国民はそうした規定に異議をとなえることなく、〝自然に〟順応するようになる。かくして戸籍のつくり出した境界線の内と外には、「まつろわぬ者」としての排除と、「正しき国民」としての連帯がそれぞれ醸成されるのである。

だが実際には本書で検討したように、日本において基本的な行政サービスは市区町村における居住の事実を権利保障の要件としており、それは戸籍よりも住民票の有無によって左右されるものである。

すなわち、現代の日本社会では「国民」としてよりも「住民」としての権利が重要な意味をもつのである。その「住民」としての地位は出生登録と同時に確定されるべきであり、それにはすべての出生児に出生登録の権利を確保させる必要がある。近年になり、無戸籍者に対して条件つきであるにせよ、住民票の作成や旅券の交付などを行う柔軟な行政措置が特例的に講じられつつある。だが、無戸籍者に対するそうした措置があくまで「特例」である限り、戸籍をもつことが「日本人」として自然の姿であるという社会通念、すなわち「戸籍意識」が人々を呪縛し続ける。戸籍の有無にかかわらず「住民」としての地位と権利を保障することは「特例」ではなく「当然」の措置として行われなくてはならない。無戸籍による不利益がことごとく解消されれば、戸籍は日本人にとって〝選択肢〟以上の意味はなくなる。

今さら述べるまでもなく、「家族」という人間の結合関係は、個人の自由意思に基づいて育まれる「私」の空間である。事実婚、同性カップルはいうに及ばず、離婚後も同居する元夫婦、父母が離婚して父の戸籍にとどまっているが母と暮らす子、などといった「家族」の情景は珍しいものではない。戸籍はそうした「私」の事情に基づく多様な生活共同体を反映せず、戸籍法の規格に適合する「家族」にのみ相続や社会保障などの権利を認めるような法制度をつくり出す結果を伴ってきた。戸籍制度を解体して個人単位とするか、世帯単位とするか[3]、いずれにしても、求められるのは国民の多様な生活実態を把握し、平等に行政サービスを保障するための弾力的な身分登録制度にほかならない。

家族愛や愛国心を国民に求めるにしても、その濃淡は戸籍の有無で決するものでもない。日本に必要なのは、たとえ無戸籍であろうとも「非国民」などと自らを卑下することなく健全な、そして幸福な市民生活が送れる社会である。「籍」にとらわれない生き方の多様性を尊重する社会こそが、成熟した民主主義国家への一里塚ではないか。

注

序章 「無戸籍」の意味するものとは――戸籍がない「日本人」とは

（1）井戸まさえ『無戸籍の日本人』集英社、二〇一六、二一頁。
（2）山主政幸「家族法と戸籍意識」日本大学法学会編『民法学の諸問題』日本大学法学会、一九六二。
（3）浜卓雄「戸籍文化について――行政文化の一例として」『戸籍時報』第三〇三号、一九八三年六月、一六〜二二頁。
（4）一八七六年五月三日元老院会議第一九号議案第二読会での松田道之の発言。福島正夫「明治四年戸籍法の史的前提とその構造」福島正夫編『戸籍制度と「家」制度――「家」制度の研究』東京大学出版会、一九五九、一六三頁。
（5）大山郁夫「外交と道徳」『大山郁夫著作集第一巻』岩波書店、一九八七、二四頁。
（6）エミール・デュルケーム著、井伊玄太郎訳『社会分業論（上巻）』理想社、一九五七、二七頁。
（7）成毛鐵二『戸籍の実務とその理論』日本加除出版、一九五六、三頁。
（8）遠藤正敬『戸籍と国籍の近現代史――民族・血統・日本人』明石書店、二〇一三。
（9）井戸、前掲書、秋山千佳『戸籍のない日本人』双葉新書、二〇一五、毎日新聞社会部『離婚後三〇〇日問題――無戸籍児を救え！』明石書店、二〇〇八など。

第一章　戸籍の役割とは何か――届出によってつくられる「身分」

（1）日本の植民地支配における戸籍制度については、遠藤正敬『近代日本の植民地統治における国籍と戸籍――満洲、朝鮮、台湾』明石書店、二〇一〇を参照。

(2) 中央治安維持会「治安維持ニ関スル諸規定集(昭和一二年七月一日改正)」『旧陸海軍関係文書』国立国会図書館憲政資料室所蔵マイクロフィルム R-108。

(3) 板垣不二男、岡村司『戸籍法釈義』明治法律学校出版部講法会、一八九八、二頁。

(4) 同上。

(5) 遠藤『戸籍と国籍の近現代史』、一三五頁。

(6) 宮城俊治「行政法上からみた戸籍」『戸籍』第二四八号、一九六七年一二月、五頁。

(7) 成毛鐵二『戸籍実務から見た民法及び戸籍法の再検討(法務研究報告書第四三集第六号)』法務研修所、一九五六、二二一頁。

(8) 曾田芳三「戸籍の民衆化とその具体策」『戸籍』第五〇号、一九五三年八月、三頁。

(9) 村上朝一編『戸籍(上)』青林書院、一九五四、五四～五五頁。

(10) 梅田昌博「職権訂正についての一考察」『戸籍』第二八一号、一九七〇年三月、二頁。

(11) 村崎満「家庭裁判所と戸籍(法令審査権の問題として)」『家族法と戸籍の諸問題』日本加除出版、一九六六、七九頁。

(12) 宮城「行政法上からみた戸籍」、八頁。

(13) 谷口知平『戸籍法(新版)』有斐閣、一九七三、三六頁。

(14) 一九〇三年一二月二四日民刑第九五二号司法省民刑局長回答。『戸籍先例全集(六)』ぎょうせい(加除式)、一三四九～一三五〇頁。

(15) 樋口忠美「サンパウロ(ブラジル)における戸籍事件の届出の現状と問題点」『戸籍』第五〇〇号、一九八五年一二月、六九頁。

(16) 二〇一四年七月三一日付民一第八一九号法務局民事行政部長、地方法務局長宛て民事局民事第一課長通知。『民事月報』第六九巻第九号、二〇一四年九月、一一〇頁。

(17) 一九四七年六月一一日二二食糧第一九七五号。『戸籍先例全集（二）』ぎょうせい（加除式）、五八五頁。
(18) 成毛『戸籍実務から見た民法及び戸籍法の再検討』、二六一頁。

第二章 「無戸籍」という意味――「日本人」の証明なき「日本人」

(1) 一八九八年九月三〇日司法省民刑局長回答。『地方行政』第一九巻第三号、二二頁。
(2) 向英洋「戸籍届出送付未着の周辺」『戸籍』第二八五号、一九八四年一一月、三頁。
(3) 一九一五年九月一七日付民第一四一三号法務局長回答。『戸籍先例全集（四）』ぎょうせい（加除式）、一一七一頁。
(4) 成毛鐵二「死亡認定と高齢者抹消の背景と周辺（上）」『戸籍時報』第一九一号、一九七四年四月、一四～一五頁。
(5) 新生社編『震災後の法律問題と権利保護策 震災叢書 第二編』新生社、一九二三、七七～七八頁。
(6) 横山実「戸籍法施行五〇年によせて――私の戦後戸籍物語（上）」『戸籍』第六六九号、一九九八年一月、一八～一九頁。
(7) 「座談会 戸籍の滅失と再製（四）」『戸籍』第三〇一号、一九七一年九月、一〇頁。
(8) 杉谷文哉「戸籍事務のＩＣＴ化とマイナンバー制度導入に向けた検討について」『月報司法書士』第五三四号、一六頁。
(9) 「『あっ！ 戸籍簿が見当たらない。』どうしよう。戸籍簿や除籍簿の滅失を発見した場合の市区町村における再製手続について」『戸籍』第七四二号、二〇〇五年三月、五五～五七頁。
(10) 飯田明美「最近における戸（除）籍再製状況等について」『戸籍』第三九五号、一九七八年五月、三〇～三一頁。
(11) 一九五八年九月一五日付民事甲第一八四七号各法務局長・地方法務局長宛民事局長通達。『戸籍先例全集（一）』ぎょうせい（加除式）、八八ノ一二頁。

(12) 一九四五年五月一二日付民事特甲第八七号司法省民事局長回答。同上書、七七頁。
(13) 一九三二年五月二八日付民事甲第五四二号司法省民事局長回答。同上書、七六頁。
(14) 向英洋「戸籍届出送付未着の周辺」、一二二頁。
(15) 一九四七年八月七日付札戸第三四六号札幌市長問合。『戸籍先例全集(四)』、一一七四頁。
(16) 「戸籍は誰のもの」『戸籍』第二四三号、一九六七年七月、三一頁。
(17) 前之園亮一『研究史　古代の姓』吉川弘文館、一九七六、四～五頁。
(18) 芝葛盛「皇室制度」国史研究会編『岩波講座日本歴史　第一〇巻』岩波書店、一九三五、五八頁。
(19) 酒巻芳男『皇室制度講話』岩波書店、一九三四、一一二頁。
(20) 「皇族ヨリ臣籍ニ入リタル者及婚嫁ニ因リ臣籍ヨリ出テ皇族ト爲リタル者ノ戸籍ニ關スル法律」(一九一〇年法律第三九号)第一条。
(21) 現行憲法上、皇族の身分関係に民法が適用されるかについては確立した見解がなく、宮内庁においては、皇族には戸籍法の適用が除外されている関係上、戸籍法に関わる民法の規定もおのずから適用が除外されるという解釈のようである。ただし、皇族女子が非皇族の男子と婚姻する場合には民法第七三九条の適用があると解されている。「皇族の婚姻と皇統譜の登録等について」『戸籍』第四八八号、一九八五年二月、八四～八五頁。
(22) 同上、八五頁。
(23) 「皇室団欒」『文藝春秋』一九七六年二月号、二八五頁。

第三章　無戸籍の来歴——古代から近世まで

(1) 折口博士記念会編『折口信夫全集一　古代研究　国文学編』中央公論社、一九五四、一四六頁。
(2) 瀧川政次郎『法制史上より観たる日本農民の生活　律令時代(下)』同人社書店、一九二七、一四二頁。
(3) 大石慎三郎によれば、宗門改が体系的に幕府によって始められたのはそれほど早い時期ではなく、一七世紀後半の寛文期であったとみられる。大石慎三郎『近世村落の構造と家制度　増補版』御茶の水書房、一九七六、三一〇～三二五頁。

（4）大石慎三郎「江戸時代における戸籍について」福島正夫編『戸籍制度と「家」制度』東京大学出版会、一九五九、六五頁。ただし石井良助によれば、大坂では早くから宗門改帳の制があり、これを材料にして人別帳を作ったことから、これらを「宗門人別帳」と呼んだが、江戸は初めから宗門改帳と人別帳は別に作成したので「宗門人別帳」と呼ばれたことはないという。石井良助『家と戸籍の歴史』創文社、一九八一、二四四頁。

（5）林董一「徳川幕府戸籍研究序説（二）」『名古屋大学法政論集』第三巻第二号、一九五五年九月、一〇一～一〇二頁。

（6）幸田成友「江戸の町人の人口」『幸田成友著作集　第二巻』中央公論社、一九七二、二四四～二六五頁。

（7）荻生徂徠『政談』岩波文庫、一九八七、一三頁。

（8）中井竹山『草芽危言巻之四』懐徳堂記念館、一九四二、二～三頁。

（9）細川亀市『日本法制史要講』時潮社、一九四〇、一七頁。

（10）三田村鳶魚『江戸ばなし其の二』大東出版社、一九四三、一〇一頁。

（11）三浦周行『国史上の社会問題』大鐙閣、一九二〇、三三九頁。

（12）関山直太朗『日本人口史』四海書房、一九四二、五六頁。

（13）石井良助『家と戸籍の歴史』、二二七～二二九頁。

（14）相川町史編纂委員会編『金銀山水替人足と流人』新潟県相川町、一九八四、一八～二〇頁。

（15）多仁照廣「石川忠房と江戸幕府教化政策」『敦賀論叢』第一四号、一九九九、五頁。

（16）井伊玄太郎『近世細民の文明論』雄松堂出版、一九九四、二九二頁。

（17）同上書、二九三頁。

第四章　近代日本戸籍の成立とその背反者

（1）John W. Burgess, *Political Science and Comparative Constitutional Law* Vol. 1, Boston: Ginn & company, 1890, p. 40.

（2）『東京府史　行政編　第一巻』東京府、一九三五、四五〇〜四五二頁。

（3）福地源一郎『幕府衰亡論』民友社、一八九二、一七九頁。

（4）「旧来脱藩等ノ輩旧地へ復帰セシム」『太政類典　第一篇第七九巻　保民・戸籍二』。

（5）福島正夫編『「家」制度の研究・資料編一』東京大学出版会、一九六二、八〜三〇頁。

（6）『法令全書　第二巻　明治二年』、六頁。

（7）同上書、一二二頁。

（8）「無籍処分方東京府へ達」『太政類典』第一篇第七九巻「保民・戸籍二」。

（9）「脱籍者復籍処分ノ條款ヲ定ム」、同上。

（10）これは山主政幸によれば、高度に政治的な一種の「行政処分」といえた。山主政幸「明治戸籍法の一機能」福島正夫編『戸籍制度と家制度』東京大学出版会、一九五九、一七九頁。

（11）「脱籍者心得違ナク帰国スヘキ旨軍務官ノ論達」『太政類典』第一篇第七九巻「保民・戸籍二」。

（12）山主「明治戸籍法の一機能」、二〇一頁。

（13）「旧来脱籍ノ輩府藩県ニ於テ篤ト取調復帰セシム」『太政類典』第一篇第七九巻「保民・戸籍二」。

（14）『岩倉具視関係文書』第一巻、日本史蹟協会、一九二七、三五二頁。

（15）『岩手県史　第六巻　近代篇一』杜陵印刷、一九六二、七八三頁。

（16）福島正夫『日本資本主義と「家」制度』東京大学出版会、一九六七、一〇二頁。

（17）原田伴彦、上杉聡編『近代部落史資料集成　第二巻』三一書房、一九八五、一七二頁。

（18）長野県編『長野県史　近代史料編第二巻（一）県政』長野県史刊行会、一九八一、一〇〜一一頁。

(19) 福島正夫「明治四年戸籍法の史的前提とその構造」福島編『戸籍制度と「家」制度』、一三四頁。
(20) 刑事法学会編纂『警察犯処罰令釈義』(『改正違警罪即決例釈義』附録) 豊文社、一九三一、一三三頁。
(21) 法曹閣書院編『警察犯処罰令要論』法曹閣、一九〇八、一〇六頁。
(22) 高山三郎『趣味法律の裏表』富文館、一九三九、二九〇頁。
(23) 宮崎大三郎『北海道開拓意見』江刺町(出版地)、一八九三、五頁。
(24) 安田泰次郎『北海道移民政策史』生活社、一九四一、四五~四六頁。
(25) 同上書、四七頁。
(26) 東京府編『東京府史　行政編　第二巻』東京府、一九三五~三七、一〇六~一〇八頁。
(27) 片山敬次『北海道拓殖誌』北海道拓殖誌刊行後援会、一九三一、二三〇頁。
(28) 『東京府史　行政編　第二巻』、六二頁。
(29) 『法令全書　第二巻　明治二年』、一二二頁。
(30) 『東京府史　行政編　第二巻』、六三頁。
(31) 同上書、六五頁。
(32) 同上書、六六頁。
(33) 『太政類典・第一編・慶応三年~明治四年・第六九巻・地方・地方官職制三』国立公文書館所蔵2A-0-69.
(34) 岩瀬謙超編『小金牧開墾之不始末』出版社不明、一八九六、二七~二八頁。
(35) 『東京府史　行政編　第二巻』、八二頁。
(36) 同上書、七七頁。
(37) 同上書、八〇~八三頁。
(38) 同上書、八四頁。
(39) 網野善彦『日本中世の非農業民と天皇』岩波書店、一九八四、『「日本」とは何か』講談社、二〇〇〇など参照。

(40) 佐野学『清朝社会史　第一部　第一輯　国家と社会 国家』文求堂、一九四七、八八～八九頁。
(41) 鷹野彌三郎『山窩の生活』二松堂書店、一九二四、八頁。
(42) 「サンカ」の語源や起源をめぐる論争については、沖浦和光『幻の漂泊民・サンカ』精興社、二〇〇一を参照。
(43) 鷹野、前掲書、三二一～三三三頁。
(44) 同上書、一九頁。
(45) 礫川全次『サンカ学入門』批評社、二〇〇三。
(46) 柳田國男『退読書歴』書物展望社、一九三三、二三三頁。
(47) 同上書、二二頁。
(48) 的ヶ浜事件の経過と先行研究に対する批判的整理は、藤野豊『日本ファシズムと医療』岩波書店、一九九三、第二章を参照。
(49) 藤野『日本ファシズムと医療』、八〇頁。
(50) 同上書、七九頁。
(51) 『大阪朝日新聞』一九二〇年五月二四日付。
(52) 『大阪朝日新聞』一九二〇年一〇月一日付。
(53) 『大阪朝日新聞』一九二〇年九月一〇日付。
(54) 今西一によれば、一八七一年からは「解放令」反対が新政反対一揆の要求のひとつであった。今西一「土佐『脂取り一揆』考」『商学討究』第四三巻第三・四号、一九九三年三月、一六七頁。
(55) 松下芳夫『徴兵令制定史』内外書房、一九四三、二一九頁。
(56) 同上書、二一七頁。
(57) 「脂取り一揆」についての先行研究は、平尾道雄『土佐農民一揆史考』高知市立市民図書館、一九五三、今西一「土佐『脂取り一揆』考」などがある。

(58)『日本残酷物語　第四部　保障なき社会』平凡社、一九六〇、二三二頁。
(59)小野武夫『維新農民蜂起譚』改造社、一九三〇、一六一～一七九頁。
(60)今西「土佐『脂取り一揆』考」、一八二～一八四頁。
(61)菊池邦作『徴兵忌避の研究』立風書房、一九七七、二八八頁。
(62)「北海道ニ徴兵令施行ノ件」(一八九六年勅令第一二六号)第二条第一項による。
(63)松下『徴兵令制定史』三〇六～三〇八頁。
(64)同上書、三〇八～三〇九頁。
(65)亘理章三郎『軍人勅諭の御下賜と其史的研究』中文館書店、一九三二、五六頁。
(66)山県有朋著、松下芳男解題『陸軍省沿革史』日本評論社、一九四二、二三六頁。
(67)東京市社会局編『東京市方面制度』東京市社会局、一九二四、一四頁。
(68)『官報』一八八七年七月五日、三八頁。
(69)足立栗園『学生と軍人――修身教訓』積善館、一九〇二、三九～四〇頁。
(70)菊池『徴兵忌避の研究』、三三五頁。
(71)『陸軍省沿革史』、二三六頁。
(72)一八七三年五月二八日太政官布告第一七七号。外岡編『明治前期家族法資料』第一巻第一冊、一六九～一七〇頁。
(73)臼井水城『戸籍法釈義〔第一篇〕』明法堂、一九〇二、五一八頁。
(74)菊池『徴兵忌避の研究』、二九一～二九二頁。
(75)同上書、二九二～二九四頁。
(76)同上書、二九六～三〇六頁。
(77)熊勝一『入営者宝典』兵文社、一九一〇、一二頁。

第五章　家の思想と戸籍――「皇民」の証として

（1）井上正一『民法正義　人事編巻ノ二』新法注釈会、一八九〇、九頁。
（2）一八九六年一〇月一六日法典調査会。『民法議事速記録五』、五〇四頁、法務大臣官房司法法制調査部監修『日本近代立法資料叢書五』商事法務研究会、一九八四所収。
（3）柴田保吉『改正戸籍法解説』厳松堂書店、一九一六、二二頁。
（4）末川博『民法大意』弘文堂書房、一九二七、六三七頁。
（5）新見吉治『家族主義の教育』育芳社、一九三七、一三三頁。
（6）穂積八束「『家』の法理的観念」『法学新報』第八五号、一八九八年四月、六頁。
（7）平賀健太『国籍法　上巻』帝国判例法規出版社、一九五〇、一三四頁。
（8）同上書、九七～一〇三頁。
（9）同上書、一〇九頁。
（10）実方正雄『国籍法』日本評論社、一九三八、二五～二六頁。
（11）黒木忠正・細川清『外事法・国籍法』ぎょうせい、一九八八、二六三頁。
（12）Edward Jenks. *A History of Politics*. J. M. Dent & Co. New York: The Macmillan Company, 1900, p. 38.
（13）新見『家族主義の教育』、一四八～一四九頁。
（14）福島編『家制度の研究・資料篇二』、一一頁。
（15）竹田聴洲『日本人の「家」と宗教』評論社、一九七六、二一六頁。
（16）新見吉治『家と戸籍』日本法理研究会、一九四二、七五頁。
（17）文部省編『国体の本義』文部省、一九三七、九頁。
（18）同上書、四四頁。
（19）同上書、四六～四七頁。

(20)西村信雄「わが民法の届出婚主義に対する批判(一)」『立命館法学』第三七号、一一頁。
(21)柳田國男『婚姻の話』岩波書店、一九四八、一二六頁。
(22)堀内節編『明治前期身分法大全　第三巻　親子編』日本比較法研究所、一九七七、九〜一〇頁。
(23)堀内節編『明治前期身分法大全　第一巻　婚姻編Ⅰ』日本比較法研究所、一九七三、二六頁。
(24)遠藤『戸籍と国籍の近現代史』、三二頁。
(25)早田正雄「私生子の社会学的研究(完)」『社会事業』第一七巻第六・七号、一九三三、九二〜九三頁。
(26)穂積重遠『婚姻制度講話』文化生活研究会、一九二五、四四〜四五頁。
(27)同上書、六五〜七〇頁。
(28)橋浦奏雄『日本の家族』日本評論新社、一九五五、一〇九頁。
(29)平賀健太『我国家族制度の再検討』(司法研究報告書第三一輯第一号)司法省調査部、一九四七、五〇頁。
(30)我妻栄『家の制度――その法理と倫理』酣燈社、一九四八、七四頁。
(31)中島玉吉「戸主権論」『家族制度全集法律編Ⅳ　家』河出書房、一九三八、一三四頁。
(32)蓧山鐐次郎『司法研究第五輯の五　親族法上の訴訟原因に関する考察』司法省調査課、一九二七、八八頁。
(33)同上書、九〇〜九一頁。
(34)臼井『戸籍法詳解』、三三二頁。
(35)川島武宜『イデオロギーとしての家族制度』岩波書店および、竹田、前掲書、参照。
(36)『地方行政』第一九巻第三号、一九一一年三月、一八頁。

第六章　「社会問題」としての無戸籍問題

(1)財部静治「国勢調査　三」『新愛知』一九一九年八月六日。
(2)森貞次郎編『現行戸籍独案内』春陽堂、一八八五、六九〜七〇頁。

（3）『身代限褒賞恤救棄児行旅死亡人ニ関スル令達類集』福島県、一八八八、一四三頁。
（4）一八八六年六月一六日内務省総務局回答。宮田去病『現行戸籍取扱手続登記書式伺指令類纂』片桐二郎、一八八七、八～九頁。一八八六年の内務省令による壬申戸籍の改正（いわゆる「明治一九年式戸籍」）により、「無籍在監人」の項目は戸籍表ではなく、「警察及び監獄報告表」において記録するものとなった。
（5）前掲、『現行戸籍独案内』、六八頁。
（6）花房「大正二年末帝国人口に就て（一）」、一頁。
（7）佐藤成基『国家の社会学』青弓社、二〇一四、一三七頁。
（8）高野岩三郎『統計学研究』大倉書店、一九一五、二七八～二七九頁。
（9）花房直三郎「大正二年末帝国人口に就て（一）」『統計集誌』第四二一号、一九一六年三月、一頁。
（10）「併合後八年の間に於ける朝鮮統治の欠陥に付原内閣に要望す」との題名であった。
（11）植民地への戸籍法適用という問題をめぐる日本政府の認識については、遠藤『近代日本の植民地統治における国籍と戸籍』第二章を参照。
（12）二階堂保則「第一回国勢調査を読む（一）」『統計集誌』第四八〇号、一九二一年二月、二六頁。
（13）「国勢調査は空文か」『東京朝日新聞』一九一七年三月五日付。
（14）「国勢調査の話（一）」『大阪毎日新聞』一九二〇年八月二〇日付。
（15）「国勢調査の話（五）」『大阪毎日新聞』一九二〇年八月二五日付。
（16）持木一夫『法務研究報告書第七一巻第二号　在日外国人の実体法及び手続法上の地位』法務総合研究所、一九八三、九六～一〇〇頁。
（17）明治初年の救貧体制では、廃疾者、老人、幼児などの労働能力なき窮民か、流民乞食や都市貧民かによって救助対策が区別されていた。後者の場合、無産無籍者であれば徒場に入れて就業させるといった方法による授産対策が要求された。小川政亮「恤救規則の成立——明治絶対主義救貧法の成立過程」、小川政亮著作集編集委員会

編『小川政亮著作集第二巻』大月書店、二〇〇七、九三頁。
(18) 同上、一二八頁。
(19)「戸籍局第四回年報」大日方純夫他編『内務省年報・報告書　第六巻（下）』三一書房、一九八三、三六七〜三六八頁。
(20)「戸籍局第五回年報」大日方純夫他編『内務省年報・報告書　第八巻』三一書房、一九八三、五〇二頁。
(21) 小川、前掲書、一六一頁。
(22) 吉田英雄「帝都に於ける乞食の研究（上）」『社会政策時報』第八三号、一九二七年八月、七八頁。
(23) 原泰一『社会事業叢書第八巻　方面事業』常盤書房、一九四一、七九頁。
(24) 菅勇『祖国を顧みて』健文社、一九三七、一八六頁。
(25) 東京市社会局編『東京市方面制度』東京市社会局、一九二四、一三頁。
(26) 東京市社会局編『方面愛の雫』東京市社会局、一九二五、二〇三頁。
(27) 草間八十雄「どん底街視察記録」『近代民衆の記録四　流民』所収、新人物往来社、一九七一、四八一頁。
(28) 雪明上村行彰『売られゆく女——公娼研究』大鐙閣、一九一八、二〇〜二一頁。
(29) 小河滋次郎「方面委員制度」東京市社会局編『東京市方面委員制度』東京市社会局、一九一四、五四頁。

第七章　無戸籍となった越境者——移民、戦争、戸籍

(1) ただし、二〇歳未満で日本に住所を有するに至った時は、法務大臣に届け出ることによって日本国籍を再取得できる（現行国籍法第一七条第一項）。
(2) 一九〇四年五月二〇日司法次官通牒民刑第第六六号。『戸籍先例全集（二）』、四五七頁。
(3) 一九一一年三月二日司法省民刑局長通牒民刑第五四号。同上。
(4) 請願文書表第五八六号「在外邦人ノ戸籍ニ関スル請願」『議院回付請願書原議（七）』国立公文書館所蔵。

(5) 一九二〇年三月八日司法省民事局長通牒民事第三六八号、『戸籍先例全集（二）』、四五八頁。
(6) 『大日本海外移民史　第一篇』海外調査会、一九三八、四頁。
(7) ハワイ日本人移民史刊行委員会編『ハワイ日本人移民史』布哇日系人連合会、一九六四、一七六頁。
(8) 田中康久「日本国籍法沿革史一」『戸籍』第四七七号、一九八四年三月、四頁。
(9) 一九三〇年までに「日系米国市民」として県書記官から出生証明書の発給を受けた者は一万五八五五人（男―一万五〇九五人、女―七六〇人）であった。木原隆吉『布哇日本人史』文成社、一九三五、一五八～一五九頁。
(10) 山田三良『国際私法』有斐閣、一九三二、二二一頁。
(11) 『ハワイ日本人移民史』、三一二～三一六頁。
(12) 『日系移民資料集第四　ハワイ年鑑第一四巻（昭和一六年）』日本図書センター、二〇一〇、五八～五九頁。
(13) 一九四六年一月三一日民事甲第五二号司法省民事局長通牒。『戸籍先例全集　渉外（一）』ぎょうせい（加除式）、一四二～一四三頁。
(14) 一九四六年五月三一日民事甲第三五八号司法省民事局長通牒。同上書、一四三～一四五頁。
(15) 『戸籍先例全集（九）解釈編』ぎょうせい（加除式）、四七八～四八二頁。
(16) 同上書、四七七～四七八頁。
(17) 同上書、四八二頁。
(18) 泉靖一「日本移民とブラジル」泉靖一編著『移民―ブラジル移民の実態調査』古今書院、一九五七、二一頁。
(19) 蘇武演「海外在留邦人等の焼失戸籍再製について（上）」『戸籍』第四八三号、一九八四年九月、二五頁。蘇武は執筆時、「外務省領事移住部領事第二課海外在留邦人戸籍・国籍班長」の地位にあった。
(20) 蘇武「海外在留邦人等の焼失戸籍再製について（上）」、一八～一九頁。
(21) 蘇武演「海外在留邦人等の焼失戸籍再製について（下）」『戸籍』第四八六号、一九八四年一二月、三八、四二頁。
(22) 蘇武「海外在留邦人等の焼失戸籍再製について（上）」、一九頁。

(23)『沖縄民政府当時の軍指令及び一般文書五-三　一九四七年』沖縄県公文書館所蔵。この通牒の説明については、金城唯正「沖縄の戸籍物語——戦災からのあゆみ（一）」『戸籍』第二七九号、一九八四年五月、六二～六三頁。
(24) 遠藤『戸籍と国籍の近現代史』、二七三頁
(25) 同上書、二七二頁。
(26) 蘇武「海外在留邦人等の焼失戸籍再製について（上）」、二一頁。
(27) 同上、二八頁
(28) 蘇武演「海外在留邦人等の焼失戸籍再製について（中）」『戸籍』第四八五号、一九八四年一一月、二九頁。
(29) 同上。
(30) 同上。
(31) 蘇武「海外在留邦人等の焼失戸籍再製について（上）」、二五頁。
(32) 一九七八年七月一四日在サンパウロ総領事館発、外務大臣宛公信第一〇六一号照会。蘇武「海外在留邦人等の焼失戸籍再製について（中）」、三一～三二頁。
(33) 一九七八年一一月一八日法務省民事局第二課長発、那覇地方法務局長宛公信民二第六二二号通知、同上、三二頁。
(34) 蘇武「海外在留邦人等の焼失戸籍再製について（中）」、二四～二五頁。
(35) 同上、二六～二七頁。
(36) 蘇武「海外在留邦人等の焼失戸籍再製について（下）」、三五頁。
(37) 一九四二年一月二五日石射猪太郎在ブラジル大使より東郷茂徳外務大臣宛電報第二一号ノ一「領事館閉鎖ノ場合ノ処置ニ関スル件」『在外帝国公館関係雑件（在満、支公館ヲ除ク）（旧華族会館楼門在米大使館へ移築ニ関スル件ヲ含ム）／閉鎖関係　第二巻』外務省外交史料館所蔵M.1.3.0.1-4.
(38) 福岡章在リベロン・プレート総領事館分館主任副領事「在リベロン・プレート帝国総領事館分館閉鎖前後ノ事

情」（一九四二年八月二一日）『大東亜戦争関係一件／交戦国外交官其他ノ交換関係／外交官、領事官ノ報告書関係（南米ノ部）第一巻』外務省外交史料館所蔵 A.7.0.0.9-4-3.

(39) 蘇武「海外在留邦人等の焼失戸籍再製について（下）」、三四〜三六頁。

(40) 一九四二年八月二八日付斎藤芳在サントス総領事代理より東郷外相宛機密第二号「当館閉鎖ニ依ル文書電信会計及一般事務関係処理報告ノ件」『大東亜戦争関係一件／交戦国外交官其他ノ交換関係／外交官、領事官ノ報告書関係（南米ノ部）第一巻』。

(41) 蘇武「海外在留邦人等の焼失戸籍再製について（下）」、三二〜三三頁。なお、こうした各在外公館の状況は、ブラジル以外の在外公館では日本人の戸籍再製について進展がみられなかったため、外務本省が担当官を関係在外公館に出張させ、戸籍再製のための資料が保存されているかを一九八〇年三月に調査させた結果、判明したものである。蘇武「海外在留邦人等の焼失戸籍再製について（下）」、三一〜三二頁。

(42) 同上、三九頁。

(43) 同上、四一頁。

第八章　無戸籍者が戸籍をつくる方法——「日本人」の資格とは

(1) 野田愛子「就籍事件に関する二、三の問題」『家族法と戸籍の諸問題』日本加除出版、一九六六、一九二頁。

(2) 青木義人・大森政輔『戸籍法』日本評論社、一九八二、三六七頁。

(3) 一九二二年五月一六日民事第三二三六号司法省民事局長回答。

(4) 一九五五年二月一五日民事甲第二八九号法務省民事局長通達。渉外身分関係実務研究会編『渉外身分関係先例判例総覧　先例判例編』日本加除出版、一九六五〜（加除式）、六八六頁。

(5) 一九六〇年六月一七日民事甲第一五一三号法務省民事局長回答。

(6) 山中優一「就籍についての一考察」『戸籍』第五二一号、一九八七年五月、一九頁。

（7）青木・大森、前掲書、四五〇頁。
（8）同上。
（9）臼井水城著、倉富勇三郎補『戸籍法詳解』明法堂、一八九八、四三八頁。
（10）樋山広業『改正戸籍法註解』田中宋栄堂、一八九八、二四五頁。
（11）一八九八年九月三〇日司法省民刑局長回答。『地方行政』第一九巻第二号、一九一一年二月、一二頁。
（12）樋山、前掲書、二四六頁。
（13）山崎信之「『就籍許可』事件の精神医学」『ケース研究』第二五九号、一九九九年五月、一八頁。
（14）遠藤『戸籍と国籍の近現代史』、二四四頁。
（15）一九四五年一〇月一五日民事特甲第四五二号司法省民事局長回答。最高裁判所家庭局第二課家事裁判例研究会「判例紹介　民法応急措置法施行後台湾人の養子になった日本人の平和条約発効後における国籍の帰属」『戸籍時報』第一九一号、一九七四年三月、三七頁。
（16）一九四九年一一月一八日付民事甲第二六九四号法務府民事局長通達。『戸籍時報』第一九七号、一九七四年九月、三六頁。
（17）一九四八年一〇月一一日民事甲第三一三四号法務省民事局長回答。『戸籍先例全集　渉外編（二）』、一一八三〜一一八四頁。
（18）遠藤『戸籍と国籍の近現代史』、二四四頁。
（19）一九五三年八月二六日民事甲第一四九一号法務省民事局長回答。『戸籍』第五三号、一九五二年一一月、四六〜四七頁。
（20）「中国残留日本人と日本国籍」『戸籍時報』第三四四号、一九九〇年八月、一頁。
（21）一九五九年八月二七日民事甲第一五四五号民事局長通達についての注解。『戸籍先例全集（六）』、七五五頁。
（22）同上。

(23)「座談会　現行戸籍法のあゆみ（七）」『戸籍』第四八三号、一九八四年九月、三六〜三七頁。
(24)「内務省第一回年報」、大日方純夫他編『内務省年報・報告書第一巻（下）』三一書房、一九八三、七七頁。
(25) 横山雅雄編『日本統計要覧』経済統計社、一八九〇、四九〜五〇頁。
(26) 成毛鐵二『戸籍の実務とその理論』日本加除出版、一九七一、四三七頁。
(27) 一八九八年九月二二日付民刑第九七二号司法省民刑局長回答。『戸籍先例全集（三）』、六三九頁。
(28) 谷口知平『戸籍法（新版）』有斐閣、一九七三、一四一頁。
(29)「国籍法案理由書」法典調査会編『民法修正案理由書』博文館、一八九八、五八頁。
(30) 山田、前掲書、一六二頁。
(31) 一八九九年三月二三日民刑第二四〇三号司法省民刑局長回答。杉熙編『戸籍回答要旨類集』戸籍協会、一九二四、一六八〜一六九頁。
(32) 成達鏞『改訂現行朝鮮戸籍届出申請書式及其戸籍記載例全集』京城戸籍研究会、一九四二、九二〜九五頁。
(33) 一九一五年六月二三日民事第三六一号司法省法務局長回答。『戸籍先例全集（三）』、六四〇頁。
(34) 東京市社会局編『東京市内に於ける棄児の調査』東京市社会局編、一九三七、四〇頁。
(35) 遠藤『戸籍と国籍の近現代史』、四四頁。
(36)『戸籍先例全集（三）』、五八六ノ九四頁。
(37)『注解・戸籍記載例集』日本加除出版、一九八五、一八頁。
(38) 谷口、前掲書、一四一頁。
(39) 新田豊（千代田区役所）の証言。我妻栄他『戸籍Ⅰ　婚姻』有斐閣、一九五八、二八七頁。
(40) 一九五二年六月七日付民事甲第八〇四号民事局長通達。大森政輔「戸籍制度をめぐる最近の諸問題」『戸籍時報』第三九七号、一九七八年七月、八頁。
(41) 山川一陽『戸籍実務の理論と家族法』日本加除出版、二〇一三、二三一頁。

(42) 日本婦人新聞社編『婦人年鑑』日本婦人新聞社、一九四八、七六頁。
(43) 同上書、七五～七六頁。
(44) 新田豊の証言。『戸籍Ⅰ　婚姻』、二八三頁。
(45) 一九五〇年一一月九日民事甲第二九一〇号民事局長回答。『戸籍先例全集（二）』、一一七七頁。
(46) 谷口、前掲書、二六五頁。
(47) 『戸籍Ⅰ　婚姻』、二八三頁。
(48) 我妻栄の発言。同上書、二八〇頁。

第九章　「無戸籍」と「無国籍」――「籍」という観念

(1) 山口弘一『国際私法提要』日本法律学校、一九〇一、一七一頁。
(2) 有賀長雄『行政学　上巻　内務編』牧野書房、一八九〇、二六三頁。
(3) 山主政幸「家族法と戸籍意識」『民法学の諸問題』日本大学法学会、一九六二、二二五～二二六頁。
(4) 「民法第七七二条をめぐるいわゆる『無戸籍問題』に関する質問主意書」(二〇一四年六月一六日提出)に対する政府答弁書第一四〇号。参議院ホームページより。
(5) 二〇一四年七月三一日付で法務省民事局民事第一課長から法務局民事行政部長、地方法務局長宛てに発せられた三件の通達(民一第八一七号、民一第八一八号、民一第八一九号)。『民事月報』第六九巻第九号、二〇一四年九月、九七～一一二頁。
(6) Westel W. Willoughby, *The Fundamental Concepts of Public Law*, New York: Macmillan, 1924, p. 355.
(7) ハンナ・アーレント著、大島通義・大島かおり共訳『全体主義の起源(二)』みすず書房、一九七二年、二五一～二五四頁。
(8) 法務省民事局内法務研究会編『改正国籍法・戸籍法の解説』金融財政事情研究会、一九八五、七頁。

（9）谷口、前掲書、二六四頁。
（10）沖貴文「初心者のための外国人登録法（一）」『外国人登録』三八六号、一九九一年三月、二一頁。
（11）遠藤『戸籍と国籍の近現代史』、一四三頁。
（12）第三一回帝国議会衆議院「戸籍法改正法律案外三件委員会」第三回（一九一四年二月二八日）での山内確三郎（司法省参事官）の説明。『戸籍法改正寄留法制定理由』、六一頁。
（13）島田鐵吉『戸籍法正解』法令審議会事務局、一九二〇、二頁。
（14）「現行戸籍法立法關係資料Ⅲ」『戸籍』第四五八号、一九八二年一二月、五三頁。
（15）遠藤『戸籍と国籍の近現代史』、六九、七一～七三頁。

第一〇章　戸籍がないと生きていけないのか――基本的人権と戸籍

（1）金田栄三郎「司法省指紋の現状並指紋利用効果に関する雑観」『法曹会雑誌』第一四巻第一号、一九三六年一月、九八～九九頁。
（2）「戸籍の盗用」『戸籍時報』第二五七号、一九七九年九月、一頁。
（3）二〇〇三年三月一八日付民一第七四八号民事局長通達。佐藤博文「戸籍の届出における本人確認等の取扱いについて（平成一五年三月一八日付け民一第七四八号民事局長通達）の解説」『戸籍』第七四四号、二〇〇三年五月参照。
（4）和田信義『香具師奥義書』文芸市場社、一九二九、二一七～二一八頁。
（5）『外国渡航の栞』愛媛県保安組合聯合会、一九三一、二九頁。
（6）一九七五年二月一七日付基発第八三号・婦発第四四〇号各都道府県労働基準局長、各都道府県婦人少年室長宛て労働省労働基準局長労働省婦人少年局長通達。
（7）一九九九年一一月一七日労働省告示第一四一号「職業紹介事業者、労働者の募集を行う者、募集受託者、労働

者供給事業者等が均等待遇、労働条件等の明示、求職者等の個人情報の取扱い、職業紹介事業者の責務、募集内容の的確な表示等に関して適切に対処するための指針」

(8) だが、採用希望者が日本国民であることを確認するという目的から、本籍地の都道府県名が記載された住民票記載事項証明書の提出は依然、必要とされている。

(9) 藤林晋一郎『身元調査』解放出版社、一九八五、一七七頁。

(10) 一九五三年二月二六日付民事甲第二五二号・文初第一〇四号、法務省民事局長、文部省初等中等教育局長通達。

(11) 一九六七年一〇月二日付文初財第三九六号文部省初等中等教育局長通達。「住民基本台帳法の制定に伴う学校教育法施行令および学校教育法施行規制の一部改正について」、文部科学省ホームページ。

(12) 二〇一四年七月八日付二七初初企第一二号文部科学省初等中等教育局初等中等教育企画課長通知「無戸籍の学齢児童・生徒の就学の徹底及びきめ細かな支援の充実について」、文部科学省ホームページ。

(13) 一九二八年六月一三日民第七〇三五号司法省民事局長回答。成毛『戸籍実務から見た民法及び戸籍法の再検討』、二七一頁。

(14) 一八九九年一〇月四日民刑第一七一九号司法省民刑局長回答。『親族・相続・戸籍ニ関スル訓令通牒録　昭和七年一一月』戸籍学会、一九三七、三四九〜三五一頁。

(15) 「本籍不明者又は無籍者の婚姻・離婚」『戸籍』第二二三号、一九六六年二月、巻末。

(16) 一九一五年一〇月二日民第一五七四号司法省法務局長回答。『戸籍先例全集(四)』、一一七二〜一一七三頁。

(17) 成毛『戸籍実務から見た民法及び戸籍法の再検討』、二七一頁。

(18) 一九五四年一一月二〇日付民事甲二四三二法務省民事局長通達。『戸籍先例全集(一二)』、二五四頁。

(19) 「座談会　現行戸籍法のあゆみ(七)」、三六〜三七頁。

(20) 「基本先例」『戸籍時報』第二二七号、一九七七年三月、二七頁。

(21) 二〇一四年七月三一日民一第八一九号法務局民事行政部長、地方法務局長宛て民事局第一課長通知。『民事月報』第六九巻第九号、二〇一四年九月、一〇七頁。
(22) 一九六〇年二月二日民事甲第二三三号法務省民事局長回答。『戸籍先例全集(二)』、二五四ノ一頁。
(23) そのような婚姻届があった時は法務局・地方法務局等に受理の照会をすべきものと考えられている。『民事月報』第六九巻第九号、一一九頁。
(24) 福島正夫『日本資本主義と「家」制度』東京大学出版会、一九六七、二七二~二七九頁。
(25) 美濃部達吉『選挙法概説』春秋社、一九二九、五一~五二頁。
(26) 関口泰『選挙読本』日本評論社、一九三六、九一頁。
(27) 遠藤『近代日本の植民地統治における国籍と戸籍』、第二章。
(28) 小中公毅・潮道佐『改正衆議院議員選挙法正解』法令審議会、一九二五、二九頁。
(29) 美濃部、前掲書、五二頁。
(30) 同上。
(31) 関口、前掲書、九四~九五頁。
(32) 佐野哲治・土井豊『選挙制度』ぎょうせい、一九七八、三二頁。
(33) 同上書、四五頁。
(34) 無戸籍者でも選挙人名簿に登録されるのかについて、筆者は総務省に二回(二〇一四年九月、二〇一五年九月)問い合わせてみた。いずれも選挙権行使の要件は選挙人名簿への登録であり、戸籍への記載ではないという回答であったが、二回目の時に、無戸籍者を「日本国民」とみなすかどうかの判断については同省の管轄外であると答えていた。
(35) 元老院会議(一八八二年三月三一日)における周布公平参事院次官補の発言。福島正夫編『「家」制度の研究 資料編Ⅱ』東京大学出版会、一九六二、一五九頁。
(36)「内務卿第四回年報附録(二)」大日方純夫他編『内務省年報報告書弟六巻』三一書房、一九八三、三四八~三五七頁。
(37) 一九一六年一〇月二一日民第六二九号司法省法務局長回答。『地方行政』第二五巻第一号、一九一七年一月、四四ノ一頁。
(38) 坂本斐郎『外地邦人在留外人戸籍寄留届書式竝記載例』明倫館、一九三八、一八三〜一八五頁。
(39) 「戸籍委員会議事録」『戸籍』第三二九号、一九七三年九月、三六頁。
(40) 同上、三七頁。
(41) 同上、三八〜四〇頁。
(42) 同上、四一頁。
(43) 詳細については、遠藤正敬「住民登録制度の成立における『外国人』の処遇」『早稲田政治公法研究』第七七号、二〇〇四年七月を参照。
(44) これは法務官僚自らが説いているところである。成毛鐵二「戸籍事務と市町村自治行政の近代化」『戸籍』第二〇三号、一九六四年九月、一頁。
(45) 二〇〇八年七月七日総行市第一四三号各都道府県住民基本台帳事務担当部長宛て総務省自治行政局市町村課長通知。
(46) 二〇一四年七月三一日付民一第八一七号法務局民事行政部長、地方法務局長宛て民事局民事第一課長通知。『民事月報』第六九巻第九号、二〇一四年九月、九七〜九八頁。

終章　戸籍がなくても生きられる社会へ

(1) 高野麻子『指紋と近代』みすず書房、二〇一六を参照。
(2) 法務省民事局に二〇一四年に設置された有識者による「戸籍制度に関する研究会」ではマイナンバー制度の戸籍事務への導入について検討が進められている。杉谷、「戸籍事務のＩＣＴ化とマイナンバー制度導入に向けた検討について」参照。

（3）　韓国、台湾は日本と並んで戸籍制度を実施していたが、韓国は二〇〇八年に戸籍制度を廃止し、個人単位の家族関係登録制度に変わった。台湾は「戸籍」という名称は変わらないものの、世帯単位の登録になっている。遠藤『戸籍と国籍の近現代史』、第六章第三節を参照。

あとがき

ここ数年来、駅前のティッシュ配りのアルバイト青年に「スルー」されるのはいいとして、大学付近を歩いていて公務員試験予備校のパンフレットなども手渡されなくなった。このような場合、相手はこちらの風貌を一瞥して、まず大学生でないのは無論のこと、すでに大学院生ですらない年代である（加えて、あえて入校を勧めるほどの将来性もない）と判断したのだと考えるのが妥当であろう。

当然、自然年齢は二十歳そこそこで、顔面年齢は四十代というケースもしばしばある。そのような「見た目」と「年齢」の釣り合わない人間は、「〜歳未満は禁止」「〜以上は無料」などといった年齢要件がある場所に行けば、悲喜こもごもであろう。たとえ先方が「本当にこの人は本当に〜歳以上なのかしら？」などと猜疑の眼を向けてきても、身分証を提示したらまず大人しく認めるであろう。ただし、そこで提示するのが運転免許証や学生証ではなく、戸籍であったら、先方が面倒臭がる可能性は高い。ましで縦書き時代の戸籍謄本など見せれようものなら、その見方さえわからなくても不思議はない。今や戸籍は日常において非日常的存在になっているのは確かである。

では、戸籍がない人生。これは「非日常的」ということになるのであろうか。戸籍をもたないことが「日常」となって生きてきたのが無戸籍者である。それは大抵が、自分の責任と無関係な原因によってもたらされた理不尽な「日常」である。

戸籍の管理に取り込まれた「日常」を生きる日本人からすれば、無戸籍者の「日常」がどんなものか、まるで想像がつかない。それゆえ、近年のインターネット上に氾濫する無軌道な流言や風評も手伝って、無戸籍者に対する無知と偏見と誤解をこね回して妄想をまぶして団子にしたような言説がまかり通っている感がある。そうしたいびつな言説は、ともすれば無戸籍者に対する誹謗中傷へと突き進み、その毒粉は当事者の人格、出自、家族、異性関係にまで及ぶことがある。そこまで暴虐でなくても、無戸籍に対する世間の認識は序章で述べた如く「無戸籍残酷物語」になりがちである。

前著『戸籍と国籍の近現代史――民族・血統・日本人』（二〇一三年）の執筆中、すでに心に決めていた。次は「無戸籍」について書こう、と。それが次第に、書かねばならぬ、との思いに固まったのは、右のような無戸籍者の語られ方に強い違和感を覚えたからである。そうした違和感こそが、漆黒の衣に包まれた私の背中を押す強い情動となった。

実をいえば、企画段階では、無戸籍に関する入門書的なものをという方向性であった。だが、やはり「日本人」であることと戸籍の有無をめぐる関係を過去にさかのぼって実証的に論じない限り、現在に横たわる無戸籍問題の本質に迫ることはできないと想到し、無戸籍とは何なのかについてその理論的な記述だけでなく、歴史的な記述に重点を置くようにした。これが思いのほか遠路となった。

特に明治期からの先例を洗ってみると、予想以上に時間を食われるものとなった。だが、そこには職業やら婚姻をめぐる庶民の〝生きざま〟や〝哲学〟が発見でき、また官僚がそうした〝異世界〟の価値観に触れ、しかるべき決定を下すに至る葛藤劇をはしなくも観察することになった。

とはいえ、普段から眉間にしわ寄せて戸籍の必要性を考えることなどない人がむしろ一般的であるから、まず戸籍とは何を目的とする制度なのか、というところから筆に力を注いだ。そして、戸籍を制定することを「国家百年の計」ととらえ、この制度を安定的に維持することが国益になると信じる支配層が憑依したつもりで書くことを心掛けた箇所も少なくない。

それゆえ、本書は全体的に「権力の側」「支配する側」の視点に立つものであるといった批判を浴びるかもしれない。もし、それに抗弁するとすれば、次のようになる。「有能なエリート」で「合理的」「効率的」に国家の舵を取るのが任務とされる官僚が、戸籍という、当人たちも弊害や矛盾を認め、とっくの昔から病巣が広がっている国民管理制度を、抜本的なメスを入れることもなく偶像のごとく延命させ続けるという、喜劇とも悲劇ともつかぬ不条理劇。これをわかりやすく展開するには、私自身が演者となって「官」「権力」の役を引き受ける必要があるなどと〝思い上がった〟までである。

そのことでいえば、身近なテレビドラマの世界を思い浮かべてもらうとよい。例えば、登場人物がある目的のために自分の戸籍を抹消し、全くの別人になり変わるという筋立てがたまにある（最近はそんなドラマは企画しにくいご時世だろうが）。その典型が一九八〇年代に人気を博し、シリーズ化された『ザ・ハングマン』という作品である。これは、五、六人のチームからなる主人公たちが法で裁けぬ社会の悪を闇に裁いて〝仕置き〟する（ただし、時代劇と違って殺しはせず、二度と立ち直れないような社会的ダメージを与える）という痛快現代活劇である。とまあ、これだけなら類似した作品がほかにもありそうだが、『ザ・ハングマン』（第一作）が出色なのは、主人公たちのプロフィールである。命懸けで闇の仕事に身を捧げるべく、「死亡」を装って戸籍から抹消され、整形して指紋まで消すという念の入れようで全くの別人に生まれ変わった男女。それがハングマンである、という設定であった。

おそらく多くの視聴者は、戸籍を棄てて「この世に存在しない者」として裏街道を生きると聞いた時点で「所詮はテレビの世界の話。現実にはあり得んよ」といった感想を抱くのではないか。そう考える人の脳裏には「現実には戸籍を失ったら、世の中で生きていけないはず」という思い込みが凝固しているにちがいない。だが、本書で繰り返しみてきたように、自らの戸籍を消すというのは何も荒唐無稽な話ではない。個人の意図、あるいは不慮の事故、実にいろいろな原因で簡単に戸籍は消失しうるのである。そして、戸籍をもたないからといって身過ぎ世過ぎに困るわけではなく、むしろ悠然と人生をまっとうする人々さえ存在する。

そう考えるだけでも、国家が幾多の理想と打算を込めて創出した戸籍制度といえども、抜け道はあるわ、ぞんざいに扱われるわ、挙げ句にはその存在すら知らない者まであるわで、どれほど統治に寄与しているのか怪しくなってくる。言い換えれば、そこには国家と個人の間にたえず支配―服従の緊張関係が張りつめていたわけではないという〝歴史〟がながめうるではないか。

もちろん戸籍がなくて辛酸をなめる人々が存在するのも見過ごせない現実である。無戸籍者の戸籍創設のための支援活動に従事してこられた元衆議院議員の井戸まさえ氏はこんな風に印象深く私に話してくれた。戸籍なんて矛盾に満ちたものだが、無戸籍であるために生きることに苦痛を覚え、戸籍をつくることで〝人並み〟の生活が得られると願う人たちのためには、まず戸籍をつくる手助けをすることが救済の近道なのだ、と。

結局のところ、無戸籍者たちが苦しむとすれば、戸籍がないことそれ自体によってではなく、戸籍がないことに対する差別や偏見によって苦しむのである。このような社会のシステムを放置しておくのは、最大限、すべての人々の利害を横断的に調整することを目的とする政治としては看板倒れというほかない。

戸籍のある人間、戸籍のない人間、どちらでも不自由なく平等に生きられる社会こそが民主主義国家としての望ましい姿ではないか。これが、本書において最も筆圧が強まった部分であることをわが指がしかと覚えている。

本書が完成にこぎつけたのも、過去に拙著二冊の編集を担当していただき、現在は人文書院に腰をすえる赤瀬智彦氏と三度目のタッグを組ませていただいたからにほかならない。辛抱強く私の尻を叩き、本書を難産から救っていただいた赤瀬氏にはあらためて謝意を表したい。

戸籍関係資料の利用にあたっては早稲田大学の図書館および法律文献情報センターには恩恵をこうむった。そして大学関係者、戸籍や家族問題をめぐる市民運動グループの方々からは有益な助言や情報提供をいただいた。おそれながら、まとめてここに謝意を表したい。

なお、本書執筆のさなかである二〇一六年一一月、私が耽読していた漫画家小路啓之氏の突然の訃報に接し、愕然とした。絶世の美男美女を目の当たりにしても、まず土踏まずの形を想像して人格判断する、そんなねじくれながらも人の見逃しがちな真実をえぐり出すような人間観、世界観をもった無双の作風であった。新連載が始まったばかりでの絶筆となり、さぞ無念であったろう。おこがましいことだが、本書が彼へのレクイエムになれば幸甚である。

「その先にある扉は見ているだけでは駄目だ。おのれの手で開いてみるがよい。旅人よ」。またぞろ耳元をくすぐる囁きの主は天使なのか、はたまた悪魔なのか、定かでない。扉に辿り着くために携えるべき剣は何か、歩みつつそれを考えよう。

二〇一七年三月某日

眩しきペンライトの光の輪に包まれながら

遠藤　正敬

ヤ　行

ラ　行

ナ　行

ハ　行

マ　行

サ　行

タ　行

索　引

ア　行

カ　行

著者略歴

遠藤正敬（えんどう　まさたか）

一九七二年生まれ。早稲田大学大学院政治学研究科博士課程修了。博士（政治学）。早稲田大学台湾研究所非常勤次席研究員。早稲田大学、宇都宮大学、東邦大学、大阪国際大学等で非常勤講師。専攻は政治学、日本政治史、東アジア国際関係史。著書に『近代日本の植民地統治における国籍と戸籍――満洲・朝鮮・台湾』（明石書店、二〇一〇）、『戸籍と国籍の近現代史――民族・血統・日本人』（明石書店、二〇一三）、『岩波講座日本歴史　第二〇巻　地域論』（共著、岩波書店、二〇一四）など。

戸籍と無戸籍

――「日本人」の輪郭

二〇一七年　五月一〇日　初版第一刷印刷
二〇一七年　五月二〇日　初版第一刷発行

著　者　遠藤正敬
発行者　渡辺博史
発行所　人文書院
〒六一二‐八四四七
京都市伏見区竹田西内畑町九
電話　〇七五（六〇三）一三四四
振替　〇一〇〇〇‐八‐一一〇三

印刷　創栄図書印刷株式会社
装丁　間村俊一

JIMBUN SHOIN
ISBN978-4-409-24117-2　C3036

好評既刊書

山室信一

アジアの思想史脈

――空間思想学の試み　3400円

近代日本の国家デザインはどのように描かれ国民国家形成がなされたのか？　戦争の世紀に抗して芽生え受け継がれてきた平和思想の水脈とは？　グローバルな視点のなかにアジアの思想と空間を問い直し、境界と想像を越えた思想のつながりを描き出す。

山室信一

アジアびとの風姿

環地方学の試み

3400円

日清・日露から台湾統治、韓国併合、満洲国建国の時代、人びとは、近代のあるべき姿をどう思い描いたのか。閔妃暗殺事件、新聞発行、日本語教育など、深く歴史にかかわりながらも歴史の陰に埋もれた「アジアびと」の姿を描き出す。

山室信一

複合戦争と総力戦の断層

日本にとっての第一次世界大戦

1500円

青島で太平洋で地中海で戦い、さらには氷雪のシベリア、樺太へ。中国問題を軸として展開する熾烈なる三つの外交戦。これら五つの複合戦争の実相とそこに萌した次なる戦争の意義を問う。

水野直樹編

生活の中の植民地主義

1500円

韓国、台湾そして私たちの生活の中に、たしかな痕跡を残す植民地主義。初詣や命名の習慣、戸籍制度、慣行としての身体測定、体操など、身体に刻み込まれた植民地主義を目に見えるものにする試み。

西川長夫・高橋秀寿編

グローバリゼーションと植民地主義

2800円

グローバル化が第二の植民地主義であるなら、植民地主義の再生産装置たる国民国家はどのように機能してきたのか。「国内植民地」「グローバル・シティ」などを手がかりに、今こそ必要な「新たな」植民地主義に対する批判の回路と課題を考える。

池田浩士編

大東亜共栄圏の文化建設

近代はいかに超克されたか

2800円

文学、映画、教育、葬送儀礼、農業科学、学術調査といった固有の対象から、この総括的理念が、まさに日本の近代そのものの問題であることを明らかにし、「近代の超克」という現在と未来をも見据える問題がもつ射程のもとにとらえる試み。

表示価格（税抜）は2017年4月現在